Karam Khella

Der Philosophenstreit

Khella, Karam: Der Philosophenstreit Karam Khella
– Hamburg: Theorie-und-Praxis-Verlag
ISBN 978-3-939710-19-6 – 2. Auflage – 2016

Theorie und Praxis Verlag
Goldbachstr. 2
D 22765 Hamburg
Tel.: 040 - 38 61 38 49
info@tup-verlag.com

Karam Khella

Der Philosophenstreit

Ibn-Sīnā (Avicenna)

Ġazālī

Ibn-Rušd (Averroes)

THEORIE UND PRAXIS

Inhalt

Inhalt

Zum Geleit

Fragen, welche den Menschen tief bewegen, werden behandelt in den Fächern Anthropologie, Philosophie, Theologie, Ontologie u.a. Selten werden sie interdisziplinär und lebensnahe dargestellt. Ich gehöre zu denen, die über existentielle Fragen nachdenken. Ich habe lange und laut nachgedacht.
Antworten auf Fragen, die mich tief bewegen, haben mich motiviert, meinen Erkenntnisweg und meine Forschungsergebnisse anderen mitzuteilen, da ich meine, daß auch sie sich dieselben Fragen stellen und hilfreiche Antworten suchen.
Ich habe natürlich auch festgestellt, daß andere vor mir sich mit diesen und ähnlichen Fragen auseinandergesetzt haben. Es seien insbesondere Ibn-Sīnā, Ġazālī und Ibn-Rušd genannt. Der Philosophenstreit ist eines der wertvollsten Kapitel der Geistesgeschichte.

Das vorliegende Buch ist das Ergebnis einer zehnjährigen Arbeit von mir und einer eintausend Jahre andauernden Debatte der Philosophen. Ein vergleichbar intensiver und langer Erkenntnisprozess ist mir nicht bekannt. Die hier dargelegten Problemlagen gehen jeden an. Das Buch ist nicht nur für die Fachwelt, sondern auch für jeden Menschen, der sich mit der eigenen und der allgemeinen objektiven und subjektiven Realität auseinandersetzt, gedacht. Ich vertraue darauf, daß die geistigen Bemühungen und deren Ergebnisse, die in diesem Buch vorgetragen sind, eine Orientierung bieten. Behandelt und beantwortet werden existentielle Fragen. Zwar theoretisch und dennoch zur Praxisorientierung geeignet, wird der aufmerksame Leser feststellen, daß theoretische Fragen von großer praktischer Bedeutung sein können.
Ich hoffe sehr, daß es mir gelungen ist, die hier thematisierten Problemlagen so aufbereitet zu haben, daß Leserinnen und Leser davon profitieren können.
Es ist ein Bedürfnis des Autors, seinen aufrichtigen Dank zum Ausdruck zu bringen an Frau Brigitte Dottke, Leiterin des Theorie und Praxis Verlages dafür, den Philosophenstreit in das Verlagsprogramm aufzunehmen und damit eine Forschungs- und Literaturlücke zu schließen, aber auch für die Unterstützung und Betreuung meiner weiteren Publikationen im TuP. Frau Eva Heizmann und Frau Imane Lamraoui danke ich ganz herzlich für das sorgfältige Lektorat und Herrn Matthias Keuchel für den Satz und die Erstellung des hilfreichen Indexes.

Karam Khella

Kapitel eins
Einleitung

Der „Philosophenstreit" ist eine der wichtigsten Theoriedebatten der Geistesgeschichte, vielleicht sogar die bedeutsamste überhaupt. Schon die Tatsache, daß sie seit einem Jahrtausend fortwährend besteht, ist ein Indikator, der nicht zu übersehen ist. Eröffnet wurde sie durch die kontroversen Thesen Ibn-Sīnās[1]. Seitdem beteiligen sich führende Philosophen und Theologen mit großem Engagement an der Auseinandersetzung. Die aufgeworfenen Streitfragen werden von allen Seiten beleuchtet und behandelt. Thesen und Antithesen werden aufgestellt. Der Streit trug maßgeblich zur Entfaltung des philosophischen Denkens bei. Im Bereich der Theologie lernte man, die Dogmatik philosophisch und kritisch zu reflektieren.
Die lange Dauer des Streits erklärt sich aus der existentiellen Bedeutung der debattierten Inhalte. Die Tatsache, daß der Philosophiestreit nicht abgeschlossen ist, spricht nicht für eine Stagnation, sondern geradezu für das Gegenteil. Denn mit jedem Diskussionsbeitrag geht der Fortschritt einher. In höchstem Maße profitieren wir heute vom Philosophenstreit. Über Jahrhunderte erwies sich die Theoriedebatte als eine unentbehrliche Schule für jeden denkenden Menschen. Gemäß seinem Anspruch und Ehrgeiz kann jeder von der Auseinandersetzung profitieren und auf vielen Gebieten des Denkens profitieren.

Mit dem vorliegenden Buch kommt der Autor einem dringenden Bedarf nach:

1. Viele Menschen sind bestrebt, sich mit dem Theoriestreit zu befassen, werden jedoch durch den Umfang und den Schweregrad davon zurückgehalten. Es sollte ein Werk zugänglich gemacht werden, der in den Philosophenstreit einführt und seine Inhalte verständnisorientiert aufbereitet und vermittelt. Darum dieses Buch.
2. Die offenen Fragen des Streits verlangen nach einer Entscheidung. Auch dieser Versuch wird in unserem Buch unternommen.
3. Der Philosophenstreit erweist sich als in höchstem Maße wertvoll, indem er uns in die Philosophie und Theologie der Epoche einführt. Damit erfahren wir Vorgeschichte, Voraussetzungen und Einflüsse, die unsere Weltanschauungen heute prägen.

---

[1] أبو علي الحسين بن عبد الله بن سينا abū ʿAlī b. al-Ḥusain b. ʿAbdullāh b. Sīnā (Avicenna), 980-1037.

4. Der Philosophiestreit stellt an sich ein Breitspektrum der Theoriebildung dar. Sie bringt viele langwierige Auseinandersetzungen und widersprüchliche Thesen auf den Punkt. Ihn zu rezipieren gilt als eine Selbstintegrierung in die Geschichte und Gegenwart von Philosophie und Theologie.
5. Der Philosophiestreit ist Geistesgeschichte, auf deren Aneignung jede-r Anspruch hat. Auch diesem Zweck soll das vorliegende Buch dienen.
6. Ibn-Sīna (Avicenna), Ġazālī[2] (Al-Gazel) und Ibn-Rušd[3] (Averroes) stehen für die zentralen Teilnehmer und Repräsentanten des Philosophenstreits. Ihr Studium und die Auseinandersetzung mit ihrem Denken gehört auch heute zum Grundlagenwissen eines jeden kulturbewußten Menschen. Die Inhalte, welche kontrovers unter den drei Gelehrten debattiert werden, gewährt den Lesern die Eigenintegration in die Geistesgeschichte.
7. Diese drei zusammen mit den vielen Denkern, welche die Debatte ausgetragen haben, legen ein mustergültiges Beispiel für die Streitkultur und die konstruktive Kommunikation unter Meinungsgegnern. Davon sollen wir heute lernen und ihr Vorbild nachahmen.
8. Die Lektüre des Philosophenstreits eignet sich hervorragend als Einführung und Vertiefung in Grundfragen von Philosophie und Theologie.
9. Der Philosophenstreit ist reich an Lehren, die nach wie vor aktuell sind. Davon wollen wir alle großen Gewinn einfahren.

Damit habe ich die Hauptmotive dafür genannt, warum ich mir vorgenommen habe, das Projekt – den Philosophenstreit – für die breite Öffentlichkeit, aber auch für fachlich Interessierte aufzubereiten und zu publizieren. Nun steht er Ihenen, liebe Leserinnen und Leser, zur Verfügung.

Der Verfasser hat es für richtig und wichtig gehalten, arabische Begriffe, die für das Verständnis der arabischen Philosophie oder gar der Philosophie allgemein notwendig sind original einzuführen. Sie werden aber stets mit ausreichenden Erklärungen begleitet. Außerdem kommen deutschsprachige Äquivalente hinzu, so daß niemand, der die arabische Sprache nicht kennt, Nachteile hat. Gleichwohl lohnt es sich, sich diese Begriffe und ihre Bedeutung zu merken. Ihre Besonderheit trägt zum besseren Verständnis bei.

---

2 أبو حامد محمد بن محمد الغزالي, abū Ḥāmid Muḥammad b. Muḥammad al-Ġazālī, 1058-1111.

3 أبو الوليد محمد بن أحمد بن محمد بن رشد, abū al-Walīd Muḥammad b. Aḥmad b. Muḥammad b. Rušd, 1126-1198.

Allen Leserinnen und Lesern wünsche ich Freude an der Lektüre, der Reflexion und an neuen Erkenntnisen.

Kapitel zwei

Am Anfang

„Am Anfang (…)". So fängt die Bibel an.[4]
Wie die Genesis beginnt auch das Johannesevangelium mit demselben Motiv: „Am Anfang (…)".
Nach biblischer Auffassung gibt es also einen Anfang. Daraus ergeben sich eine Reihe Fragen, wobei die Antwort schon die These vom „Anfang" präjudiziert. Die eröffnenenden Worte „Am Anfang" werden nicht in Frage gestellt, sondern begründet und bestätigt. Das Denkmuster „Anfang" hat das Denken der Menschen geprägt.

‚Es sei' und ‚es ist'

Auf das erste folgt das zweite Motiv: Gott sprach: „Es sei" und „Es ist".
Dieses Motiv prägte ebenfalls bei den Menschen die Vorstellung, die Dinge und überhaupt die Geschichte geschehen ereignishaft: Sie entstehen aus dem Nichts. Sie finden statt. Momentan kommen sie zustande.
Es sind demnach keine Prozesse, keine Evolution, sondern wundersam, sprunghaft, sie sind auf einmal das.

Verschärft werden diese Vorstellungen durch das Dogma „*Schöpfung aus dem Nichts*".

Dieses metaphysische Denksystem erweitert sich zum geschlossenen Zirkel. Es ist ein in sich vollständiger, aus sich selbst erklärlicher Formenkreis.

---

[4] Gen. 1,1.

Kapitel drei

Ursprünge des theologischen Denkens

Zu den großen Fragen, welche das menschliche Denken seit Urzeit beschäftigen, zählen:

a) Die Beziehung des Menschen zum göttlichen Wesen,
b) Das Problem des Vorhandenseins des Bösen in der Welt und wie es sich mit der Güte Gottes vereinbaren läßt. Dieser Fragenkomplex wird unter dem Begriff „Theodizee" geführt.
c) Eschatologie.
d) Erlösung und Vergebung.

Es ist klar, daß der Themenkatalog viel weiter geht. Die verschiedenen Weltanschauungen bemühten sich, jede nach ihrem jeweiligen anthropologischen, ontologischen, theologischen und philosophischen Denksystem, Antworten zu geben.

Ursprünge des theologischen Denkens
Theodizee

Bisher ließ sich die Seinsfrage durch die Einbeziehung Gottes als Schöpfer und Verursacher scheinbar widerspruchsfrei erklären.
Schwierige Probleme entstehen erst bei beim Versuch, das Vorhandensein des Übels in der Welt zu erklären. Das Böse läßt sich eben nicht auf Gott zurückführen. Die Unvereinbarkeit von „Übel" und „Gott" führte zu den umfangreichen theologischen Versuchen, Gott von der Verantwortung für das Böse in der Welt freizusprechen. Dieses Stoffgebiet wird als „Theodizee" bezeichnet, ein wichtiges Kapitel, mit dem Weltanschauungen und Religionen befassen müssen.

Die Beziehung des Menschen zum göttlichen Wesen

Der Mensch suchte den Dialog. Darum wandte er sich an Gott. Von Anfang an beschäftigt sich der Mensch mit dem unbekannten Wesen „Gott". Urtheologien sind entstanden. Bis heute entwickeln sie sich weiter und kommen nie zu einem Abschluß.
Schauen wir uns theologische Fragen an, erkennen wir, wie menschlich sie eigentlich sind.

Theologie ist Anthropologie
Fragen, welche den Menschen tief bewegen, werden in das göttliche Wesen projiziert.
Statt zum Beispiel die Ursachen für das Böse in der Welt in den Widersprüchlichkeiten der Weltlage, in Gewalt und Ungerechtigkeit zu suchen und zu lösen, wird ein abstraktes Thema der Theodizee konstruiert.

Kapitel vier
Philosophie als Versuch, Spekulation durch Vernunft zu ersetzen

Die altägyptische Philosophie hat bereits in vorschriftlicher Zeit eine hohe Entwicklung erfahren. Sie wurde mündlich tradiert. Hier sind die Grundlagen des philosophischen Denkens ausformuliert worden.

Die erste Philosophie muß dem Weisen Thot zugeschrieben werden. Auf ihn geht die älteste schriftlich überlieferte Philosophie der Menschheit zurück. Die Grundlagen, die von Thot aufgestellt wurden – Gleichgewicht, Gerechtigkeit, Harmonie, Richtigkeit, Aufrichtigkeit u.a.m. – haben bis heute an Gültigkeit und Aktualität nichts eingebüßt. (Die „Griechen", denen in Europa die Grundlegung der Philosophie zugeschrieben wird, waren also keine Griechen. Letztere waren nur Rezipienten der ägyptischen Philosophen).

Gnosis

Die lange Entwicklung der altägyptischen Philosophie findet in der Gnosis ihren vorläufigen Höhepunkt. Ihre Thesen werden systematisiert und kodifiziert.
Die Schriftsprache der internationalen Philosophie ist nunmehr koptisch.

Genesis

Iḫwān aṣ-Ṣafā'[5] – nachweisbare Wirkung seit 970 n.Chr. – lassen sich als die Erben und Fortsetzer der Gnosis betrachten. Sie schreiben ausschließlich in arabischer Sprache, welche von da an und für mehrere Jahrhunderte das ausschließliche Medium der internationalen Philosophie bleibt, ein Prozeß, der schon mit den Mu'taziliten[6] und den Dialektikern, den „Mutakallimūn" begonnen hat.

Die Entwicklung und Weiterentfaltung der Komponenten des Seins beschreiben Iḫwān aṣ-Ṣafā' als ein selbsttätiger Prozeß des Universums und

---

5 إخوان الصفا, die „Lauteren Brüder".
6 المعتزلة

der natürlichen Phänomene. In ihren zweiundfünfzig Risālas stellen sie eine vollständige Ontologie. Anthropologie, Evolutionstheorie, Naturlehre und Theologie dar.

Die Fragen von „Schöpfung“ und „Anfang“ werden relativiert und rationalisiert. Unter anderem heißt es: „Die Vernunft ist die Schöpfung Gottes“. Darauf geht auch der Vers Joh.1,1 zurück. Es sollte nicht übersetzt werden mit

„Am Anfang war das Wort“.

Richtig übersetzt müßte es heißen:

„Am Anfang war die Vernunft“.

Bei der Gnosis und den Iḫwān aṣ-Ṣafā᾽ wird der Schöpfungsmythos durch die Emanationstheorie ersetzt.

Den Iḫwān aṣ-Ṣafā᾽ vorausgegangen sind al-Kindī[7] (800-865), ar-Rāzī[8] (865-925) aus Ray und Farābī[9] (873-950). Sie begründeten eine Philosophie, die sich ausschließlich von der Vernunft leiten läßt.

Durch Ibn-Sīnā wurde eine vollständige Ontologie vorgelegt.
Die Entstehung und Diversifizierung der Vielfalt alles Seienden wird philosophisch gedeutet. Zunächst entstehen die Universalien (kulliyyāt), das sind Kategorien und Gattungen. Die Theorie der Entfaltung der Partikularien (ǧuz᾽iyyāt) aus den Universalien wird später noch ausführlicher von Ibn-Rušd weiterentwickelt.

7 أبو يوسف يعقوب بن إسحاق الصبّاح الكندي, abū Yūsuf Ya‘qūb ibn ’Isḥāq aṣ-Ṣabbāḥ al-Kindī, 801-873.

8 ابوبكر محمد زكرياى رازى, abū Bakr Muḥammad b. Zakariyā Rāzī, 865-925.

9 ابونصر محمد بن محمد فارابى, abū Naṣr Muḥammad ibn Muḥammad Farābī, 873-950.

Kapitel fünf

Der Philosophenstreit

Mit dem Auf- und Ausbau der philosophischen Systeme setzten die Auseinandersetzungen zwischen den Denkschulen ein. Um die Jahrtausendwende verschärfen sich die Kontroversen soweit, daß die Auseinandersetzungen einen öffentlichen Charakter annehmen.

Hauptrepräsentanten des Philosophenstreits seiner ersten Generation sind Ibn-Sīnā (Avicenna), Ġazālī (Al-Gazel) und Ibn-Rušd (Averroes). Der Streit dreht sich um elementare Fragen von Philosophie und Theologie und besonders dort, wo beide Denksysteme einander überlappen. Der Streit bleibt nicht lange auf die Schulen beschränkt, vielmehr greift er auf die Öffentlichkeit über. Wie ich sehe beansprucht der Philosophenstreit tausend Jahre nach seinem Beginn den Autor und die Leser dieses Werkes.

Kapitel sechs
Ibn-Sīnā[10] – Avicenna (980-1037)
أبو علي الحسين بن عبد الله بن سينا
Er begründet den Philosophenstreit

Übersicht
Einleitung
Kosmogonie
al-ʿĀlam qadīm („Die Welt ist nicht in der Zeit entstanden“)
Unanfänglichkeit der Welt
Kulliyyāt versus guzʾiyyāt
Theologie
Emanation, Faiḍ
Theodizee
Eschatologie
Materialismus (1)
Bewegung
Zeit und Raum
Materialismus (2)
Der Stein des Anstoßes – al-Išārāt wa at-tanbīhāt von Ibn-Sīnā.
Qaḍāʾ wa Qadar – die Vorbestimmtheit
Der Stellenwert Ibn-Sīnās in der Philosophie und Literaturgeschichte
Ibn-Sīnā posthum vor Gericht
Werke (eine Auswahl)
Quellen

10 abū ʿAlī al-Ḥusain b. ʿAbdullāh b. Sīnā

Einleitung
Ibn-Sīnā erwarb mit 18 Jahren die *Venia legendi*, den öffentlich legitimierten Ausbildungsauftrag, die Berechtigung zur medizinischen Lehre und zur Ausübung des ärztlichen Berufs. Um die Jahrtausendwende war er eine anerkannte und geehrte Lehrautorität. Studierende zogen aus allen Kontinenten der alten Welt zu ihm, um seine Lehrveranstaltungen zu besuchen. Es zählte sehr viel, wenn jemand ein Zeugnis bei Ibn-Sīnā erwarb. Seine Bibliographie umfaßt rund hundert Schriften. Seine Veröffentlichungen wurden rasch nach Erscheinung vervielfältigt und an Orten, die weit von seinem Institut entfernt sind, fleißig studiert. In allem, was Ibn-Sīnā vertrat, war er eindeutig, präzise und konsequent. Kontroverse Thesen stellte er ohne Zögern auf, wenn er von ihrer Richtigkeit überzeugt war. Der hohe Respekt vor ihm ließ die Kritiker zögern, ihre Opposition offensiv zu vertreten. Es ist bezeichnend, daß der Streit um seine Thesen erst fast ein Jahrhundert später ausgebrochen ist. Gleichwohl hielten auch die Gegner den Universalgelehrten in Ehren.

Im philosophischen Teil seiner Schriften hat Ibn-Sīnā auch theologische Fragen aufgegriffen und sie philosophisch gedeutet. Es konnte nicht ausbleiben, daß er zentrale Dogmen anders als die Theologen darstellt. Mit diesem Ansatz handelte er sich Kritik sowohl aus theologischer als auch aus philosophischer Richtung ein. Insgesamt jedoch überwog der Konsens den Dissens:

Kosmogonie
Zum Aufbau eines vollständigen philosophischen Systems gehört unerläßlich die Theoriebildung über Entstehung und Evolution der Welt. Ibn-Sīnā mußte seine Sicht über die Kosmogonie darlegen und erklären. Schon die erste Philosophie mit Entstehung in Ägypten hat bereits Grundthesen zur Kosmologie entwickelt, an denen spätere Generationen nicht vorbei konnten. Die Bibel beginnt ja mit der ägyptischen Schöpfungsgeschichte, namentlich der des Ašmunain („Hermopolis“). Ibn-Sīnā hatte stellenweise zu präzisieren, unter anderem in bezug auf die „Unanfänglichkeit der Welt“ und die „Emanation“.

„al-ʿĀlam qadīm“ („Die Welt ist nicht in der Zeit entstanden“)
Ibn-Sīnā erkannte die philosophische Problematik, die sich ergibt, wenn man dem Mythos „*Schöpfung aus dem Nichts*“ folgt. Bald verstricke man

sich in ein Labyrinth von Widersprüchlichkeiten, die eine rationale Erfassung des Weltbildes unmöglich machen. Ibn-Sīnā brach mit dem Mythos *creatio ex nihilo*. Diesem setzte er eine recht aufgeklärte Kosmogonie entgegen, welche seinem philosophischen Anspruch entspricht und der wissenschaftlichen Kritik standhält. Er machte sich keine Illusionen darüber, daß er mit seinem revolutionären Schritt konservative Theologen provozieren wird. Diese und andere Reaktionen hatte er in Kauf zu nehmen, wollte er sein Denksystem widerspruchsfrei konstituieren. Er ließ sich nicht beirren und setzte seine Theoriebildung fort. Die Frage der Entstehung des Universums ist die Grundlage der Ontologie und jeder Weltanschauung.

Unanfänglichkeit der Welt

Zentrale These der sīnāischen Kosmogonie ist die Unanfänglichkeit der Welt. Die Welt (al-ʿĀlam) steht hier für das Universum einschließlich unseres Sonnensystems, zu dem auch die Erde gehört. al-ʿĀlam steht aber auch für die „Materie" ganz allgemein. Nach Ibn-Sīnā hat die Materie also keinen Anfang und kein Ende. Sie ist ewig. Sie ist nicht erschaffen.

Kulliyyāt versus guzʾiyyāt
Universalien und Partikularien

Die vielfältigen Phänomene, die es universell, regional und lokal gibt und ihre Beziehungen zueinander, ihre Entstehung, Werdung, Verfall und Erneuerung verlangen nach einer Erklärung. Der große Reichtum an Wesenheiten, die zahlreichen Erscheinungen der Natur, die Himmelskörper und vieles andere mehr entwickeln sich nicht diffus, sondern nach einer Systematik.

Die Evolution und die Vielfalt der Dinge im Universum und in der Welt beginnen mit den „Universalien" („kulliyyāt"). Aus den Universalien gehen „Einzeldinge" („guzʾiyyāt") hervor. Guzʾiyyāt, die Partikularien, sind z.B. die einzelnen Individuen und ihre Taten in sich verändernden Zeiten und Räumen.

Die These „kulliyyāt" versus „guzʾiyyāt" hängt unmittelbar mit der Theodizee zusammen. Gott weiß nichts von den Übeln in der Welt und kann folglich nichts dagegen tun.

Bei der Ellaboration seiner Thesen über kulliyyāt und guzʾiyyāt unternimmt Ibn-Sīnā einen Exkurs zum „göttlichen Wissen".

Gott besitze das Wissen über die Universalien, nicht aber über die Partikularien. Mit dieser recht gewagten These handelte sich Ibn-Sīnā herbe Kritik ein, insbesondere von Ġazālī und Ibn-Rušd. Tatsächlich hat sich Ibn-Sīnā einen philosophischen Schnitzer geleistet. In Gott projiziert er das Bild vom Menschen und sein Wissensvermögen. Göttliches Wissen geschieht analog menschlicher Kognition. Ibn-Sīnā, der noch vor der digitalen Ära lebte, hätte sich nicht vorstellen können, daß man heute über gute Datenbanken schier unbegrenztes Wissen über guz'iyyāt per Mausklick empfangen kann.

Im Eifer des Philosophierens verstrickt sich Ibn-Sīnā plötzlich in Spekulationen: Er projizierte menschliche Erkenntnisfähigkeit auf Gott und gelangte zum Ergebnis: Gott könne die Partikularien nicht wissen. Damit eröffnete er einen Nebenschauplatz und lenkte von seiner zentralen These ab. Mit der Differenzierung von „Universalien" und „Partikularien" stellt Ibn-Sīnā eine wertvolle Theorie zur Makro-Evolution. Aus der Einheit entfaltet sich die Vielfalt. Aus Gattungen und Kategorien gehen Einzeldinge und Phänomene hervor.
Erwartungsgemäß mußte diese interessante These eine Debatte auslösen. Ihre Teilnehmer haben leider auf den abgeleiteten Nebenaspekt „Göttliches Wissen" abgehoben. Die zentrale Makrotheorie über die Evolution ging ihnen dabei aus den Augen.

Theologie

Daß die Kosmogonie unmittelbaren Einfluß auf das theologische Denken und umgekehrt ausübt, liegt auf der Hand. Ibn-Sīnā bezog Gott in sein philosophisches System mit ein.
Ibn-Sīnā vertrat die These, daß nur die „kulliyyāt" (Universalien), nicht aber die „guz'iyyāt" (Einzeldinge) vom göttlichen Wissen erfaßt wird.
Begründung: Gott ist unveränderlich. Damit greife er in die Welt nicht ein, da Er sonst sich verändern würde.
Nicht nur an dieser Frage zeigt sich, wie sehr Ibn-Sīnā (wie andere auch) sein Menschenbild auf Gott überträgt.

Wenn Ibn-Sīnā meinte, Gott kenne die guz'iyyāt nicht, dann setzt er voraus, daß Gott nicht in den Einzeldingen existiert, also nicht omnipräsent ist. Somit gerät sein Gottesbild in Widersprüchlichkeit. Daß Gott nicht allwissend sei, hat Ibn-Sīnā direkt ausgesprochen.

Ġazālī und andere spätere Meinungsgegner Ibn-Sīnās sahen in dieser These nicht nur die Erschütterung des Dogmengebäudes, sondern auch des Gebotes der Frömmigkeit: Hätte das Bittgebet noch einen Sinn?
Ibn-Sīnā: *Der Mensch soll gut handeln, nicht gut beten.*

Das Problem Ibn-Sīnās mit dem Gebet:
Der Mensch betet in der Hoffnung: Gott erfülle das Gebet. Das heißt, Gott würde etwas tun, was Er nicht getan hätte, wenn nicht gebetet wäre: Die Erfüllung eines Gebetes heißt, Gott verändere sich. Ibn-Sīnā: Gott verändere sich nicht. Gott ist unveränderlich.

Emanation, „Faiḍ"

Der Annahme „Schöpfung aus dem Nichts" stellte Ibn-Sīnā die „Emanation" entgegen. Er ist nicht der Urheber der Emanationsthese. Sie hat eine längere Evolution, deren Anfang schon in der altägyptischen Philosophie liegt. In der Gnosis reift sie aus. Von Plotin wird sie vertieft und weiterentwickelt. Auch Ibn-Sīnā erklärt die Entstehung der Welt durch Emanation, „Faiḍ", das ist die Überströmung aus der göttlichen Fülle und Gnade. Faiḍ, die Überflutung, führt zur Entstehung alles Seienden.

Theodizee

„Theodizee" wird traditionell verstanden als die „Rechtfertigung Gottes vor der Verantwortung für das Vorhandensein des Bösen in der Welt". Die nähere Bedeutung des Begriffes „Theodizee" ergibt sich jedoch jeweils nur aus dem theologischen bzw. philosophischen Denksystem, aus dem heraus der Theodizee-Ausdruck verwendet wird.
Ibn-Sīnā konnte die Theodizee mit seiner eigenen Systematik in Einklang bringen. Aus dem Prinzip der Unveränderlichkeit der Gottheit mußte Ibn-Sīnā konsequent die Auffassung vertreten, Gotteswissen beziehe sich auf die Universalien, nicht aber auf die Einzeldinge, sonst müsse Er in die Welt eingreifen und sich damit verändern.
Gott hat die Menschen erschaffen und ihnen die Welt in voller Verantwortung überlassen. Die Verantwortung für das Böse trägt der Mensch allein. Zwischen Ibn-Sīnā und Ġazālī besteht Konsens in bezug auf den Grundsatz: Gott ist für das Böse in der Welt nicht verantwortlich, nicht aber in der Frage, Gotte kenne die Einzeldinge nicht.

Eschatologie
Die individuelle Wiedererweckung der Toten im Fleisch war mit seinem fortgeschrittenen philosophischen System unvereinbar. Ibn-Sīnā konnte sich damit nicht abfinden. Er verwarf den Glauben an eine fleischliche Auferstehung der Toten.

Aus der Sicht der konservativen Dogmatik war die Verleugnung der körperlichen Auferstehung der Toten und ihrer Versammlung zum Jüngsten Gericht besonders schwerwiegend.

Materialismus (1)
Eigentlicher Begründer des philosophischen Materialismus ist Ibn-Sīnā. Er faßt das Prinzip in zwei Wörter: „Qidam al-ʿālam".
„ʿĀlam" steht für den „Kosmos", „das Universum", „die Welt" oder auch die „Materie".
„qadīm" steht für „nicht neu", „hat nicht erst irgendwann begonnen".
Die „Materie hat es schon immer gegeben". Mit einem Wort, die Welt, die Materie ist unanfänglich.
Damit wurden aber auch die „Zeitdimension" und die „Raumdimension" relativiert.
Primär ist die Bewegung. Zeit und Raum sind sekundär.
Eindrucksvoll simuliert die klassiche mathematisch-physikalische „Raum-Zeit-Kurve" dieses Urgesetz des Seins. Sie entsteht, wenn sich etwas bewegt. Man ermittelt, welche Strecke in welchem Zeitraum zurückgelegt wird.

Freilich hat die Materie schon immer existiert, aber nicht in derselben Art und Weise wie sie heute ist. Über Äonen befindet sich die Materie in ständiger Evolution und qualitativer Veränderung. Sie hat sich autonom entwickelt und ihre Erscheinungsform ständig verändert. Sie entstand jedoch nie aus dem Nichts. Die Energieform und die Stofflichkeit sind nie dieselben geblieben, jedoch nie ist sie aus dem Nichts hergekommen.

Ibn-Sīnā begründete die These von der „Unanfänglichkeit der Materie (der Welt, des Universums)". Damit setzt er das Schöpfungsdogma außer Kraft. Darin war er recht revolutionär. Er öffnete der Ontologie neue Dimensionen über Genesis und Evolution des Seins.

Bewegung
Es gibt keine Materie ohne Bewegung. Ebenso:
Es gibt keine Bewegung ohne Materie.

Zeit und Raum
Die „Unanfänglichkeit“ und die „Ewigkeit der Materie“ begünden zwei weitere grundlegende Thesen:
Zeit und Raum sind sekundäre Konstrukte.
Materie und Bewegung sind primär.

Es ist die Bewegung, welche die Dimensionen von Raum und Zeit schafft.

Setze man einen Schöpfungsakt voraus, so projiziert man einen Zeitpunkt in die Zeitlosigkeit. Dieser – imaginäre – Fixpunkt schafft eine Zeit vor der Zeit. In der Konsequenz verschwinde die Ewigkeit. Ungewollt und unbewußt widersprechen sich die Urheber des Schöpfungsmythos. Sie setzen die Ewigkeit Gottes voraus und verlegen ihn doch in die Zeit. Egal welche Spannen und Mengen an Zeit vor der Zeit hinzufügt werden, wird man, rein mathematisch betrachtet, die Unendlichkeit nie erreichen.

Materialismus (2)
Mit seiner These von der „Unanfänglichkeit“ der Materie läßt sich Ibn-Sīnā mit Recht als den Begründer des philosophischen Materialismus betrachten.

Freilich kann Ibn-Sīnā nicht gemeint haben, daß die Materie schon immer in ihrer stofflichen, faßbaren Form statisch bestanden hat und unverändert geblieben ist. Ihre Vorformen bargen in sich das Potential künftiger Umformungen und evoltiven Entwicklungen. Aus den ursprünglichen Energieformen und der Urmaterie sind höhere Stadien hervorgegangen. Somit besagt der sīnāische Materialismus, daß die Materie autonom, bewegungs- und entwicklungsfähig ist (Die Physik spricht von der „Umwandlung von Energie in Materie“ und umgekehrt.).

Ibn-Rušd schreibt dazu: Die Materie hatte in sich die Kraft zur Eigenentwicklung „bi al-quwwa, laisa bi al-fiʿl“, „als Kraft, nicht als Wirkung; als Potential, nicht als Form“.

Die These Hegels, welche eine Abfolge von „Idee / Weltgeist“, dann „Materie“ annimmt, ist damit hinfällig. Es ist nicht vorstellbar, daß irgendwann Materie ohne Sensibilität, oder Geist ohne Materie bestanden hat. Freilich war der Entwicklungsstand der Sensibilität dem der Materie analog. Die Urmaterie war „intelligent“, ihrem Entwicklungsniveau entsprechend.

Die rationale, aufklärerische Philosophie Ibn-Sīnās erregte in der gläubigen Öffentlichkeit Unsicherheiten. Obwohl die Schriften Ibn-Sīnās nicht notwendig als häretisch oder gar antireligiös interpretiert werden mußten, fühlte sich die Orthodoxie herausgefordert.
Tatsächlich wurde die Philosophie Ibn-Sīnās von Fundamentalisten als inkompatibel mit dem rechten Glauben aufgefaßt. Diese Annahme hätte er wahrscheinlich bestritten. Da aber die „Muḥākama“, das Klageverfahren, posthum stattfand, konnte er persönlich sich zu den Vorwürfen nicht äußern. Diese beziehen sich nur auf einige kontroverse Thesen, nicht auf das sīnäische Werk in seiner Gesamtheit. Ibn-Sīnā, als Philosoph, ist für die große Mehrheit Konsens geblieben. Mit seinen kontroversen Thesen müßte er schon zu Lebzeiten nichts anderes als einen Gegenangriff der Konservativen und Dogmatiker erwarten. Ihnen bot er nicht nur einen Grund, oder auch nur drei, wie Ġazālī in seinem Gutachten ermittelte. Die Klageschrift Ġazālīs hob nur auf drei Punkte ab, nannte aber andere Differenzen, die jedoch als tolerabel beurteilt wurden.

Indes hatte Ibn-Sīnā die öffentliche Meinung weitgehend auf seiner Seite. Auch dort, wo Dissens bestanden hat, räumte man einem anerkannten, öffentlich legitimierten Philosophen ein, unpopuläre Positionen zu vertreten.

Der Stein des Anstoßes – al-Išārāt wa at-tanbīhāt[11] von Ibn-Sīnā

Aus rund hundert kostbaren Büchern durfte „al-Išārāt wa at-tanbīhāt“ („Zeichen und Weisungen“) mit Abstand das wichtigste Werk Ibn-Sīnās sein. Es vermittelt einen tieferen Einblick in sein Denksystem und seinen Weg zur Theoriebildung.
„al-Išārāt wa at-tanbīhāt“ von Ibn-Sīnās wurde oft kommentiert, unter anderem von den renommierten Gelehrten ar-Rāzī und Ṭūsī. Es ist das Werk, das die Anschauungen Ibn-Sīnā am klarsten darstellt. Darin sind auch die

11 الإشارات و التنبيهات, Ibn-Sīnā, al-Išārāt wa at-tanbīhāt – zusammen mit dem Kommentar des Ṭūsī, ed. Sulaiman Dunya, Kairo 1960.

kontroversen Thesen enthalten, die zum Gegenstand der Kritik, u.a. Ġazālīs, geworden sind.

qaḍāʾ wa qadar – die Vorbestimmtheit

Ibn-Sīnā wies auf unvereinbare Widersprüchlichkeiten der religiösen Lehren hin.

Beispiel: Die Lehre von „qaḍāʾ wa qadar" – „Vorbestimmtheit, Prädestination, Determiniertheit, Vorsehung" – einerseits, und der Bestrafung andererseits. Belohnung und Bestrafung setzen wohl die Willensfreiheit voraus, „qaḍāʾ wa qadar" schließen sie aus. Ibn-Sīnā:

> *„Du magst nun fragen, wenn alles durch die Prädestination vorbestimmt ist, warum denn gibt es eine Bestrafung? Überlege Dir genau Deine Antwort. Bestraft wird die Seele für ihre Fehlleistungen, wie es dir von Krankheiten des Körpers bekannt ist, die auf Begierden zurückgehen. Die Bestrafung wird fällig, wenn zuvor Missetaten begangen wurden (lies: Wenn Vorbestimmtheit besteht, K.K.), weshalb man sich der Strafe schuldig gemacht hat".*[12]

Ibn-Sīnā schlußfolgert: Wenn die kausale Folge göttliches Vorwissen sei, dann liegt eben keine kausale Folge vor. Also handelt es sich um keine Kausalität.

„Vorbestimmtheit" auf der einen Seite, und Bestrafung bzw. Belohnung auf der anderen, vertragen sich nicht. Die Bestrafung wäre ungerecht, die Belohnung unverdient.

Einen Ausweg aus diesem Widerspruch meinten die Ašʿarīten darin zu finden, indem sie „qaḍāʾ wa qadar", die Vorbestimmtheit, auf „göttliches Vorwissen" reduzierten: Göttliche Vorbestimmung. „qaḍāʾ wa qadar": Gott weiß es im voraus. Gottes Vorwissen ändert nichts an der Eigenverantwortlichkeit der Täter.

Zum Stellenwert Ibn-Sīnās in der Philosophie und Literaturgeschichte

Die Wissenschaftsgeschichte schuldet Ibn-Sīnā einen beachtlichen Teil ihrer Leistungen. Unmittelbar nach seinem Tod wurde die Philosophie Ibn-Sīnās in den Lehrkanon von Universitäten aufgenommen. Als Beispiel wurde Šaharastānī im Jahr 1110 als Professor an die berühmte Reformuni-

[12] Ibn-Sīnā, al-Išārāt wa at-tanbīhāt, hrsg. von Jacob Forget, Leiden 1892, S. 188, Zeilen 16-19.

versität Niẓāmiyya von Baġdād berufen. Im Verlauf eines Jahres hatten Studierenden die vier philosophischen Grundlagenwerke Ibn-Sīnās zu behandeln.
Šaharastānī gehört zu den frühsten Gelehrten, welche die Philosophie Ibn-Sīnās systematisch aufgearbeitet haben. Ihm widmete Šaharastānī längere Kapitel in seinem „al-Millal wa an-niḥal".

Indes hat Ibn-Sīnā eine Angriffsfläche geboten, als er Aristoteles gegen die Kritik arabischer Philosophen und Naturwissenschaftler verteidigte. Darin stand Ibn-Sīnā hinter dem Forschungsstand. Es geschah zu einem Zeitpunkt, als der Aristotelismus bereits obsolet geworden war. Während arabische Wissenschaftler die Entwicklung und Veränderung der Arten und aller Erscheinungen vertraten, geriet Ibn-Sīnā in den Verdacht, ebenso wie Aristoteles ihre Statik anzunehmen. Besonders heftig war die Kritik al-Bīrūnīs (973-1048)[13] an seinem Schüler Ibn-Sīnā. Es wundert in der Tat, daß Ibn-Sīnā punktuell hinter dem Stand der Erkenntnis war. Ansonsten war er war recht innovativ, stellenweise revolutionär. Die Schwachstelle mit Aristoteles durfte nicht von seinen hervorragenden Leistungen auf vielen Gebieten ablenken. Ibn-Sīnā war ein Erneuerer ersten Ranges. Er begründete mehrere Disziplinen und modernisierte andere Stoffgebiete.

Die Musiktheorie Ibn-Sīnās verdient besondere Würdigung. Sie ist auch heute nicht überholt. Auf ihr basiert die Klassik. Durch die Klassik wirkt sie sich auch in der Gegenwart weiter aus. Farābī und Ibn-Sīnā gelten beide als Begründer der Musiktheorie, die nach wie vor aktuell geblieben ist.
Als die Druckereitechnik nach Europa kam, war das Werk Ibn-Sīnās „*Canon medicinae*" das erste Buch, das nach der Bibel gedruckt wurde.

Ibn-Sīnā posthum vor Gericht

Gegenstand der Klage ist nicht das gesamte philosophische System Ibn-Sīnās, sondern nur umschriebene Stellen, die als inkompatibel mit der Religion zu sein schienen sind.
Unausgesprochen blieb der eigentliche Widerspruch: Der philosophisch abgeleitete Materialismus Ibn-Sīnās.

[13] أبو الريحان محمد بن أحمد البيروني, abū ar-Raiḥān Muḥammad b. Aḥmad al-Bīrūnī (973-1048), unter anderem Erfinder der Triangulation.

Verfasser des Fachgutachtens gegen Ibn-Sīnā ist Ġazālī. Seiner Schrift gab er den Titel „Tahāfut al-falāsifa[14]“, wobei er von „Philosophen“ spricht, wohl aber Ibn-Sīnā meint und diesen in den Mittelpunkt seiner Kritik stellt. Am Schluß seines Gutachtens formulierte Ġazālī die Urteilsbegründung.

Drei Auffassungen sind zum Gegenstand der Klage gegen Ibn-Sīnā bestimmt worden:

1. Ibn-Sīnā stellt die These von der „Unanfänglichkeit“ bzw. „Ewigkeit der Welt“ auf. Die Klage zitiert hierbei die Formulierung Ibn-Sīnās: „qidam al-ʿālam, al-ʿĀlam qadīm“.
2. Ibn-Sīnā vertritt die Meinung: Gotteskenntnis bezieht sich auf die Universalien, nicht auf die Einzeldinge.
3. Ibn-Sīnā verwirft die Lehre von der leiblichen Auferstehung der Toten und ihrer Versammlung am Jüngsten Tag („Miʿad“).

Latent handelte es sich um eine Anklage gegen die Rationalisierung von Glaubensinhalten und den Materialismus.

Die Reputation Ibn-Sīnās, derer er sich schon zu Lebzeiten erfreute, wuchs ständig und hat unter dem Philosophenstreit nicht gelitten. Im Gegenteil, seine weltweite Anerkennung stieg auch nach seinem Tod kontinuierlich. Seine Schriften sind zeitlose Klassiker. Gegenwärtig erlebt er eine erneute Renaissance.

---

14 تهافت الفلاسفة, Tahāfut: unzureichend, ungenügend, insuffizient, Scheinantworten geben.

Werke (eine Auswahl)

Ibn-Sīnā, al-Išārāt wa at-tanbīhāt, hrsg. von Jacob Forget, Leiden 1892. Es ist hauptsächlich dieses Werk, das von Ġazālī und anderen Theologen angegriffen wird. Es begründet den Philosophenstreit.

Ibn-Sīnā, *de Anima* (arabisches Original noch nicht aufgefunden. Vorhanden ist die lateinische Übersetzung aus der Scholastik, entstanden nach 1200).

Ibn-Sīnā, *Canon medicinae*. Es ist das Werk mit der größten Verbreitung.

Quellen

Zu den Quellen über Ibn-Sīnā: besonders wertvoll sind die Ausführungen des Šaharastānī, der nahe der Zeit Ibn-Sīnās lebte und sein Werk intensiv studierte. Mit großer Sorgfalt behandelte er die Systematik und Inhalte der Philosophie Ibn-Sīnās:
Šaharastānī widmete Ibn-Sīnā ein umfangreiches Kapitel, in: Šaharastānī, كتاب الملل و النحل, Kitāb al-Millal wa an-niḥal, Bd. II, SS. 490-577.

Kapitel sieben

Ġazālī[15] (1058-1111)

أبو حامد محمد بن محمد الغزالي

Er eröffnet den Philosophenstreit.

Übersicht

Ġazālī (1) – Wer ist Ġazālī?

Ġazālī (2) – Der wissenschaftliche und theologische Schriftsteller

- Wissenschaftsmethodik
- ʿIlm al-kalām

Ġazālī (3) – Lehre und Werk

- Das Werk Ġazālīs
- Charakterzüge der Schriften Ġazālīs
- Das Denken Ġazālīs

- Die Werke Ġazālīs im einzelnen – eine Auswahl
- Ġazālī, Tahāfut al-falāsifa
- Ġazālī, Miʿyār al-ʿIlm
- Ġazālī über die Grenzen der reinen Wissenschaft
- Ġazālī, Iḥyāʾ ʿulūm ad-dīn
- Ġazālī, Miškāt al-Anwār – Nische der Lichter
- Gawāhir al-Qurʾān (Die Perlen des Qurʾāns)
- Ġazālī, Kitāb an-Niyya
- Ġazālī, al-Musṭaṣfa – die Quintessenz
- Die Autobiographie – al-Munqiḏ min aḍ-ḍalāl
- Kein Qurʾān-Kommentar von Ġazālī!
- „Theologie und Welt“ bei Ġazālī

Weitere Lehren Ġazālīs

- Vernunft (ʿaql)
- Igtihād
- Gihād (Mühe)
- Taqlīd (Nachahmung)
- Ethik
- Taqwā (Frömmigkeit)

---

15 abū Ḥāmid Muḥammad b. Muḥammad al-Ġazālī (Al-Gazel)

Ġazālī (4) – Wahrheit
- Zum gängigen Sprachgebrauch des Begriffes „Wahrheit“
- Wahrheit im theologischen Sinn
- Zum besonderen Charakter der „notwendigen Wahrheiten“
- „Wahrheit“ aus universalistischer, existentieller Sicht

Ġazālī (5) – Erkenntnistheorie und Erkenntnisweg
- Erkenntnis nach Ġazālī
- Ontologie
- Eschatologie bei Ġazālī
- Überzeitliche Hoffnung

Ġazālī (6) – Ġazālīs Weg in den Sūfīsmus
- Ġazālī wird Sūfī – Der Übergang
- Ġazālī und Sūfīsmus – Die Suche nach der Wahrheit
- Der Weg in den Sūfīsmus
- Die Lehre von Gott – Gotteserkenntnis
- Göttliche Attribute (nach Ġazālī)
- Monotheismus
- Tawḥīd – Bekenntnis vom „Einigen Gott“.
- Vision Gottes
- Gott-Mensch-Beziehung
- Zur Eingruppierung Ġazālīs
- Evaluation
- Nachruf auf Ġazālī
- Zur Rezeption Ġazālīs in Europa
- Der Einfluß Ġazālīs auf die Herausbildung der europäischen Theologie und Philosophie seit der Scholastik

Ġazālī (7) – Ġazālī, Tahāfut al-falāsifa
- Der Stein des Anstoßes: Ġazālī, Tahāfut al-falāsifa. Ġazālī eröffnet den Philosophenstreit.
- Struktur und Aufbau des Werkes „Tahāfut al-falāsifa“
- Der große hermeneutische Irrtum
- Aufgabe und Erkenntnisziele des „Tahāfut al-falāsifa“

Ġazālī (8) – Die Zwanzig Thesen Ġazālīs

Ġazālī (1)

Wer ist Ġazālī?

abū Ḥāmid Muḥammad ibn Muḥammad al-Ġazālī stammt aus Ṭūs in Ḫurāsān. Seine Vorfahren trugen den Namen al-Ġazālī, einen Namen, der auf das Gewerbe der Familiendynastie hinweist. Über Generationen müssen die Vorfahren Spinnereien und Webereien betrieben haben. Wahrscheinlich verfügten sie über eine ertragreiche Textilienindustrie, welche die Namengebung rechtfertigt. Noch vor der Geburt abū Ḥāmid al-Ġazālīs wurde die Aussprache „Ġazzālī (Weber)" lautlich vereinfacht zu „Ġazālī". Jedenfalls stammt er aus einer wohlhabenden Familie, weshalb er nicht gewerblich arbeiten mußte. Er konnte sich von der Jugend an ausschließlich dem Studium, der Forschung und später der Autorentätigkeit widmen. Er kam in den Genuß einer allgemeinen und qualifizierten wissenschaftlichen Ausbildung. Unter anderem studierte Ġazālī vorausgegangene bedeutsame Philosophen. Im Anschluß daran konnte er sich auf spezifische philosophische und theologische Schwerpunkte konzentrieren. So läßt sich das Breitspektrum seiner fachlich fundierten Schriften erklären. Seine Studien erlangte er an den bekanntesten Hochschulen seiner Zeit, wobei er unterschiedliche Bildungsstätten besuchte. Ṭūs selbst ist eine Stadt mit hoher Kulturgeschichte, die hervorragende Gelehrte hervorgebracht hat. Hier hat Ġazālī seine Bildung begonnen. Er setzte sie in dem traditionell renommierten Wissenschaftszentrum Baṣra fort.

Ġazālī lebte in der Salǧūqenzeit (Selçukenzeit). Die kulturfreudige Dynastie sorgte für die Verbreitung von Bildung und Wissenschaft. Die Lebenszeit Ġazālīs synchronisierte mit der Ära des Reichskanzlers Niẓām al-Mulk, der für Aufklärung und Fortschritt sorgte. Er errichtete eine Reihe von Akademien („Madrasa(t)"), die seinen Namen trugen: „Niẓāmiyya". Einen Studienplatz hier zu erlangen spricht dafür, daß Ġazālī schon früh von seinen Lehrern als ein begabter, förderungswürdiger Nachwuchs anerkannt wurde. Von ihnen wurde er für eine elitäre Ausbildung vorgeschlagen. Von Ṭūs aus wurde er für einen Studienplatz für höhere Studien befördert. So gelangte er nach Nissapur, dann in das berühmte klassische Ausbildungszentrum in Baṣra. Es waren jeweils „Niẓāmiyya-Akademien". In dem Bestreben, seine Qualifikation auszubauen und zu vertiefen machte Ġazālī von der Möglichkeit Gebrauch, von einem Ort zum anderen zu wechseln, um jeweils von der Gelehrsamkeit der renommiertesten Professoren seiner Epoche zu profitieren. Im Verlauf seines Lebens besuchte er mehrere Wissenschaftszentren.

Eine Episode aus dem Leben Ġazālīs berichtet, daß er während einer Reise durch Iran überfallen wurde. Er bat die Räuber: *„Gebt mir bitte nur die Bücher zurück. Den Rest könnt ihr mitnehmen. Ich bin Gelehrter und von Beruf Wissenschaftler. Ich bin auf meine Bücher angewiesen. Darum flehe ich Euch an, mir die Bücher zurückzugeben"*. Die Räuber antworteten ihm: *„Wie kannst Du Dich Gelehrter nennen, wenn Du in Büchern nachschlägst, um davon Wissen zu erfahren"*. Dieser Spruch hat Ġazālī nachdenklich gemacht. Im Ergebnis entschloß er sich, nach Baṣra zurückzukehren, um seine Ausbildung zu vervollkommnen. In aller Schärfe kritisiert der spätere Ġazālī das „Buchwissen" als Taqlīd.
Unmittelbar nach Abschluß seiner Ausbildung in Ṭūs und Baṣra wurde Ġazālī auf einen Lehrstuhl an der damals bedeutsamsten Universität die Niẓāmiyya-Akademie in Baġdād berufen. Es spricht für die außergewöhnliche Begabung des jungen Gelehrten. Die auch für damalige Verhältnisse sehr junge Lehrautorität Ġazālī zog Studienwillige von weit her an. Seine erste Vorlesung bezog sich auf Farābī[16], Al-Madīna al-fāḍila. Das *curriculare* Studienprogramm der Niẓāmiyya legte großen Wert auf das Werk des Farābī unter dem Aspekt, daß die Verwirklichung realer Utopien eingeleitet werden muß. Lehrer Ġazālī, Studierende und die reformwillige Bildungspolitik waren sich darin einig.
Zu Lebzeiten Ġazālīs ist die arabische Welt von den europäischen Kreuzfahrern heimgesucht worden. Er referierte über ihren Überfall auf Bait al-Maqdis (Jerusalem) im Jahre 1102/03.

Seinen Erkenntnisweg und einzigartige Bereitschaft, seine Einsichten konsequent umzusetzen, beschreibt Ġazālī eindrucksvoll in seiner Autobiographie, „al-Munqiḏ min aḍ-ḍalāl)". Ġazālīs langes und leidensvolles Bemühen um die Wahrheitsfindung war nicht vergebens.

Auf dem Höhepunkt seiner akademischen Laufbahn entschloß sich Ġazālī, seinen sonst begehrten universitären Lehrstuhl und den weiteren Berufungen den Rücken kehren. Seine ersten Versuche, Baġdād fluchtartig zu verlassen, scheiterten. Wiederholt wird er festgehalten und an die Niẓāmiyya zurückgeholt, um seine Lehre fortzusetzen. Ġazālī muß sich einen kühnen Plan überlegen, wie er der staatlichen Lehrverpflichtung entkommt. Er

16 أبو نصر محمد الفارابي, abū Naṣr Muḥammad al-Farābī, 870-950.

wartet den Ḥagg ab, mischt sich unerkennbar unter die gleichartig gekleideten Pilger. Schließlich gelingt ihm die Flucht aus Baġdād. Er begibt sich auf die Wanderung. Er strebt kein bestimmtes geographisches Ziel an, aber er weiß wohin – er tritt die Reise in das Selbst an. Hier will er die Wahrheit finden, die er – wie jeder andere Mensch – in sich selbst trägt. Diese ist aber verschüttet und kann nur durch Katharsis, die Selbstreinigung, freiwerden. Elf Jahre lang befindet sich Ġazālī auf der Wanderung. Die beiden letzten Jahre verbringt er als Ṣūfī. Die Mystik erweist sich als Weg zur Wahrheitsfindung.

Aus heutiger Sicht läßt sich Ġazālī als den mit Abstand bedeutendsten Theologen des orthodoxen Islam würdigen.

Auf die Frage: „Wer ist Ġazālī?“ lautet die Antwort:
Ġazālī ist
- Theologe,
- Philosoph,
- Mutakallim,
- Dialektiker,
- Wissenschaftler,
- Multidisziplinär,
- Didaktiker,
- Mugtahid,
- Mugaddid,
- Ṣūfī.

Kapitel acht

Ġazālī (2)

Der wissenschaftliche und theologische Schriftsteller Ġazālī

Die erhaltenen Werke Ġazālīs präsentieren einen Wissenschaftler von großer universeller Gelehrsamkeit. Er hinterließ eine von ihm verfasste, umfangreiche Bibliothek. Sie zeigt die Vielfalt unterschiedliche Disziplinen, die er miteinander sinnvoll kombinieren und harmonisch integrieren konnte. In seinen Risālas (Sendschreiben, Botschaft, Epistel, Lehrbrief) zeigt sich Ġazālī als ein Autor mit fundierter Gelehrsamkeit, der es leicht hat, komplexere Lehrinhalte zu integrieren, didaktisch zu vermitteln und der mühelos vorträgt. Hinzu kommen ein literarisch wohlkomponierter Stil und ästhetische Wortwahl. Linguistisch kompetent und fachlich versiert gehört Ġazālī zu den großen Schriftstellern der Literaturgeschichte. Er macht von Parabeln, Metaphern und Illustrationen gebrauch. Dazu ist er ein hervorragender Anwender des kommunikativen Lehrens, von dem man heute noch die Kunst der Vermittlung komplexer Fachinhalte rezipieren kann.

Charakteristischer Zug der Schriften Ġazālīs ist die brennende Sehnsucht nach Wahrheit und Gewißheit. Zeitlebens suchte er die vollkommene, unverfälschte Wahrheit. Sie war auch das Hauptanliegen seines Diskurses.

Wissenschaftsmethodik

Ġazālī betrachtet Mathematik und Logik sowohl als Grundlagenwissenschaften als auch als Wissenschaftsmethode (Epistemologie). Er fordert, daß jeder, der es kann, die Logik, ihre Regeln und Gesetze beherrschen muß. Formale Logik, Syllogistik und Mathematik sind für Ġazālī exakte und vollkommene Wissenschaften. Er wandte syllogistische Logik selbst auf die Interpretation des Qur'āns an. Die Gewißheit heiliger Text leite sich nach Ġazālī von ihrer Übereinstimmung mit logischen Gesetzmäßigkeiten her. Auch Gottesmacht grenze an die Gesetze der Logik. Nach Ġazālī kann ein Autor, der die Logik nicht beherrscht, nicht ernstgenommen werden.

ʿIlm al-Kalām

ʿIlm al-Kalām[17] ist reine Dialektik.
Methodologisch im engeren Sinne gilt Ġazālī als „Mutakallim“, also Dialektiker. ʿIlm al-Kalām ist bemüht, Gegensätze zu verbinden und formale Widersprüche aufzulösen.

Mutakallimūn sind Vertreter und Anwender des ʿIlm al-Kalām.
Mutakallimūn sind sind die Dialektikoi.
Erkenntnisziel der Mutakallimūn ist die Ermittlung und Bewahrung des rechten Glaubens unter Anwendung des Kalām.
Als Begründer des ʿIlm al-Kalām gilt al-Ašʿarī[18]. Er ist ein bedeutsamer Dialektiker, welche die theoretischen und methodischen Grundlagen des ʿIlm al-Kalām formuliert und definiert hat. Ġazālī hat das Werk al-Ašʿarīs weiter auf- und ausgebaut. Beide, al-Ašʿarī und Ġazālī, sind anerkanntermaßen die führenden Mutakallimūn.

ʿIlm al-Kalām ist die Grundlage der „Dialektischen Theologie“.

---

17 علم الكلام
18 أبو الحسن علي بن إسماعيل الأشعري, abū al-Ḥasan ʿAlī b. Ismāʿīl al-Ašʿarī (873-935).

Kapitel neun
Ġazālī (3)
Lehre und Werk

Das Werk Ġazālīs

Ġazālī verfaßte Werke über Mathematik, Logik, Sprachwissenschaft, Theologie, Kalām (Dialektik), Philosophie, Sūfīsmus, Spiritualität u.a.m. Schon zu Lebzeiten erfreute sich Ġazālī größter Popularität. Autoren betrachteten ihn als Vorbild und ahmten ihn nach. Nicht nur in der arabischen und islamischen Welt, sondern auch im Europa der Scholastik wurde er früh rezipiert. Hier ist er unter dem Namen Algazel bekannt geworden. Eine ganze europäische Fraktion identifizierte sich mit ihm. Sie sorgte dafür, daß seine Werke rasch ins lateinische übersetzt, verbreitet, gelesen und diskutiert werden.

Mit seinen Büchern wendet sich Ġazālī an unterschiedliche Lesergruppen, für die er jeweils einen angemessenen Diskurs wählt. Er schreibt sowohl für ein gelehrtes Publikum als auch für die breite Öffentlichkeit, für Theologen wie für Philosophen, für Fachleute wie für Laien, für Sūfīs wie für Säkulare.

Entsprechend variiert er die Sprache. Auffälliges Beispiel dafür ist das Thema „Gott". Ġazālī präsentiert ihn für alle, je nach ihrem Bildungsstand und ihrer Einstellung im Leben. Er stellt Gott den Menschen vor, so wie sie ihn brauchen: Gott für die Menschen und die Menschen in Beziehung zum göttlichen Wesen. Jeder soll Gott verstehen, ohne daß Ġazālī jeweils einen anderen Gott präsentiert.

In der Frage der Attribute trat Ġazālī dafür ein, daß Gott nicht eigenschaftslos ist. Wie andere Wesen verfügt auch Gott über Eigenschaften. Diese sind formal göttlicher Natur, real jedoch sind es die Attribute, welche menschlichen Bedürfnissen und Sehnsüchten entgegenkommen: Gott Heiler, Gott Helfer, Gott Vergebender, Gott Barmherziger und so weiter.

Charakterzüge der Schriften Ġazālīs

Ġazālī ist ein ausgezeichneter mitteilsamer Autor. Er spricht alle an und wählt für jeden die entsprechende Kommunikationsebene:

Ġazālī ist
  für die Ašʿarīten ein al-Ašʿarī,
  für die Philosophen ein Philosoph,
  für die Theologen ein Theologe,
  für die Ṣūfīs ein Ṣūfī,
  für Šafiʿīten ein Šafiʿīt.

Beim ersten Blick erscheint Ġazālī als eine nicht einheitliche, homogene Persönlichkeit. Es wäre jedoch Unrecht, seine kommunikative, didaktisch bedingte Abwechselung des Diskurses als „Mehrzüngigkeit" oder gar „opportunistisch" zu deuten. Ibn-Rušd nämlich hat es so interpretiert: Ġazālī sei „mit Philosophen ein Philosoph, mit Ašʿarīten ein Ašʿarīt, mit Ṣūfīs ein Ṣūfī" (Ibn-Rušd in: Faṣl al-maqāl). Im Kontext der Schrift Ibn-Rušds sei die Flexibilität Ġazālīs eine Art Opportunismus, ja mangelnde Geradlinigkeit.
Ich persönlich sehe die unterschiedlichen Formen des Ġazālīschen Diskurses, je nachdem wen er anspricht und erreichen will, nicht als negativ an. Ġazālī ist tatsächlich all das. Er verkörpert diese Vielfalt. Er will alle erreichen. Dabei braucht er nicht eine Position nachzuahmen.

Das Denken Ġazālīs

Im Zentrum des Denkens Ġazālīs steht der Mensch. Die Theologie und Philosophie Ġazālīs sind ausgesprochen anthropozentrisch.
Das Erkenntnisziel: Wahrheit und Wahrheitsfindung. Die Wahrheit steckt in jedem Menschen. Sie liegt dort verschollen, muß gesucht und entdeckt werden.
Gott nimmt bei alldem den zentralen Platz in allen Schriften Ġazālīs ein, doch stets unter dem Aspekt seiner Beziehung zum Menschen und des Verhältnisses des Menschen zu Gott.

Die Werke Ġazālīs – eine Auswahl

Ġazālī, Tahāfut al-falāsifa[19]

Als Ġazālī geboren wurde, war Ibn-Sīnā bereits zwanzig Jahren tot. Doch der Streit um seine Thesen war noch heftiger als je zuvor. In diese Debatte wurde Ġazālī hineingeboren und ist mit ihr zusammen aufgewachsen. Sich aus der Auseinandersetzung um Ibn-Sīnā heraushalten konnte und wollte er nicht.

Mit seiner Schrift „Tahāfut al-falāsifa" griff Ġazālī in die Diskussion massiv ein. Mit diesem Werk Ġazālīs nahm die Debatte um Ibn-Sīnā neue Qualität an. Mit „Tahāfut al-falāsifa" eröffnet Ġazālī einen regelrechten Theoriestreit, mit klaren Fronten, mit Gegnern und Anhängern. Dazwischen gibt es keine neutrale Zone mehr. „Tahāfut al-falāsifa", der vor über 900 Jahren erschienen ist, verschärften den Antagonismus soweit, daß er heute noch weiter besteht. Kein anderer Disput der Geistesgeschichte hat diese Schärfe und Länge angenommen wie der Philosophenstreit.

Es ist allerdings unbefriedigend, die Schrift „Tahāfut al-falāsifa" isoliert, unabhängig vom Gesamtkontext des Werkes Ġazālīs zu behandeln. Genau dieser Mangel hat die Debatte um die Positionen Ġazālīs belastet. Wir sind nunmehr bestrebt, den Philosophenstreit integriert darzustellen, die Problematik zu konkretisieren und die Widersprüche unter den klassischen Autoren zu präzisieren. Außerdem werde ich die eigene Auffassung aus universalistischer Sicht zu den umstrittenen Thesen vorstellen. Somit sollen echte Fortschritte im Philosophenstreit erzielt werden.

Vor diesem Hintergrund habe ich es für richtig gehalten, dem Leben und Werk Ġazālīs den gebührenden Raum zu widmen. Dem Buch „Tahāfut al-falāsifa" von Ġazālī widmen wir weiter unten eigene Kapitel.

Ġazālī, Miʿyār al-ʿIlm[20] (Das Kriterium der Wissenschaft)

Ġazālī über Wissenschaft (ʿIlm): Wissenschaft ist eine notwendige, menschenspezifische Leistung. Dank der Gabe „Vernunft" ist der Mensch befähigt, Wissenschaft zu leisten. Wissenschaft behandelt die Beziehung von Mensch zu Mensch, Mensch zu Welt und Umwelt und Mensch zu Natur, Theologie, Anthropologie und Ontologie (Seinsphilosophie)

Wie an vielen anderen Orten betont Ġazālī auch hier den Stellenwert der Logik in wissenschaftlichem Arbeiten. „Wer die Logik nicht kennt (man lā yaʿlam al-Manṭiq (…), ist nicht vertrauenswürdig." Ġazālī selbst geht dar-

---

19 تهافت الفلاسفة

20 معيار العلم

in mit gutem Beispiel voran. Stets bemüht er sich, logische Schlußfolgerungen zu ziehen.
Diese Forderung kann den Leser leicht zur reduktiven Annahme verführen, Ġazālī präsentiere eine wissenschaftsmethodische Abhandlung (wie die Schrift oft interpretiert wird). Bald jedoch überschreitet Ġazālī die unmittelbare Methodenebene, um zu seinem eigentlichen Anliegen zu gelangen.

Ġazālī über die Grenzen der reinen Wissenschaft
Die Grenzen der Wissenschaft sind durch die Grenzen, welche der Erkenntnisfähigkeit der menschlichen Vernunft gesetzt sind, gegeben. Damit will Ġazālī festhalten, daß es Dimensionen der Erkenntnis gibt, die durch die menschliche Vernunft nicht erfaßt werden können. Sie liegen jenseits ihrer Kompetenz. Diese sind aber auch zu erwerben, nicht jedoch durch den intellektuellen Fleiß. Sie sind vielmehr ein Akt der Gnade. Zu ihnen führen Wege jenseits des Intellekts. Es sind „Intuition", „Inspiration", „Eingebung", „Offenbarung" und „Erleuchtung". Schließlich gibt es das in „al-Lawḥ al-maḥfūẓ" aufbewahrte Wissen, das nur den wenigsten Auserwählten zuteil wird.

Aus der Verbindung von Wissenschaft und Religion ergeben sich „religiöse Wissenschaften". „ʿulūm ad-dīn" wird zumeist falsch übersetzt mit „Religionswissenschaften", gemeint jedoch sind die „religiösen Wissenschaften". Das heißt Wissenschaften, welche der Gotteserkenntnis, Theologie, Frömmigkeit und Spiritualität dienen – analog Gebet, Fasten, Meditation und Mystik. „Religiöse Wissenschaften" sind ein Medium, das zu Gott hinführt. Wissenschaft ist eine Gabe Gottes an die Menschen, damit sie – vermittels der Wissenschaft – einen Weg zu Gott finden. Wissenschaft kann als eine Leiter, die zu Gott hinauf führt, dienen.

Die Abhandlung Ġazālīs über das „Kriterium der Wissenschaft" steuert schließlich darauf zu, eine spirituelle Ebene bei der Befassung mit Wissenschaft zu vermitteln. Wissenschaft ist nicht mehr die bloße Forschung und Ermittlungen von Tatbeständen und Erstellung von Analysen.

Offensichtlich spricht Ġazālī vom eigenen Erlebnis, bei dem sich dem Wissenschaftler eine spirituelle Sphäre eröffnet. Dieses Erlebnis ist ein Erfahrungswert, den man unmittelbar empfängt. Es ist nicht das Faktenwissen, sondern die unmittelbare Kommunikation mit Gott vermittels Wissenschaft (analog der Kommunikation mit dem Göttlichen beim Gebet und

Fasten). Es ist klar, daß Ġazālī hier nicht von der materialistisch praktizierten, weltlich reduzierten Wissenschaft spricht.
Ġazālī teilt aus eigener Erfahrung mit, daß die Wissenschaft ein besonderes Medium ist, das den Menschen in Gottesnähe bringt. Ihm war daran gelegen, Platz für Gott in unserem eigenen Leben zu schaffen. Verschiedene Wege bringen den Menschen in die Nähe Gottes. Die Wissenschaft ist ein vorzüglicher Weg dahin. Gott aktualisiert sich im Leben des Menschen über verschiedene Wege, aber auch ganz besonders vermittels der Wissenschaft. Sie ist ein Mittel, Gottes Gegenwart zu erleben und anzuschauen. In diesem Sinne ist Wissenschaft eine Gabe Gottes. Ġazālīs Verhältnis zur Wissenschaft ist ein spirituelles. Sie ist göttliches Licht für den Menschen. Ġazālī selbst war das Vorbild eines „religiösen Wissenschaftlers“. Bei der Befassung mit der Wissenschaft erlebt er die Präsenz Gottes.

Ġazālī, Iḥyāʾ ʿulūm ad-dīn[21]
Kurz genannt „Iḥyāʾ“

Zum Titel: Die Übersetzung des Buchtitels sollte korrekt lauten: „Die Wiederbelebung der religiösen Wissenschaften“. Die geläufige Übersetzung „Wiederbelebung der Religionswissenschaften“ ist nicht zu empfehlen. Im heutigen Sprachgebrauch bezieht sich der Ausdruck „Religionswissenschaften“ auf die Fächer, die sich mit Religion befassen, z.B. Religionssoziologie, Geschichte der Religionen, Konfessionskunde usw. Auch die Fächer, die ein Theologe beherrschen muß, um in den Stand gesetzt zu werden, seine Religion zu lehren und kirchliche Aufgaben auszuüben, lassen sich als „Religionswissenschaften“, nicht aber „religiöse Wissenschaften“ definieren.
„ʿUlūm ad-dīn“ im Sinne von Ġazālī in: „Iḥyāʾ ʿulūm ad-dīn“ meint die Wissenschaft, selbst religiös und fromm zu werden, ein Gott gefälliges Leben zu führen und andere religiöse Praktiken zu üben: Beten, in Gottes Nähe zu sein und anderes mehr. Darum schließen die vierzig Kapitel des Werkes „Iḥyāʾ ʿulūm ad-dīn“ mit dem Thema „Liebe“.

„Iḥyāʾ“ ist „Wiederbelebung“, „Revitalisierung“, „Wiedererweckung“.
„Iḥyāʾ ʿulūm ad-dīn“ ist eines der wichtigsten Werke Ġazālīs. Muslimischen Theologen gilt es als Pflichtlektüre, Laien ist es zu empfehlen.

---

21 احياء علوم الدين

Entstehungskontext: Offensichtlich stellte Ġazālī eine Stagnation des religiösen Lebens fest. Die Ausübung der Religion reduzierte sich auf eine routinemäßige Einhaltung von Gebetszeitender, Fasten, und Riten. Es fehlten Spiritualität, echte innere Frömmigkeit und geistiges Leben. Geblieben sind Gewohnheiten ohne spirituelle Bewegtheit und innere Frömmigkeit. Die Erlahmung des Glaubens veranlaßte Ġazālī zum Handeln, um die Spiritualität zu neuem Leben zu erwecken. Seiner Schrift, die einen beträchtlichen Seitenumfang angenommen hat, gab er den angemessenen Titel: „Iḥyā᾽ ῾ulūm ad-dīn, die Wiederbelebung der religiösen Wissenschaften".
Der Bedarf an Erneuerung wurde auch von der Gemeinde geteilt. Das Werke „Iḥyā᾽" wurde von Anfang an gut aufgenommen und rezipiert. Die Botschaft gegen die Verblaßung und Erlahmung bewirkte eine echte Erweckungsbewegung. „Iḥyā᾽ ῾ulūm ad-dīn" ist eines der am meisten studierten erbaulichen Bücher anspruchsvollen Inhalts.

Inhalt: „Iḥyā᾽ ῾ulūm ad-dīn" besteht aus 40 Büchern, eigentlich Kapiteln, welche den Islam unter den verschiedensten Aspekten behandeln.
Die Mitte des Buches, das zwanzigste Kapitel, ist dem Propheten des Islam Muḥammad gewidmet. Er steht inhaltlich und nicht nur formal im Zentrum des Werkes. Er ist der auserwählte Gesandte Gottes und ist das Vorbild für die Menschen. In großen Ehren und mit allem Lob spricht Ġazālī über den Propheten, dem die Würde zuteil geworden ist, die qur᾽ānische Offenbarung zu empfangen und zu verkündigen. Muḥammad hat seine Mission loyal und voll erfüllt.
Das Vierzigste Kapitel ist das letztes Kapitel von Iḥyā᾽. Darin entwickelt Ġazālī eine Theologie der Liebe. Mit diesem Inhalt wählte Ġazālī nicht nur ein beliebtes Gebiet, sondern zeigte sinnvoll, worauf es im Leben des religiösen Menschen wirklich ankommt. Nicht primär Fasten, Pilgern und täglich fünfmal beten, auf die Liebe kommt es an. Den Fernsten und den Nächsten soll die Liebe zuteil werden.
Der 40. Kitāb behandelt das Wesentlichste: al-Maḥabba. Sein Werk, „Iḥyā᾽ ῾ulūm ad-dīn", schließt Ġazālī mit dem Thema „Liebe", die Krönung aller Tugenden und die Vollendung der Frömmigkeit.
In Iḥyā᾽ erweist sich Ġazālī als hervorragender Didaktiker.

Adressaten und Zielgruppen: Mit „Iḥyā᾽ ῾ulūm ad-dīn" wendet sich Ġazālī nicht in erster Linie an Theologen und Fachleute, sondern an die Ṣūfīs, die ja nicht theologisch geschult sein mußten. Somit ist Iḥyā᾽ auch für die Gemeinde und das breite Publikum geeignet und zu empfehlen. Es sollte die Mystiker orientieren und sie zu einem richtigeren Verständnis des

Glaubens hinführen. Der Autor orientiert auf ein lebendiges Verständnis des Islam – weg vom Isolationismus und Esoterismus.

„Ṣūfī“ sein zu wollen ist ein hoher Anspruch für jene, welche dazu berufen sind. Die Mehrheit der Gläubigen sind Laien. Auch diesen sollten Zugang zu echter Religiosität erlangen. Ġazālī schrieb Iḥyā᾽ auch für das Breitspektrum von Lesern. Ihnen sollte das Werk zur Unterweisung und zur Orientierung verfügbar gemacht werden. Wer einen höheren Anspruch hat, z.B. die Sympathisanten des Ṣūfīsmus, empfängt Iḥyā᾽ als eine Einladung.

Erkenntnisziele: Bei seinem Werk „Iḥyā᾽“ verfolgt Ġazālī das Ziel, die Religion aufklärerisch darzustellen. Nicht dogmatisch und schon gar nicht fundamentalistisch sollte der Islam begriffen werden. Ġazālī grenzt sich gegen die enggefaßte Gläubigkeit, die buchstabentreue Gefolgschaft des Gesetzes und den Isolationismus ab.
Der Autor stellt sich auf den Boden der islamischen Orthodoxie (Sunna). Im deutschen Sprachgebrauch erlangt der Orthodoxiebegriff den Bezug auf den Konservatismus. Ġazālī hält seinerseits an der Tradition „Tawātur[22]“ fest und betrachtet sie als Teil der Offenbarung, wenn sie sie nur richtig überliefert. Gleichwohl lehrt und handelt er als Erneuerer. Als solcher „Mugaddid“ wurde er auch verstanden und anerkannt.
Mit dem Buchtitel „Iḥyā᾽ ῾ulūm ad-dīn“ formuliert Ġazālī ein Programm zur Reform der Einstellungen zum Glauben und zur Erneuerung der wahren Frömmigkeit.
Ganz etwas anderes ist die Rezeption des Werkes in der Nachwelt Ġazālīs. Konservatisten in der Gegenwart projizierten ihre eigenen Vorstellungen in das Werk und interpretierten es in ihrem Sinne und verwenden es gegen aufklärerische Tendenzen. Sie orientieren auf Buchstaben und nicht auf den Geist. Sie fordern Strenge oder gar Fundamentalismus. Hier erscheint die Orthodoxie genau umgekehrt als bei Ġazālī. Muḥammad richtete sich gegen die strenge Askese und Weltentsagung (welche im Christentum seiner Zeit verbreitet waren). Wiederholt lobt er die Leichtigkeit (Yusr), Praktikabilität und Machbarkeit seiner Religion. Seine Kultreform vereinfachte die Pflichten eines Muslims und wandte sich gegen die Gesetzlichkeit.
„Sunna“ ist der Bezug aus Muḥammad in Wort und Praxis bei der Ausübung der Religion. Muḥammad seinerseits forderte ausdrücklich die Re-

22 تواتر, Tawātur: Überlieferung; Transmission; Tradierung; Tradition.
Durch „Tawātur“ werden ursprüngliche Verlautbarungen vermittelt. Eine Lebensweise wird durch „Tawātur“ von Generation zu Generation vermittelt.

duzierung der relogiösen Pflichten auf einfache Verhaltensregeln (u.a. die „Fünf Säulen").
Jedes Werk ist abhängig von Raum und Zeit. Auf Altes unreflektiert zurückzugreifen wäre ahistorisch und atavistisch. Jede neuere Rezeption hat das Erbe in der Weise zu interpretieren, daß es die jeweils aktuelle Situation aufgreift und entsprechende Lösungen anbietet. Die Religion solle der Gegenwart stets gerecht sein. Die Aktualität solle in die Verkündigung einbezogen werden. Aktuelle Probleme fordern zeitgemäße Lösungen. Veränderte Lebenslagen verlangen nach entsprechender, angemessener Orientierung. Aufgetretene Fragestellungen bedürfen aktueller Antworten.
In diesem Sinne schrieb Ġazālī das Werk „Iḥyā' 'ulūm ad-dīn". Ġazālī verteidigte die islamische Orthodoxie. Auch gegen die verbreiteten sektiererischen Tendenzen seiner Zeit hat er sich gewandt. Von Vielen wurde Ġazālī nächst zu Muḥammad gestellt.

Ġazālī, Miškāt al-Anwār[23] (Nische der Lichter)

Miškāt al-Anwār läßt sich als die Fortsetzung des Iḥyā' auffassen.
Miškāt erläutert Formen von Sūfīsmus. Darin geht er auch auf das Phänomen „Licht (Nūr)" ein, das auch sonst in Biographien von Mystikern und Heiligen berichtet wird.

„Licht": Ġazālī ist das Erlebnis des „Lichtes" zuteil geworden. Es ist nicht ein physikalisches Licht. Vielmehr handelt es sich um ein besonderes Erlebnis, das von begnadeten Mystikern erlebt wird. Auch die Bibel berichtet vom Erlebnis des Lichtes, das Propheten erfahren haben. In Biographien von Sūfīs und Heiligen wird es als „großes Licht", „himmlisches Licht" oder auch „göttliches Licht" bezeichnet. Wir können von einem „Lichtmysterium" sprechen.
Es handelt sich um eine ganz andere Qualität als die elektromagnetischen Wellen, welche die die Netzhaut empfängt und auf die Macula einwirken. Das spirituelle Licht hat keine Beziehung zur optischen Wahrnehmung oder sonst zum Körper.
Was ist Licht? Ġazālī gibt eine interessante Definition des Lichtes an:
„An-Nūr ẓāhir li-nafsihi wa muẓhir li-ġayrihi".
„Das Licht ist für sich selbst sichtbar, anderen macht (es Dinge) sichtbar".

---

23 مشكاة الأنوار

Das spirituelle Licht ist immateriell. Freilich wird keiner der Sūfīs das erlebte Licht in der reduzierten menschlichen Sprache adäquat beschreiben können. Ġazālī bemüht sich indes, unterschiedliche Qualitäten von „Licht" darzustellen. Das spirituelle Licht und das Lichterlebnis beschreibt er an verschiedenen Stellen seines Gesamtwerkes. Es wird anders berichtet als in der Kosmologie Farābīs. Bei Ġazālī ist das spirituelle Licht offenbar identisch mit Gott, besser gesagt, Erscheinungsform Gottes. Parallelen finden sich bei Sahrawardi, Philosophie der Erleuchtung, wobei er, Sahrawardi, Ġazālī produktiv fortsetzt: Bei beiden übersteigt das Spirituelle bei weitem das materielle Licht.
Bei dem Versuch, die Bedeutung des Lichts zu vermitteln, bezieht sich Ġazālī auf den Qur'ān Es scheint einfacher zu sein, das Licht nach den Lichtversen des Qur'āns zu erklären:
Licht im Qur'ān
„Nūr min nūr". „Licht von Licht".
Gott ist „Licht der Lichter" „nūr al-anwār".
Das göttliche Licht ist jedermensch offenbar. „Offenbar" ist indes relativ. Vom Suchenden hängt es ab, wieviel Licht er haben will und bekommen kann.

Gawāhir al-Qur'ān[24] (Die Perlen des Qur'āns)

Semantik: Beachte bitte, daß das Singular „Gawhar" zwei Valenzen besitzt. Die eine steht für „Perle", die andere für „Wesen". Der Leser einer Übersetzung möge diese Doppeldeutigkeit im Kopf behalten, die eine äußerlich, konkret, die andere abstrakt, unsichtbar.

Inhaltlich: Ġazālī sieht im Qur'ān einen ausreichenden Ersatz für Taqlīd[25] (Nachahmung). Qur'ān ist der „ṣurāṭ mustaqīm", der „gerade Pfad". Es heißt „Wir haben nichts ausgelassen", sagt Gott. Der Qur'ān enthält die Gesamtheit der Erkenntnis. Diese ist präsent, nicht vorübergehend, augenscheinlich (bi-al-ʿarḍ), sondern als latenten, verborgenes Potential „bi-al-quwwa, bi-an-niyya".
In „Gawāhir al-Qur'ān" wendet Ġazālī syllogistische Logik auf den Qur'ān an. In „Gawāhir al-Qur'ān" betont er: Der Qur'ān enthält den Schlüssel zu allen Wissenschaften.

24 جواهرالقرآن
25 تقليد

Ġazālī hat sehr viel über den Qur'ān geschrieben und ihn zur Grundlage seines gesamten Werkes genommen. Es fällt darum sehr auf, daß er selber keinen Qur'ānkommentar geschrieben hat. Sehr wohl hat er vieles zum Verstehen des Qur'āns sowohl insgesamt als auch zum Verständnis einzelner Stellen beigetragen. Er hat besondere Fragen aufgegriffen und Leitlinien zum Verstehen der qur'ānischen Texte vorgetragen, eine Auslegung des Qur'āns hat er jedoch nicht geliefert – wahrscheinlich auch bewußt. Auch mit „Gawāhir al-Qur'ān" wollte er keinen Qur'ānkommentar präsentieren.

Ġazālī, Kitāb an-Niyya[26]

an-Niyya wird gewöhnlich mit „Intention" oder „Absicht" gleichgesetzt. Handeln wird beurteilt nach der Absicht: „Niyya". Sie ist der Zustand, die Bereitschaft, etwas zu tun doch vor der Intuition es praktisch umzusetzen.
„innamā al-a'mālu bi an-niyyāt": Die Werke werden bewertet und beurteilt je nach der Absicht des Subjektes, das sie zu verantworten hat.
Bei dieser Gleichsetzung wird der semantische Toleranzpegel weit gedehnt. Die Ausdrücke „Niyya" und „Intention" sind nicht äquivalent oder identisch, wohl aber synonym, d.h. sinnverwandt. Die „Niyya" ist eine Ebene, die der Intention oder Absicht vorgeschaltet ist. Die Niyya besteht vor dem Entschluß zu einem Vorhaben, vor der Absicht es umzusetzen. Von der Niyya kommt man zur Intention. Da es aber im Deutschen keinen equivalenten Ausdruck für „Niyya" gibt, wird „Niyya" mit „Intention" übersetzt. Damit aber werden die Ausdrücke „Niyya", „Intention" und „Absicht" nicht scharf gegeneinander abgegrenzt. Um diese Unterscheidung zu veranschaulichen, stellen wir die Reihenfolge der Schritte auf, an deren Ende die Umsetzung zur Aktion folgt.
a) Niyya,
b) Intention,
c) Absicht,
d) Umsetzung in Tat.
Niyya bezeichnet die Einstellung vor der Intention.
Gleichwohl enthält Niyya das gesamte Programm aller weiteren gedanklichen Schrite mit Hinblick auf die Zielsetzung, welche durch die Handlung realisiert wird.

26 كتاب النية

Die Praxis wird gemäß der Niyya (Intention) nicht nach dem realen Resultat gewertet. Erfolg oder Mißerfolg sind nicht die ausschließlichen Kriterien der Beurteilung.

Niyya bei Ġazālī: Ġazālī geht noch weiter in seiner Definition der „Niyya". Er grenzt „Niyya" gegenüber „ʿaql" („Vernunft")[27] ab. Letztere leistet eine menschliche Tätigkeit. Erstere, Niyya, ist nach Ġazālī eine göttliche Eingebung. Die Niyya ist eine spontane Orientierung des Menschen. Sie ist nicht gelernt, nicht erworben. Vernunft ist rational, Niyya ist spirituell. Beide Dimensionen sind einander komplementär:
Niyya äußert sich spontan, lā-irādiyya (unwillkürlich). Sie ist baʿṯ (innerer Treiber).

Nach Ġazālī, Kitāb an-Niyya, erlangt der Ausdruck „an-Niyya" eine besondere Semantik. Niyya ist nicht Intention. Sie ist die Bedingung der praktischen Leistung. Sie ist eine göttliche Inspiration: Ġazālī sieht „an-Niyya" als im Menschen angelegt. Realisiert wird sie durch ihre praktische Wahrnehmung und Umsetzung in Aktion. Niyya ist demnach ein Potential, eine potentielle Tätigkeit.
Niyya ist eine spirituell motivierte Absicht. Der existentielle Sinn der Aussage: „an-Niyya ist vom Herzen (min al-qalb)" besteht darin, sie aufzufassen als eine Aufforderung zum Hineinhorchen, zur Wahrnehmung und zum Verstehen der inneren Stimme, bis die Niyya in Handlung umgesetzt wird. Die Moral lautet: Identifiziere Dich mit Deinem Tun.
Die Lehre Ġazālīs betont: Der Mensch darf nicht einfach darauf vertrauen: Niyya ist eine Anlage. Alles kommt von oben und geschieht von selbst. Das Vorhandensein der Niyya darf den Menschen nicht passivieren, denn er bleibt derjenige, der sie in Praxis umsetzt. Ihm bleibt die Hauptsache der Realisierung vorbehalten. Der Mensch bewährt sich insbesondere in seiner Treue zum Auftrag und in der Loyalität seiner Ausführung.
Der Mensch hat die Ausführung zu verantworten. Nach den Kriterien der Aufrichtigkeit, Ehrlichkeit und Wahrhaftigkeit (ṣidq) wird die Aktion und nicht unbedingt nach dem Resultat oder dem Grad des Erfolgs bemessen.
Die Verwirklichung der Niyya ist an zwei Komponenten gebunden: „Wissen und Aktion": „yaktanifahu amrān, ʿilm wa ʿamal". Es ist also nicht so, daß die gute Absicht ausreicht. Beiderlei müssen gewährleistet sein: Erkenntnis und Handeln, Theorie und Praxis, Planung und Ausführung.

---

27 عقل, Vernunft; Ratio; Inellekt (Koine: „nous").

ʿIlm[28] „Wissen" allein reicht zur Erlösung nicht aus.
Stellenweise steht ʿIlm für „sicheres Wissen" gegen „Wissen im allgemeinen" und gegen „bloße Erkenntnis ohne Fundierung durch genaueres Wissen".
Entscheidend für das handelnde Subjekt ist seine ehrliche Einstellung in der Praxis. Glaubwürdig ist der tätige Mensch durch „Aḫlaq wa-ṣidq" „Ethik/Moral und Wahrhaftigkeit".

Zur Evaluation der Praxis: „Niyya" begründet das Prinzip der Evaluation. Nicht nach dem realen Erfolg oder Mißerfolg, sondern nach Niyya richtet sich die Muḥāsaba (Bewertung, Beurteilung).
Wenn keine Realisierung des Niyya-Potential erfolgt, so handelt es sich um eine selbstgewählte Passivität („sukūn iḫtiyāri").

Auf Gott übertragen: Gott ist „al-wadūd[29]". ER, der Liebende, schuf die Welt gemäß seiner Niyya (hilfsweise übersetzt: Intention), Gutes zu tun. Das, was aus der Welt wird, haben die Menschen zu verantworten. Damit wird die Frage der „Theodizee" beantwortet.

Fazit: „Niyya" ist für Ġazālī nicht „Intention", sondern ist ein im Menschen angelegtes Potential. Sie geht der Intention voraus.

---

28 علم,ʿIlm: 1. Wissen; Wissenschaft; Erkenntnis, Fachrichtung (z.B. ʿIlm al-luġa: Linguistik).
2. Abhängig vom Kontext auch „sicheres Wissen".
Stellenweise steht ʿIlm für „sicheres Wissen" gegen „Wissen im allgemeinen" und gegen „bloße Erkenntnis ohne Fundierung durch genaueres Wissen".
3. ʿIlm ist ein Mittel zur Gotteserkenntnis, aber: „Wissen" allein reicht zur Erlösung nicht aus.
4. ʿIlm Ilāhī: Theologie; Theologie, die auf die Existenz Gottes aufbaut. Theologie als ʿIlm Ilahi geht von der islamischen Offenbarung, dem Qurʾān aus. Sie wird geleitet vom Buch der Offenbarung, dem Qurʾān. An ihm mißt sie Aussagen und prüft sie auf Richtigkeit und Irrtum:
5. ʿIlm al-Kalām: „Wissenschaft des Redens", Dialektik, Synonym zu „dialektische Theologie".
ʿIlm al-ʾuṣūl: Er ist die Grundlagenwissenschaft „ʿIlm al-uṣūl". ʿIlm al-Kalām ist ʿIlm „uṣūl al-fiqh".

29 (von wadda: „lieb haben") mawwada: Sympathie. „Wadūd" ist ein Attribut Gottes, darum „ʿAbd al-Wadūd".
Auf Gott übertragen: Wadūd: Liebhabend als Gottes Eigenschaft, menschenliebend.
Gott ist „al-wadūd". ER, der Liebende, schuf die Welt gemäß seiner Niyya (hilfsweise übersetzt: Intention), Gutes zu tun. Das, was aus der Welt wird, haben die Menschen zu verantworten.

Ġazālī, al-Musṭaṣfa[30] – die Quintessenz

Es besteht insgesamt aus vier Kapiteln.
Im vierten Kapitel wird „Taqlīd“ zusammen mit dem Thema „Igtihād“ behandelt.

Al-Musṭaṣfa ist zur Grundlage der islamischen Dogmatik, insbesondere in bezug auf die zentrale Lehre über „Igtihād“ geworden. (siehe weiter unten).

Ġazālī, al-Munqiḏ min aḍ-ḍalāl[31]
Kurz: al-Munqiḏ oder „Autobiographie“

Al-Munqiḏ min aḍ-ḍalāl: Der Erretter aus der Verirrung, aus dem Irrweg, aus der Verlorenheit. Die deutsche Übersetzung des Werkes erschien unter dem Titel „Der Erretter aus dem Irrtum“.[32]
Menschen schreiben Autobiographien aus unterschiedlichen Motiven. Über die Gründe Ġazālīs brauchen wir nicht zu spekulieren. al-Munqiḏ ist die Autobiographie Ġazālīs. Schon der sinnfällige Titel vermittelt einen Eindruck von Ġazālīs Absicht, aber nur einen Eindruck. Er verfolgt mehrere Zielsetzungen. Vieles von den Motiven, die ihn zu bestimmten Werken veranlaßt haben, wird durch die Eigenbiographie deutlich. Damit hat Ġazālī uns und allen Leserinnen und Lesern eine unschätzbare hermeneutische Hilfe geleistet. Der Autobiograph macht sich seinen Lesern zugänglicher und verständlicher. Beeindruckend hat Ġazālī aus vollem Bewußtsein sein autobiographisches Projekt in der Überzeugung geschrieben, Generationen nach ihm bis hin zu unserer eigenen Zeit sein bewegtes Leben und umfangreiches Werk transparent zu machen. Sowohl in der Position als auch bei der Selbstkritik ist die Autobiographie eine unverzichtbare Orientierung über Ġazālī und seine Lehren. Eindrücklich beschreibt Ġazālī, wie es zu den Wandlungen in seinem Leben gekommen ist.

Al-Munqiḏ min aḍ-ḍalāl ist die letzte bedeutsame Schrift Ġazālīs. Er schrieb sie etwa fünf Jahre vor seinem Tod. Mit ihr wollte er zum einen Rechenschaft über sein Leben ablegen, zum zweiten aufzeigen, worauf es im Leben ankommt und nicht zuletzt wie man dahin kommt. Bewegend

30 المستصفى, Musṭaṣfa (Muṣṭaṣfa).
31 المنقذ من الضلال
32 Abd-Elsamad Abd-Elhamid Elschazli, Der Erretter aus dem Irrtum: Al-Munqiḏ min aḍ-ḍalāl von Abu Hamid Al-Ghazali, Meiner 1987.

sind seine Darstellungen über die Krisen seines Lebens, welche Bedeutung sie für ihn hatten. Nach dramatischen Schilderungen über Phasen, wo er dem Tod hautnahe gegenüber gestanden hat, ist er letztlich gerettet worden, daher der „Erretter“. Das sind natürlich lehrreiche Abschnitte über Erfahrungen, die für jeden Menschen wertvoll sind. Darunter auch die tiefe Krise des Zweifels, aus der die Philosophie des Zweifelns hervorgegangen ist.

Allen Lesern wollte er mitteilen, welchen Sinn das Leben hat. Für ihn selbst war es die Suche nach der „Wahrheit“. Auf sie kommt es an. Ġazālī marschierte Hunderte von Meilen, um sie zu suchen. Er fand sie nicht, bis sie ihm plötzlich in den Schoß viel. Falsch: Sie lag schon immer in ihm selbst, wo er nicht gesucht hat.
Die Moral von der Geschichte: Jeder ist im Besitz der Wahrheit. Sie liegt verborgen im Selbst. Dort ist sie zu finden.

Was ist wesentlich auf dem Erkenntnisweg? Ġazālī antwortet: Die Suche und das Auffinden der Wahrheit. Endecke sie in dir selbst. Selbsterkenntnis ist Erkenntnis Gottes.

Im Zentrum des al-Munqiḏ steht die Frage der „Wahrheit“.
Die Suche nach ihr ist der rote Faden, der Ġazālī auf seinem Lebensweg begleitet.
In al-Munqiḏ min aḍ-ḍalāl beschreibt der Autor seinen Lebensweg als permanente Suche nach der Wahrheit. Darin beschreibt er das Abenteuer seines Lebens: Suchen nach der Wahrheit. Die Suche konnte aber erst beginnen, nachdem er zuvor vom Taqlīd freigekommen war. Das ist wesentlich.

Ġazālīs Autobiographie will einen Weg aufzeigen, den er selbst gegangen ist. Er warnt vor Fehlern. Er empfiehlt Hilfen.

Erst al-Munqiḏ informiert uns über die bewußte Zuwendung Ġazālīs zum Sūfīsmus. In al-Munqiḏ stellt sich Ġazālī als Sūfī vor, warum und wie er Sūfī geworden ist. Sein Ziel im Sūfīsmus ist die Auffindung der Wahrheit. Im Sūfīsmus erkannte er sich selbst. Im Selbst fand er die verlorene Wahrheit. Die Suche nach der Wahrheit führte Ġazālī in den Sūfīsmus. Hier ist ihm Licht aufgegangen und Wahrheitskenntnis zuteil geworden.

Während seiner Meditationen und Übungen als Ṣūfī steigt Ġazālī von Stufe zu Stufe empor. Er berichtet darüber freimütig. An einer Station, wo die Spannung des Lesers am höchsten ist, bricht Ġazālī plötzlich ab: „Darüber schreibe ich nicht".
Ausgerechnet jetzt hört Ġazālī auf. Der berufene Schriftsteller, der sonst so fröhlich seine Botschaft vermittelt, schweigt. Das Geheimnis dieses Erlebnisses nimmt er in die Ewigkeit mit. Er will darüber nicht reden. Ġazālī muß seine guten Gründe gehabt haben.
Es ist bemerkenswert, daß Ġazālī gerade an diesem Punkt schweigt. Bewußt meldet er, daß er über das wichtigste Erlebnis, das ihm in der Mystik zuteil geworden ist, nicht berichten will. Nur soviel wissen wir: Er hat etwas empfangen. Was und wie, wissen wir nicht. Es ist erlebbar, nicht mitteilbar. Ġazālī schweigt sich über diese spezielle Erfahrung aus. Er schweigt, weil es nicht sagbar ist. Dieses heilige Schweigen müssen wir akzeptieren. Wir wissen: Ġazālī empfing eine Erleuchtung. Wir wissen auch, daß er keine Äußerungen verlauten möchte. Eine Erleuchtung läßt sich nicht in einer Sprache fassen, die für diesen Zweck nicht konstituiert ist. Darum schreibt Ġazālī: „(…) Dazu sage ich nichts".
Eigentlich wissen wir durch sein Schweigen viel mehr, als was eine materialisierte Sprache hätte auszudrücken vermocht.

Kein Qur'ān-Kommentar von Ġazālī!
An anderer Stelle schweigt Ġazālī erneut. Einmal mehr befriedigt er unsere Neugier nicht.
Er läßt uns schwer wundern. Er hat keinen Qur'ān-Kommentar geschrieben. Da hätte er bestimmt eine Literaturlücke geschlossen. Ġazālī vertrat eine Bāṭinī-Interpretation des Qur'āns. Nach ihm kommt es nicht auf den Ẓāhir, die äußere Verlautbarung der Verse, sondern auf den verborgenen Sinn (bāṭīn) an. Diese Lesart hätten wir gern von ihm erfahren. Der Inhalt, der hinter dem äußeren Schein des Textes verborgen ist, hätte allen genutzt. Ġazālī liest aus der eigenen Seele. Er sieht einen verborgenen Geist, nicht nur die Buchstaben des Buches.

Bei dem Umfang und der Breite seines Werkes macht uns das Fehlen eines Qur'ān-Kommentars nachdenklich. Der relativ jung – dreiundfünfzigjährig – verstorbene Ġazālī, äußert sich nicht zur Frage, ob er ein Kommentarprojekt für einen künftigen Zeitpunkt ins Auge gefaßt hat, oder ob er es für seinen Teil prinzipiell ausschließt. Ich persönlich nehme an, daß er ein Projekt „Kommentierung des Qur'āns" nicht in seine Lebensplanung einbezogen hat. Das deckt sich mit seinem bewußten Schweigen an einer anderen Stelle. Er liefert keinen Bericht über das Erlebnis des göttlichen Lichtes.

„Theologie und Welt" bei Ġazālī

Die Vielfalt und der große Reichtum des Werkes Ġazālīs täuschen darüber hinweg das er säkulare Dimensionen nahezu vollständig vernachlässigt hat. Welt, Gesellschaft und Politik spielen bei ihm so gut wie keine Rolle. Das Jenseits stellt das Diesseits in den Schatten. Ġazālī behandelt theologische Fragen und erläutert Wege der Frömmigkeit, legt jedoch keine gesellschaftlichen Entwürfe oder weltliche Utopien vor. Das Leben vor dem Tod ist nur eine Vorbereitung für das Leben nach dem Tod.

Weitere Lehren Ġazālīs

Vernunft (ʿaql)

Im Rahmen seiner erkenntnistheoretischen Ableitungen geht Ġazālī auf den Fragenkomplex „Vernunft" und „Vernunfttheorie" ein. Seine Selbstreflexion und Befassung mit der Struktur und Arbeitsweise der Vernunft führt ihn dazu, verschiedene Stadien der Erkenntnisleistung zu unterscheiden. Die reine Vernunft sei bei allen Menschen angelegt, wird aber durch äußere Einflüsse verschüttet.
In seiner Autobiographie „al-Munqiḏ" beschreibt Ġazālī seinen dramatischen Weg zur reinen Vernunft. Es sollte erst der Bewußtseinsschutt abgetragen werden. Er führt einen qualvollen Prozeß der Selbstreinigung bis zur Wiedererlangung der reinen Vernunft durch.

Im Prozeß der Entfaltung der Vernunft werden vier Stadien unterschieden:

Der Prozeß von der angeborenen reinen Vernunft, über ihre Manipulation bis zur Wiedererlangung der reinen Vernunft durchläuft vier Stadien.
Die primäre Sozialisation legt erste Weichen für die weitere Entwicklung. Im häufigsten Fall führt sie zur frühen Entfremdung der Vernunft.

Erstes Stadium: Wahrnehmung, Verstehen, Prüfen und Beurteilen (Rezeption, Perzeption, Apperzeption)
Zweites Stadium: Die sekundäre Sozialisation, die Schule, beherrscht die intellektuellen Fähigkeiten des Heranwachsenden. Ergebnis: Interiorisierung von vorhandenem geistigem Erbe.

Drittes Stadium: Es besteht eine Chance, sich mit der Herrschaft des Gelernten auseinanderzusetzen und sich davon zu emanzipieren. Dieser Akt der Selbstbefreiung gelingt nur, wenn er bewußt eingeleitet und konsequent durchgeführt und eingehalten wird.
Programm und Ziel des dritten Stadiums ist die „Katharsis (Tazkiya)", die radikale Selbstreinigung. Diese hat Ġazālī an sich selbst praktiziert und in seiner Autobiographie beschrieben. Die vorprogrammierte Vernunft wird abgelegt. Der Kopf wird von unreflektiertem Wissen befreit.
Viertes Stadium: Die Katharsis kann zu einem höheren Stadium überleiten. Es ist das Stadium der „reinen Vernunft". Sie ist die ursprüngliche Vernunft auf höherer Ebene.
Der Prozeß der „Tazkiya", der Selbstreinigung, hat Ġazālī in der Weise durchgeführt, daß er eine totale Lageänderung vorgenommen hat. Er begibt sich auf die Wanderung. Er legt lange Strecken zurück. Dabei war es auch eine Reise nach innen. Danach zieht er in einen Orden ein. In seiner Zelle läßt er sich auf ein Experiment mit unübersehbaren Folgen ein. Er hat es bewußt gewagt und geriet dabei bis an die Schwelle des Todes.
Letztlich brachte der Prozeß der „Tazkiya", der Katharsis, dem Sūfī Ġazālī nicht den Tod, sondern ein neues Leben.
Die Vernunft steigt nunmehr auf eine höhere Ebene empor. Sie kann sich jetzt intellektuell und spirituell entfalten.

Igtihād
Quelle: Ġazālī, al-Musṭaṣfa
Linguistisch: Igtihād ist Infinitiv des VIII. Stammes zum Grundverb gahida. Im I. Stamm bedeutet es „fleißig sein, sich Mühe machen".
Im VIII. Stamm (reflexiv, intensiv) bedeutet es: „sich Mühe machen, sich bemühen, sich anstrengen, sich befleißigen, fleißig sein".

Semantisch: Im Grundstamm bedeutet „gahida": „Mühe tun, sich anstrengen".
Der VIII. Stamm ist reflexiv und Intensiv. Im Unterscheid zum I. Stamm kommt im VIII. Stamm die Intensität und eine neue Qualität sowie die intellektuellen und abstrakten Leistungen hinzu. „Studien", „wissenschaftliche Arbeit", „fachlicher Einsatz". Beispiele: „Mühe bei der Erstellung von Recherchen", „besondere Leistungen bei der Lösung von theoretischen und praktischen Problemen".
Der Infinitiv des VIII. Stammes „Igtihād" heißt demnach: „Fleiß", „Anstrengung", „Leistung, die zielgerichtet ist", z.B. Realisierung eines Lern-

ziels. Ziele können sein: die Lösung einer offenen Frage, die Erlangung eines Erfolgs auf einem bestimmten Gebiet oder die Verwirklichung eines Projektes.
Igtihād im allgemeinen ist zunächst jeder zielgerichtete Fleiß, z.B. der Fleiß von Schülern beim Lernen oder von Wissenschaftlern in der Forschung. Igtihād ist generell jeder konstruktive, intensive Fleiß.

Inhaltlich: Im Verlauf der philosophischen und theologischen Evolution entwickelte sich die Semantik des Wortes „Igtihād" in Richtung „wissenschaftlicher Fleiß", „fachliche Untersuchungen", „zielgerichtete Anstrengungen zur Lösung eines vorgegebenen Problems". Im engeren Sinn bezeichnet der Infinitiv des VIII. Stammes „Igtihād" die Suche nach Antworten auf offene Fragen, Untersuchungen durchführen, um Lösungen für Problemlagen zu finden.
Im theologischen Sprachgebrauch bedeutet „Igtihād" die Arbeit zur Erlassung einer religionsrechtlich verbindlichen Stellungnahme. Igtihād ist nur dort zulässig, wo ein klarer Text, „Naṣṣ", des Qur'ān oder des Ḥadīṯ nicht existiert. Zur Ausübung des Igtihād ist nur ein Mugtahid zuständig, nämlich jener der über die Kompetenz zu Igtihād verfügt.

Definition: Definitionsgemäß bezeichnet Igtihād die geistige Arbeit, die geleistet werden muß, um eine Fatwā zu erlassen. Die Ergebnisse, ihre Herleitung und Begründung werden in einem Gutachten zusammengestellt, das die Fatwā in der Weise legitimiert, daß sie mit den Prinzipien des Qur'āns übereinstimmt.

Notwendigkeit des Igtihād: Regeln für das Verhalten sind in der Offenbarungsschrift und der prophetischen Überlieferung enthalten. Sie dienen der Orientierung von Muslimen im Leben. Es kommen aber Situationen vor, für die im Qur'ān oder Ḥadīṯ keine oder keine eindeutige Weisung vorgegeben sind. Wenn in den beiden Ressourcen des Islams eine Weisung dazu nicht vorkommt, ist Igtihād gefordert. Darum wurde die Institution „Igtihād" geschaffen.
Zur Ausübung des Igtihād sind ausschließlich jene zuständig, welche dazu qualifiziert sind. Wer über die Kompetenz zum Igtihād verfügt, wird als Mugtahid tituliert. Zur Ausübung des Igtihād muß er die vorgeschriebene Ausbildung dazu absolvieren und zur Erlassung von Fatwās autorisiert werden.
Die erlassene Lehre und das sie begründende religiöse Gutachten werden als „Fatwā" bezeichnet.

Jurisprudenz: Zur Erstellung einer Fatwā muß eine Kommission und amtlich legitimierte Person, z.B. der Muftī, beauftragt werden.
Demnach bezeichnet Igtihād die Arbeit von kompetenten Gelehrten (Mugtahidūn) bei der Erstellung einer Fatwā. Diese ist die Entscheidung zur Lösung einer aufgetretenen Frage, wobei ihre Lösung mit dem Geist der Quellen des Islam konform sein muß.
In der islamischen Jurisprudenz bezeichnet Igtihād: „auftragsgemäße Leistungen, die darin bestehen, Untersuchungen anzustellen, geistige Anstrengung zu tun, um eine legislative Lösung für ein Problem der Theologie oder des Rechts zu finden, Recherchen zu unternehmen, um einen aufgetretenen Fall, für den keine direkte und klare Weisung im Qur'ān oder Ḥadīṯ vorkommt, zu lösen". Die Lösung hat mit den Grundlagen der islamischen Lehre und den allgemeinen Prinzipien der Scharīʿa (Šarīʿa) übereinzustimmen. Die Entscheidung des Mugtahid soll so gestaltet, begründet und formuliert sein, daß ihre Konformität mit den sonst gültigen Regeln des Islam erkennbar ist.

Ġazālī und Igtihād: Es ist das Verdienst Ġazālīs, Normen und Richtlinien zur Ausübung und Durchführung des Igtihād aufgestellt zu haben, die heute noch ihre Gültigkeit besitzen. Die wichtigsten Kriterien zur korrekten Durchführung des Igtihād seien noch einmal nachstehend zusammenfassend genannt.

1. Übereinstimmung der Fatwā mit den beiden Grundquellen Qur'ān und Sunna.
   Die erlassene Lehrmeinung darf in keiner Weise im Widerspruch zu einem qur'ānischen Text stehen.
2. Übereinstimmung der Fatwā mit den prinzipiellen Wahrheiten

Ġazālī legitimierte die Anwendung der „Logik" und Syllogistik als notwendige Mittel zur Qur'ān-Exegese, zur Darstellung der Theologie und zur Erstellung von Fatwās: Aus zwei anerkannten Prämissen kann ein logischer Schluß gezogen werden, der sich eignet, die gestellte Frage zu beantworten.

Ġazālī darf als der theologische Begründer der Igtihādlehre gelten.
Ibn-Taimiyya[33] bezeichnet den Ġazālī als Vorkämpfer des Igtihād und bezeugt ihn als den kompetenten Erneuerer.

---

33 تقي الدين أحمد بن تيمية, Taqīyu d-Dīn Aḥmad b. Taimīyya (1263-1328)

Quelle, Ġazālī, al-Musṭaṣfa, viertes Kapitel.
Ġazālī, al-Musṭaṣfa, besteht insgesamt aus vier Kapiteln, Igtihād wird behandelt im vierten Kapitel = letzten Kapitel des al-Musṭaṣfa. Darin behandelt Ġazālī den Igtihād von allen Seiten und unter den unterschiedlichen Aspekten.

Gihād (Mühe)

Linguistisch: Infinitiv des I. Stammes des Grundverbs „gahida" „Mühe tun", „sich anstrengen", „sich bemühen". Demnach bedeutet „Gihād" „Die Anstrengung", „Bemühung", „Abwehr", „Widerstand", „Kampf".
Semantisch: Die oben angegebnen Bedeutungen behalten auch im MSA[34] weiterhin ihre Gültigkeit. Sprachgeschichtlich kommen hinzu: „Unrecht abwehren", „Widerstand leisten", „Ungerechtigkeit beseitigen; Gerechtigkeit wiederherstellen".
Die von westlichen Autoren konstruierten Übersetzungen mit „Heiliger Krieg" sind linguistisch, inhaltlich und historisch falsch. Es handelt sich um reine Europhantasie. „Heiliger Krieg" projiziert vielmehr die europäische Aggressivität in den arabischen Ausdruck.
Die Schauermärchen, welche von europäischen Orientalisten und Politologen über Gihād verbreitet werden lassen sich nur als eine Projektion der eigenen Agressivität und Destruktivität deuten. Unfähig, sich selbstkritisch mit der eigenen Geschichte zu befassen, flüchten sie in die Exkulpation.

Inhaltlich: Die Unterscheidung zweier Ebenen im Gihād geht auf den Qur'ān zurück. Ġazālī greift den qur'ānischen Bezugstext auf und interpretiert ihn inhaltlich deckungsgleich:
„*Großer Gihād* (Gihād akbar)" ist die Auseinandersetzung des Menschen mit sich selbst. Durch den großen Gihād reinige sich der Mensch von Egoismus, Selbstbezogenheit, Ich-Zentrismus, Neid, Eifersucht u.a.m.
Die Katharsis, die Selbstreinigung und die Selbstbefreiung von Übel und Bösartigkeiten aller Art ist der schwierigere Teil des Bestrebens nach Vollkommenheit, darum „großer Gihād" genannt.
„*Kleiner Gihād* (Gihād aṣġar)" ist die Nachbarschaftshilfe, die Liebe zum andren, Empathie, Mitgefühl und Altruismus. Der Fernste ist der Nächste.

---

[34] MSA = *Modern Standard Arabic*, eine neuere Form des Fuṣḥā, der arabischen Hochsprache.

Ġazālī und Gihād: Ġazālī dürfte der erste gewesen sein, der eine klare Definition des Gihād unternommen und klare Prinzipien zu seiner Ausübung aufgestellt hat. Seine Lehre vom Gihād wurde rasch anerkannt und setzte sich als Konsens bis heute durch.
Die in der deutschen Literatur übliche Gleichsetzung von „Gihād" und „Heiliger Krieg" ist ein grober Irrtum. Der Ausdruck „Heiliger Krieg" haben die Europäer selbst geprägt, um ihre eigenen Aggressionen als Gottes Wille „*Deus volut*" zu sakralisieren und zu legitimieren. Dabei bezogen sie sich auf Stellen des Alten Testamentes, wo die Rede vom „Heiligen Krieg" 27 mal (!) vorkommt.

Taqlīd

„Taqlīd" ist „Nachahmung", „Imitation".
Ġazālī beobachtete, daß Menschen Ansichten vertreten, die sie selber nicht produziert haben. Mit der primären Sozialisation und der Schulbildung übernehmen sie ein Ideengut, das von anderen stammt. Somit reproduzieren sie ein Lehrprogramm, das ihnen vermittelt wurde, ohne dabei zu reflektieren, ob sie es in allem nachvollziehen können. Sie werden – unbewußt – fremdbestimmt. Sie sprechen das Gelernte nach und folgen einem Lehrmeister, der aus ihnen spricht. Sie drehen sich ein Leben lang im Zirkel der Reproduktion fremder Inhalte. Auch solche, die eine höhere Ausbildung genießen konnten, machen keine Ausnahme.
Ġazālī erkennt die Notwendigkeit, zwischen erlerntem und schöpferischem Wissen zu unterscheiden. Er kritisiert energisch die Nachahmung, das heißt, sich mit Lehren eines Meisters zu identifizieren. Konsequent fordert er, den Kopf von passiv rezipiertem Wissen zu befreien. Der Mensch solle seine eigenen Ideen entwickeln. Nichts einzuwenden ist gegen die Erkenntnisse anderer, wenn diese bewußt angeeignet werden. Im Lernprozeß sollen die Studierenden lernen, Inhalte sorgfältig nachzuprüfen, bevor sie sich diese aneignen. Gegebenenfalls muß Gelerntes revidiert werden. Nur so gelange der Mensch zu eigenen schöpferischen inneren Überzeugungen und intellektuellen Leistungen.
Zur Vermittlung dieser erkenntnistheoretisch bedeutsamen und anspruchsvollen Thesen entwickelt Ġazālī den Begriff „Taqlīd (Nachahmung)" und füllt ihn mit Inhalt auf. Das Thema Taqlīd als passives Lernen erlangt bei Ġazālī einen ganz speziellen Stelltenwert. Er kritisiert Taqlīd sehr heftig, so daß man Ġazālī als den ersten Kritiker der passiven Rezeption betrachten kann. Er sah die Notwendigkeit der ständigen Nachprüfung des hermeneutischen Zirkels ein. Dem „Taqlīd" stellte Ġazālī die Antithese auf,

schöpferisch zu sein. Rezeption bleibt unter der Voraussetzung notwendig, daß die Lernenden die Inhalte nicht passiv reproduzieren, sondern sich diese aktiv aneignen.
Bei Ġazālī bezeichnet der Ausdruck „taqlīd" speziell die Übernahme der Position einer Lehrautorität, um die eigene Meinung oder Grundhaltung zu bilden.

Mit der intensiven Problematisierung des Themas „Taqlīd" wendet sich Ġazālī gegen die Abhängigkeit von Lehrern und Schriften, verneint aber nicht die Notwendigkeit, von vorhandenem Wissenserbe zu profitieren. Er ist grundsätzlich gegen Taqlīd, räumt jedoch ein, daß Rezeption nach wie vor notwendig bleibt, z.B. für Anfänger. Darum nennt er Schutzmechanismen, welche dafür sorgen, daß die Rezeption nicht zum Taqlīd entartet. Dafür empfiehlt er die bewußte Aneignung. Unter dieser Voraussetzung sei die Rezeption von Auffassungen anderer gerechtfertigt. Es darf kein Mißverständnis aufkommen. Ġazālī fordert nicht, daß jeder Mensch vom Nullstand des Wissens beginnen solle. Die Rezeption ist freilich zulässig, gegebenenfalls notwendig
Rezeption ist nur dann richtig, wenn der Lernende nicht etwa einem Meister folgt, sondern sich Inhalte bewußt aneignet, als hätte er selbst sie eigenständig entwickelt. Ġazālī wendet sich mit Nachdruck gegen das Buchwissen – einschließlich seiner eigenen Werke. Seine Lehren sollen aktiv angeeignet, nicht passiv aufgenommen werden. Der Mensch soll sich mit vorhandenen Inhalten grundlegend auseinandersetzen und sie sich erst dann aneignen, wenn er sie von neuem ableitet, als hätte er sie selbst entwickelt.
Ġazālī strebt die Befreiung des Menschen von einer sklavischen Autoritätsgläubigkeit und der Abhängigkeit von Lehrmeistern an. Das gilt ebenso für das gesprochene Wort wie für das Buchwissen.
Ġazālī räumt ein, daß das allgemeine Publikum, das im materiellen Leben verhaftet ist, auf Taqlīd angewiesen ist. Diese kommen über die äußere Bedeutung (ẓāhir) selten heraus.
Die innere Bedeutung von Inhalten lasse sich nicht durch Taqlīd erkennen, sondern durch deren selbständige Aufarbeitung.
Die solchermassen kritisch und selbstkritisch angeleiteten Studierenden können bis zur reinen Erkenntnis Gottes gelangen.
Ġazālī muß als einer der Begründer der radikalen Hermeneutik anerkannt werden.

Zweierlei „Taqlīd-Begriffe"

Eine ganz andere Qualität hat „Taqlīd" im Sinne der Glaubensrezeption von Generation zu Generation. An dieser Stelle verwendet Ġazālī den Begriff „tawātur", so daß einer Verwechselung zwischen dem negativen Taqlīd als Passivität, und der aktiven Rezeption des Glaubens (Tawātur) vorgebeugt wird. Durch Transmission, Überlieferung (tawātur) wird Wahrheit über Generationen tradiert und durch Reflexion und Akzeptanz angenommen.

Selbstverständlich kann sich hier „Taqlīd" im negativen Sinne einschleichen, indem die Nachkommen die Konfession ihrer Eltern automatisch, ohne Reflexion und aktive Aneignung, übernehmen.[35]

Ethik

Ġazālī betont die Bedeutung von Ethik, Werten und praktischer Moral.

Mit „Ethik" befaßt sich ʿIlm al-Aḫlāq. Umfangreiche Kataloge von Tugenden und Lastern wurden sehr früh in der ägyptischen Ethik und Soziallehre – bereits von Thot in vorschriftlicher Zeit – aufgestellt. Auch die arabische Kulturgeschichte weist sehr frühe Definitionen und Ausformulierungen von Werten auf.

Linguistik: „Aḫlāq" ist Plural und wird nur im Plural verwendet. Für „Aḫlāq", gibt es keinen semantisch identischen Singular.

„Aḫlāq" wird mit „Ethik" übersetzt, wobei semantische Unterschiede zwischen den beiden Lexemen nicht übersehen werden dürfen.

Inhaltlich: „Aḫlāq" faßt alle Charaktereigenschaften zusammen. Der Begriff Aḫlāq muss daher von einem Attribut „gut" oder „schlecht" begleitet werden. Sprachlich gesehen umfaßt „Aḫlāq" nicht nur die tugendhaften Eigenschaften, sondern auch die verwerflichen. „Aḫlāq" ist die Summe aller Verhaltensqualitäten. Kein Mensch hat ausschließlich gute oder böse Eigenschaften, aber auf jeden Fall hat er „Aḫlāq". Darum wird Aḫlāq durch ein Adjektiv näher definiert. Es gibt „Aḫlāq maḥmūda", lobenswerte, tugendhafte, und „Aḫlāq maḏmūma", tadelnswerte Charaktereigenschaften und Verhaltensweisen.

---

[35] Ġazālī, al-Musṭaṣfa, Band IV.
„al-Musṭaṣfa" von Ġazālī besteht aus insgesamt vier Kapiteln, Taqlīd wird (zusammen mit Igtihād) im vierten Kapitel behandelt.
Zum Thema „Taqlīd bei Ġazālī" haben wir bereits vorgetragen in: Khella, Arabische und islamische Philosophie, Hamburg 2006, SS. 241-245.

Eine Einzelperson vereint in der Regel gute und tadelnswerte Eigenschaften. Der Erziehung kommt die Aufgabe zu, die Tugendhaften zu stärken und die Negativitäten abzubauen. Darum werden Tugend- und Lasterkataloge zur Orientierung aufgestellt.
Das Stoffgebiet „al-Ḥalāl wa al-Ḥarām“ behandelt einzelne Fragen des „Erlaubten“ und des „Unerlaubten“ gemäß qur'ānischen Bestimmungen.
Ġazālī empfiehlt, schon ab dem dritten Lebensjahr, in der primären Sozialisation und Erziehung und in der sekundären, der schulischen Bildung, Ethik, Werte und Moral zu vermitteln. Die guten Verhaltensweisen sollen empfohlen und vor negativen gewarnt werden. Tugend wird auf-, Laster abgebaut. Erwachsene sollen als Beispiel vorangehen. Personen mit überwiegend guten Eigenschaften werden als Vorbilder genommen. Durch Geschichten, Erzählungen und Heiligenbiographien sollen Ethik, Werte und Moral vermittelt werden.
Es lohnt sich, früh genug dem Kind Werte und moralische Richtlinien zu vermitteln. Er hält das Alter von drei Jahren aufwärts für angemessen, mit der Vermittlung von ethischen Werten und Richtlinien für das Sozialverhalten zu beginnen. So wachsen Vorschulkinder mit Idealen heran.

Taqwā

„Taqwā“: Frömmigkeit.
Gesetzgebung, Belohnung und Bestrafung setzen Willensfreiheit voraus. Davon geht Ġazālī aus.

„Taqwā“, die „Frömmigkeit“ basiert auf Gewissensentscheidungen für Gutes gegen Böses.
Zum Gewissen kommt die Synderesis hinzu. Sie ist die Stimme des Guten im Menschen, die zu Tugenden ermahnt und vor Schlechtem warnt. Synderesis ist göttlicher Funken im Menschen.
Taqwā ist die höchste Form des tugendhaften Lebens. Taqwā ist Steigerung von Ethik und Moral.

Kapitel zehn
Ġazālī (4)
Wahrheit

Übersicht
1. Zum gängigen Sprachgebrauch des Begriffes „Wahrheit"
2. Wahrheit im theologischen Sinn
3. Zum besonderen Charakter der „notwendigen Wahrheiten"
4. „Wahrheit" aus universalistischer, existentieller Sicht

Zum gängigen Sprachgebrauch des Begriffes „Wahrheit"

Vorab soll darauf aufmerksam gemacht werden, daß es nicht den einheitlichen Wahrheitsbegriff gibt. Gleichwohl ist es notwendig, am Begriff „Wahrheit" festzuhalten. Die nähere Definition der „Wahrheit" hängt vom jeweiligen Kontext ab. Allgemein definieren wir die Wahrheit als die „Übereinstimmung der Aussage" mit der Wirklichkeit. Im speziellen Sinne gelten folgende Situationen:

a) Wenn die Aussage mit einer gegebenen Definition übereinstimmt.
b) Wenn die Aussage durch eine Untersuchung nicht falsifiziert, sondern verifiziert wird.
c) Wenn die Aussage durch eine öffentliche Instanz bestätigt wird (z.B. bei Zeugenaussagen).
d) Nicht zur Wahrheit im theologischen Sinn zählt auch ein Bericht, der als „wahr" befunden wird.

Wahrheit im theologischen Sinn (1)

Nun ist es notwendig, die „Wahrheit" im theologischen Sinn zu definieren. Einen effektiven Schritt in dieser Richtung unternimmt Ġazālī.
In al-Munqiḏ spricht er von notwendiger Wahrheit. Dazu zählt die „notwendige Erkenntnis (der Wahrheit)".
Menschliches Wissen stellt mögliche Wahrheiten dar und setzt sich deutlich von der „notwendigen Wahrheit", welche durch die Offenbarung im Qur'ān verkündet wird, ab.
„Notwendig" bedeutet im Kontext „direkt von Gott verkündet", damit ist sie nicht das Produkt menschlicher Leistung. Die „notwendige Wahrheit"

ist identisch mit „notwendigem Wissen". Notwendiges Wissen ist anders als „primäres Wissen".
Notwendige Wahrheit ist nicht identisch mit primärer Wahrheit, aus der Folgewahrheiten abgeleitet werden (z.B. in der Physik).

„Wahrheit" im theologischen Sinne (2)

Die religiöse Wahrheit unterscheidet sich prinzipiell vom positivistischen Wahrheitsbegriff. Wahrheit darf nicht – wie im Positivismus – auf die Ausdrücken „Tatbestand", „Tatsache", „Faktum" reduziert werden. Hier handelt es sich um historische Arbeiten, welche auch dort ermittelt werden, wo Spuren ausgelöscht werden oder wo die Stimme nicht erhoben werden kann.

Zum besonderen Charakter der „notwendigen Wahrheiten"

1. Die notwendige Wahrheit ist darum notwendig, weil sie unverzichtbar ist. Sie ist notwendig für das Heil.
2. Die *notwendigen Wahrheiten* des Glaubens können nur angenommen oder abgelehnt werden. Sie können nicht relativiert werden. Sie stellen den Anspruch von (im physikalischen Sinne) Null-Toleranz.
3. Die Glaubenswahrheit bedarf keines materiellen Beweises, weil sie in sich evident (einleuchtend, offenbar) ist.
4. Die Glaubenswahrheit ist eine notwendige Wahrheit – man gelangt zum Glauben, weil es ohne ihn nicht geht. Hier liegt ein spiritueller (kein materieller) Beweis vor.
5. Der andere Nachweis ist die Tradition, durch die die Glaubenswahrheit überliefert ist.

Durch Transmission, Überlieferung (tawātur) wird Wahrheit tradiert und durch Reflexion und Akzeptanz angenommen.

Wahrheit aus universalistischer, existentieller Sicht

Aus unserer universalistischen Sicht müssen wir zum Thema Wahrheit folgendes vortragen:
Eine Äußerung kann nur als „Lüge" bezeichnet werden, wenn sie mit der „Wahrheit" kontrastiert wird. Auf den Wahrheitsbegriff kann nicht verzichhtet werden.

Wir definieren die Wahrheit als die „Übereinstimmung der Aussage mit der Wirklichkeit". Die Wahrheit ist ein evolutionärer Prozeß. Sie ist stets relativ.

Der Wahrheitsbegriff soll in der Weise erweitert werden, daß in gegebenen konkreten Situationen die Stimme laut erheben wird und gesagt, was ist und was getan werden soll. Die Unterscheidung von „Wahrheit" und „Unwahrheit" soll stets möglich sein.

„Wahrheit" und „Wahrhaftigkeit" sind zentrale Werte. In der heutigen Welt, die von Korruption, Lüge, Gewalttätigkeiten, Aggressivität, Destruktivität, Ausplünderung, Ausbeutung, Unmoral, Unwahrheit, Ungerechtigkeit durchdrungen ist, erlangen die Werte „Wahrheit" und „Gerechtigkeit" absolute ethische Priorität.

Kapitel elf
Ġazālī (5)
Erkenntnistheorie und Erkenntnisweg

„Erkenntnis" und „Wissen" nach Ġazālī

In mehrfacher Hinsicht differenziert Ġazālī unterschiedliche Qualitäten von Wissen:

I. Zweierlei Art des Wissens

Es besteht die Differenzierung zwischen „theoretischem Wissen (ʿilmun ʿilmiyyun, wissenschaftliches Wissen)" und dem „Praxisbezogenes Wissen (ʿilmun ʿamaliyyun)". Es ist das Wissen zum Handeln. Es ist die Anleitung zum praktischen Vorgehen.

Das „wissenschaftliche oder theoretische Wissen" dient der Theoriebildung (entspricht der III. und IV. Ebene nach unserer „universalistischen Erkenntnispyramide").

II. Ferner unterscheidet Ġazālī zweierlei Arten von Wissen je nach der übergeordneten Dimension:

Insāni (menschlich), weltlich, säkular, z.B. Gesellschaftswissenschaften, Naturwissenschaften. und

Rabbāni (göttliches) Wissen. Dieses Wissen ist notwendig, steht nicht zur Dispostion. Vermittelt wird es in der Theologie, theologischen Fächern, religiöse Wissenschaften.

III. Zweierlei Art des Wissens

gibt es auch in bezug auf die Verbindlichkeit:

Verbindlich sind theologische und religionsrechtliche Wissenschaften.

Nicht verbindlich sind die säkularen Wissenschaften.

IV. In einer Risāla hebt Ġazālī die Unterscheidung zwischen rationalem (ʿulūm ʿaqliyya) und religiösem Wissen, (ʿulūm šarʿiyya) hervor.

Der Träger von religiösem Wissen ist ʿĀrif[36]: Wissender, Erkenntnisträger (entspricht dem Eugnostos in der Gnosis).

---

36 عارف, ʿĀrif: erkenntnisfähig. al-insān ʿārif: Der Mensch ist zur Erkenntnis befähigt.

V. Zweierlei Wissen gibt es nach Ġazālī in bezug auf das Verhältnis zur Wahrheit:
Nur die Religion ist in der Lage, „notwendige Wahrheiten“ zu definieren. Menschliches (säkulares) Wissen stellt mögliche Wahrheiten dar.

Erkenntnis nach Ġazālī

Stufen der Erkenntnis:
Ġazālī unterscheidet vier Stufen der Erkenntnis:

I. Taqlīd „Nachahmung“, „Immitation“: Erkenntnis- und Wissensrezeption.
Taqlīd wird von außen vermittelt durch Lehren und Lernen (taʿallum, taʿlimitisches Wissen).
Taqlīd ist legitim für Anfänger. Mit wachsendem Fortschritt sollen sich die Lernenden von Taqlīd befreien und den Schritt zur bewußten Aneignung tun.
Im fortgeschrittenen Stadium erkennt man Zusammenhänge.
Im Verlauf der Zeit erkennt man noch weiter die Begrenztheit des rezipierten Lernens. Der Lernende solle den Mut haben, sich von Autoritäten zu befreien und sich bewußt und selbsttätig Erkenntnis anzueignen.
Innerhalb des Taqlīd hebt Ġazālī auf die beondere Autorität von Tawātur (Tradition) ab. Die rechtgläubige Überlieferung der Lehre zählt zu den anerkannten Quellen des Wissens über die Religion.

II. Eingebung Ilhām (Inspiration): inspiriertes Wissen (inspired knowledge) ist göttlicher Provenienz.

III. Offenbarung: Offenbarung (revealed knowledge), Empfang von offenbartem Wissen.
Hierbei lassen sich zwei Qualitäten unterscheiden:
– Visionäre Vermittlung von Wissen, Erkenntnis durch Visionen.
– Erleuchtung (kašf[37], ʿulūm mukšafa).

Ġazālī weist darauf hin, daß die Offenbarung keinen neuen Wissensstoff vermittelt, sondern den verborgenen Inhalt des Gelernten offenlegt.

IV. Enthüllung des verborgenen Wissens: Das Wissen über den al-Lawḥ al-maḥfūẓ. Sie bezeichnet die Erkenntnis von Inhalten der „Aufbewahrten

---

[37] كشف, Enthüllung. Göttliche Offenbarung von Wahrheit an einen Erleuchteten Menschen. Die Wahrheit durch Kašf ist unvermittelbar, nicht durch einen Vermittler, nicht intermedial vermittelt.

Tafel". Enthüllungen werden den Propheten zuteil („'Ilm nabawi", die Empfänger sind die berufene Propheten).

Ein Teil der Ġazālīforscher teilt in drei Erkenntnisstufen ein, indem sie die dritte und vierte Erkenntnisstufe zusammenlegen, Wobei die Kenntnis über „al-Lawḥ al-maḥfūẓ" nicht als eine eigene Stufe indiziert wird.
Bei allen Stufen der Erkenntnis ist die Vernunft gegenwärtig. Weder die Erleuchtung noch die Offenbarung noch die Enthüllung schalten die Vernunft aus.
Ġazālī legt wert auf die qualitative Unterscheidung zwischen der zweiten und dritten einschließlich vierten Erkenntnisstufe, nämlich zwischen „Inspiration" einerseits und „Offenbarung" einschließlich „Enthüllung" andererseits.

Ontologie

Die Ontologie Ġazālīs ist geprägt durch die Unterordnung des irdischen Lebens unter die Ewigkeit. Die verheißene Auferstehung des Menschen und seine Aufnahme in das ewige Leben sind entschieden wichtiger als sein präsentisches Dasein.
In der Konsequenz reduziert Ġazālī die Relevanz einer Beschäftigung mit der Zeitlichkeit. Seine Forderungen beziehen sich kaum auf den Einsatz für eine bessere Welt. Der Vorwurf gilt dem Mu'tazilitismus allgemein: Zugunsten der Ewigkeit relativiert er stark die Bedeutung der Befassung mit weltlichen und gesellschaftlichen Fragen. Auch Ġazālī konzentriert sich auf die Ewigkeit. Nahezu total verzichtet er auf den Entwurf gesellschaftlicher Utopien. Im Gegensatz zu Farābī hat Ġazālī weder eine Al-Madīna al-fāḍila geschrieben, noch eine geplant. Das Hier und Jetzt geraten nahezu total in den Schatten der Ewigkeit. Diese Einstellung muß erst später in seinem Leben eingetreten sein, denn er hat in jüngeren Jahren die utopische Republik von Farābī in der Niẓāmiyya von Baġdād unterrichtet.
Es wundert in der Tat: Ġazālī war Zeitgenosse der Qarmaṭen und starker opositioneller Gruppen. Weder Gerechtigkeitsbewegungen noch reale Utopien verdienten seine Aufmerksamkeit.

Für den späteren, ṣūfīstisch orientierten Ġazālī erübrigen sich die Fragen nach weltlichen Utopien und die Aufstellung gesellschaftlicher Entwürfe. Nur das Wissen zum Handeln, um auf das Jenseits vorbereitet zu sein, steht im Mittelpunkt seines Schaffens. Ġazālī vernachlässigt bewußt die Analyse von realen Widersprüchen und deren Auflösung durch die Verän-

derung sozialer und politischer Strukturen. Die Bewohner des Paradieses sind Menschen, die sich in die Welt nicht haben verstricken lassen. Ihre Naivität begründet ihre Erlösung.
Wesentlich für den späteren Ġazālī ist die Erkenntnis Gottes. Er ist der wesentliche Gegenstand seiner intellektuellen Leistungen. Wissen über Gott ist die Pflicht eines jeden Muslims. Jede intelektuelle Tätigkeit solle letztlich mit Hinblick auf den Glauben durchgeführt werden.Viel materieller Fleiss ist nicht erforderlich, um Gott zu erkennen.

Eschatologie bei Ġazālī

„Überzeitlichkeit“ – Jenseits

Wir können die Jenseitsvorstellungen Ġazālīs in der Weise indirekt ableiten, indem wir sie dem Qur'ān entnehmen, mit dem sich unser Gelehrter voll identifiziert.

Ġazālī hat auf das Jenseits voll abgehoben, so daß die existentielle Bedeutung des Erdenlebens in den Hintergrund zurücktritt. Welt und Zeit sind vergänglich, die Ewigkeit ist von Dauer. Es ist nur konsequent, wenn Ġazālī keine Existentialphilosophie entwirft. Genauer formuliert, man erkennt bei Ġazālī die Unterordnung des weltlichen unter das himmliche Leben. Nicht auf das Leben vor dem Tod, sondern das Leben nach dem Tod kommt es an. Jedenfalls ist das ewige Leben wichtiger als das zeitlich begrenzte. Bei ihm treten diesseitige Verhältnisse gegenüber den jenseitigen zurück.

Ġazālī verzichtet bewusst darauf, eine Existenzialtheologie zu entwickeln. Politische und Gesellschaftskritik kommt bei seinem recht umfangreichen Werk kaum vor. Ethik und Moral werden individuell gesehen. Soziale Gerechtigkeit ist kein Thema, es sei denn, sie wird aus ihrem Bezug zum jenseitigen Leben gesehen. Praxis und praktische Arbeit erlangen in seinem Werk keinen ihrem Wert entsprechenden Anteil. Nur das Wissen zum Handeln mit Hinblick auf das Jenseits ist notwendig. Theorie und Praxis bleiben auf die Ewigkeit orientiert. Das Erdenleben erscheint als ein Warteraum auf das Jenseits. Ebenso gelten Wissen und Tat als Mittel dazu, auf das Leben nach dem Tod vorbereitet zu sein.
Die somatische Auferstehung bedeutet die Ewigkeit des Körpers. Im Angesicht der Ewigkeit ist das weltliche Leben des Körpers von untergeordneter Bedeutung. Das Jetzt tritt zurück gegen die Zeitlosigkeit. Ġazālī entscheidet sich für die wichtigere und bessere Alternative, die Ewigkeit.

Alles in allem erlangen menschliche Leistungen in dem Maße Legitimität, wie sie den Weg zum ewigen Leben vorebnen.

Überzeitliche Hoffnung

Die Lehre Ġazālīs von der Überzeitlichkeit und ihre Betonung gehen von dem Ungenügen des Diesseits aus. Das weltliche Leben kann nicht alles und kann nicht das Ende sein. Im Sūfīsmus entdeckte Ġazālī seinen inneren und äußeren Frieden. Um ihm gerecht zu sein, muß man sagen, daß er die Ewigkeit als Trost und Hoffnung betrachtet. Im überzeitlichen Leben gelangt der Mensch zur unmittelbaren Anschauung Gottes.

Kapitel zwölf

Ġazālī (6)

Ġazālīs Weg in den Sūfīsmus

Ġazālī wird Sūfī – Der Übergang

Rund ein Viertel seines Lebens verbrachte Ġazālī auf der Wanderung. Das sind keine verlorene, sondern höchst produktive Jahre. Auf der Wanderung kommt man zu sich selbst. Die Selbstprüfung ist intensiv. Selbsterkenntnis ist Hauptthema. Materielle Würden und weltliche Ehren verachtend fragt man sich: „Was will ich wirklich".
Im Anschluß an die lange Wanderung entschloß sich Ġazālī nicht zur Wahrnehmung der hohen Lehrämter, die er innehatte, zurückzukehren, sondern in einen Sūfīorden einzuziehen.

Zum Sūfīsmus allgemein: Sūfīsmus ist mit Mystik nicht identisch. Die Mystik ist eher eine Methode oder ein Rahmen zur Meditation.
Sūfīsmus ist eine Lebensweise. Die Grundhaltung des Sūfīsmus ist die freiwillige Armut und die Entscheidung für einen nicht weltlichen Lebensstil. Der Sūfī ist völlig unabhängig von Amt, regulärem Beruf und regelmäßigem Einkommen.
Sūfīsmus und Mystik schließen einander nicht aus. Sie können, müssen aber nicht zusammen geübt werden. Sie lassen sich schon zu einer einheitlichen Lebensweise integrieren. Nachstehend gehen wir auf die einzelnen Aspekte des Sūfīsmus ein, besonders in der Weise, wie Ġazālī ihn verstanden und geübt hat.

Sūfīsmus (Taṣawwuf): Sūfīsmus ist nicht eine Epistemologie, keine Methode zum Erlernen einer Wissenschaft, z.B. über Gott. Sūfīsmus ist eine Lebensweise. Im Sūfīsmus finden auch Erkenntnisprozesse statt. Das im Sūfīsmus geschenkte Wissen ist göttlich. Es kann durch Bücher nicht erworben werden.
Über den Sūfīsmus sagt Ġazālī: „Wer nicht erlebt, kann nicht verstehen. Ohne Erfahrung keine Erkenntnis".

Ġazālī und Sūfīsmus – Die Suche nach der Wahrheit
Sūfīsmus als Weg zur Wahrheitsfindung
Hauptanliegen Ġazālīs war die Suche und die Auffindung der Wahrheit. Sūfīsmus ist nicht der Zweck, sondern das Mittel dazu.

1. Der Sūfīsmus ist ein Weg zur Erkenntnis Gottes. Das war auch das Erkenntnisziel Ġazālīs.
2. Die Wahrheit, die er suchte, ist mit der Erkenntnis Gottes identisch. Sūfīsmus ist ein Weg zur Wahrheitsfindung.

Der Weg in den Sūfīsmus
1. Entscheidender Schritt zum Sūfīsmus ist der Verzicht auf materielle Werte und weltliche Ehren sowie die Einsicht in die Nichtigkeit irdischer Reichtümer.
   Ġazālī verläßt seinen Lehrstuhl an der Niẓāmiyya von Baġdād und begibt sich auf die Pilgerwanderung.
2. Rückzug: Die *Retraite* ist die innere Einkehr.
3. Introspektion.
   Alle hier genannten Schritte sind nicht exklusiv sūfīstisch. Auch ohne den Anspruch, Sūfīst sein zu wollen, lassen sich Einzelschritte und Teilerfahrungen in Verbindung mit Meditation realisieren.
   Über den Weg der Innenschau erkennt der Mensch sich selbst. Selbsterkenntnis ist Gotteserkenntnis.
   Introspektion zeichnet Leben und Werk Ġazālīs aus.
4. Bewährung.
5. Beginn der Katharsis.
   Den weiteren Stufen solle der Sūfī nicht nachjagen. Sie kommen von selbst (oder auch nicht). Es sind Gaben von Gottes Gnaden.
6. Katharsis.
   Der weltlich zerstörte Mensch ist wiederherstellbar. Voraussetzung ist die Selbstreinigung, das heißt das „Loslassen“ von materiellem Schutt. Durch Mystik oder Sūfīsmus wird der authentische Mensch graduell wiederhergestellt.
7. Anschauung Gottes: In der Ausübung des Sūfīsmus erlebt der Sūfī die Gottesschau. Es ist kein optisches Sehen mit den Augen. Vielmehr handelt es sich um ein visionäres Erlebnis.
   Es ist nicht gesagt, daß jeder Sūfī automatisch aufsteigt von einer Stufe zur nächsten.

Sūfī zu sein ist ein Akt der Ergebung. Bedingungslos und anspruchslos erlebt der Mensch die sūfīstische Daseinsweise. Er übt sich in Geduld und Freude. Er dankt für die Gaben, jagt aber keinen Zielen nach.

8. Erkenntnis Gottes: Der Mensch ist zur Erkenntnis Gottes befähigt (ʿĀrīf). Der Sūfīsmus ist ein Weg dazu. Die Erfahrung von Gott in und durch Sūfīsmus ist der Gewinn der nichtweltlichen Lebensweise.
   Die Stufen und die Gaben im spirituellen Heranwachsen sind Akte der Gnade. Man läuft ihnen nicht nach. Sie werden geschenkt. Sie fallen einem sozusagen in den Schoß. Es ist die mystische Erfahrung Gottes.
   Allāh wird genannt: „ʿĀlim" und „ʿAlīm", „Wissend". Er schenkt auch Wissen.
8. Tawḥīd[38]: Mit Gott vereint sein.
   Der unzerstörte bzw. der wiederhergestellte Mensch ist zur Einheit mit Gott und mit anderen erschaffen worden. Das bewußte Tawḥīd geht im weltlichen Leben verloren, kann aber durch die Erfahrungen von Meditation wieder erlangt werden.
9. Maʿrifa: Wissen von Gott und über Gott empfangen. Wahrhaftiges Wissen von Gott wird durch die Erfahrung in Tawḥīd gewonnen.
10. Die absolute Einheit – Tawḥīd mit Gott, der Menschheit und dem Universum. Die Erfahrung, daß Gott alles und in allem ist.
    Laisa fī al-wugūd siwa Allāh.
    Nichts gibt es bis auf Gott. In Ihm ist alles. Alles ist Gott. Nichts bis auf Gott.

Alle vorstehend angeführten Schritte sind Stationen auf dem Weg zur Wahrheit.
Es heißt: Die Stufen der inneren Entfaltung auf sich zukommen lassen (nicht danach jagen).
Laß überhaupt spirituelle Werte auf dich zukommen!
Die Auffindung der Wahrheit ist eine Erfahrung. Bei diesem Erlebnis ist die
Suche nach der Wahrheit am Ziel. Sie wird nicht gefunden. Die Wahrheit fällt dem Suchenden in den Schoß.
Alle anderen Tugenden sind Folgegaben:

---

[38] توحيد, Die Lehre vom Einigen Gott; das Bekenntnis vom einen, einzigen Gott; die Erklärung von der Einheit und Singularität Gottes.
Im Sūfīsmus: Eins werden mit Gott; das Erleben der Einheit mit Gott.
Tawḥīd ist das Bekenntnis „Einiger Gott", aber auch die lebendige Realisierung dieses Bekenntnisses in Wort und Tat.

Sowohl individuell als auch gesellschaftsbezogen, entsteht aus dem alten ein neuer Mensch. Die Gesellschaftsutopie der Maʿat wird real.

Das hohe Ansehen, das Ġazālī im Islam genießt, in Verbindung mit seiner selbstgewählten Identität als Sūfī, führte zur Rehabilitierung des Sūfīsmus, der seitdem einen legitimen Platz im Islam genießt.

> *„Wenn Du anfängst Mich, Gott, zu suchen, bis Du schon bei Mir“ (sagt Gott nach Ġazālī).*

Die Lehre von Gott – Gotteserkenntnis

Zu den imponierenden Stellen des Werkes des Ġazālīs gehört sein Diskurs über Gott.
Ġazālī vertritt die Auffassung, daß Gott nicht eigenschaftslos genannt wird. Zu seinem Namen zählen Attribute.

Göttliche Attribute (nach Ġazālī)

- Licht von Licht.
- Licht der Lichter.
- Allmächtig (omnipotent).
- Allwirksamkeit (Pandokrator).
- Allgegenwärtigkeit (Omnipräsenz).
- Allwissend (Omniszienz).
- Über alles erhaben.
- Unvergleichlich und unvergleichbar:
- Es existiert Nichts, was mit Gott vergleichbar oder mit ihm verglichen werden kann: laysa ka-miṯlihi šayʾ.

Ausdrücke wie „Arm“, „Hand“ oder etwa „Gott, der auf seinem Thron sitzt“, sind rein allegorisch zu verstehen.

Monotheismus

Der Ausdruck „Monotheismus“ wird in der allgemeinen Literatur unterschiedlich verwendet. Es überwiegt der Gebrauch im Sinne „Eingott-Glaube“ im Unterschied zu der „Vielgötterei“, dem „Polytheismus“. Daß es einen Gott gibt und nicht beliebig viele ist der Konsens aller monotheistischen Religionen. Doch stellt die Einengung im Sinne „Einer“ und „nicht Viele“ eine erhebliche semantische Reduktion dar.

Tawḥīd[39] – Bekenntnis vom „Einigen Gott"

Tawḥīd bedeutet vielmehr die Wahrnehmung der Einheit und Realität der Einheit Gottes. Sie muß immer wieder neu erkannt und in unserem Bewußtsein wiederhergestellt und immer wieder neu belebt werden. Die Erkenntnis: Einiger Gott in uns. Tawḥīd ist das Bekenntnis „Einiger Gott", aber auch die Realisierung dieses Bekenntnisses in Wort und Tat.

Die „Einheit" ist ein Prinzip, das viel weiter greift als die bloße Verneinung der Vielgötterei. Für Ġazālī umfaßt Tawḥīd – „Einheit, Einswerdung, Einssein" – die Einheit des gesamten Seins.

Muḥyyi ad-Dīn b. ʿArabī, ebenfalls Ṣūfī, verschärft diese Definition durch den Ausdruck:

„Laisa fī al-wuǧūd siwa Allāh. Nichts gibt es außer Gott", „Es ist nichts außer Gott".

Darin befindet sich Ibn-ʿArabī im Konsens mit Ġazālī.

Der Ausdruck „Tawḥīd" greift viel weiter als der Terminus „Monotheismus". Dem Tawḥīd widmet Ġazālī grundsätzliche Ausführungen in Iḥyāʾ.

Vision Gottes

„Gott ist nicht mit unserer Ratio (Vernunft) zu erkennen"

Nach Ġazālī lasse sich Gott nicht mit rationalen Mitteln nachweisen.

Erkennbar ist Gott durch Erfahrung, durch Erlebnis.

Gott erkennen ist identisch mit Gott erfahren.

Gott ist für die körperlichen Augen unsichtbar. Nur in der Mystik findet die Gottesschau, die Vision Gottes statt.

Die Vision Gottes ist ein rein spiritueller Akt. Man kann nicht hinlaufen um IHN zu sehen. ER zeigt sich. ER macht sich sichtbar.

Theologie ist Anthropologie

Es schuf Gott den Menschen nach seinem Ebenbild („ḫalaqa al-Insāna kamiṯlihi").

Diese Aussage erlangt bei Ġazālī eine zentrale Bedeutung. Jeder Mensch hat Gott in sich.

Daraus leitet Ġazālī die Konsequenz ab: „Wer sich selbst erkennt, erkennt Gott" – „Man yaʿrif nafsahu, yaʿrif Allāh".

---

39 توحيد

Gott-Mensch-Beziehung
In jedem Menschen wohnt Gott inne. In jedem Menschen ist Göttlichkeit enthalten. Darum ist die Selbsterkenntnis Gotteserkenntnis.
Ġazālī: Vor jeder Kommunikation suche der Mensch zuallererst die Kommunikation mit sich selbst. Das Herz ist der Spiegel.

Das Gottesbild und der selbstbestimmte Mensch fließen zusammen.
Jeder Mensch hat Licht. In jedem Menschen ist göttliches Licht.
Jeder Mensch hat von Natur aus eine muslimische Seele. Im Kontext des Diskurses Ġazālīs bedeutet dies; Jeder Mensch verfügt über einen angeborenen, natürlichen Besitz von Wahrheit. Die natürliche Wahrheit (ḥaqā᾽iq) liegt in jedem Menschen verborgen. Suche die Wahrheit in Dir selbst. Sie muß aber entdeckt und offengelegt werden.
Durch den Spiegel des Herzens ist der Mensch zur Gotteserkenntnis befähigt.

Ġazālī: Gott spreche zum Menschen „*Wenn Du anfängst, Mich zu suchen, bist Du schon bei Mir.*"

Zur Eingruppierung Ġazālīs
Ġazālī hat sein persönliches, deutlich gezeichnetes Profil. Die besondere Anschauung hebt ihn deutlich gegen andere Lehrmeister ab. Gleichwohl strebte er nie, eine eigene Richtung zu gründen oder als ein selbständiger Denker zu gelten.
Ġazālī bekannte sich bewußt zum Islam. Dabei hat er keine Kriterien dafür gesetzt, wer Muslimist und wer nicht. Er ließ ein Breitspektrum gelten, innerhalb dessen Unterschiede tolerabel bleiben. Muslim ist jeder, der es sein will. Ġazālī: *In jedem Menschen ist Islam.*
Ġazālī pflegte es, mit allen zu kommunizieren und sich nicht auszugrenzen. Er läßt sich auf jeden ein, so daß seine Argumente von jedem angenommen werden können.
Gleichwohl war Ġazālī nicht konfessionslos. Er war – modern formuliert – kein „Liberaler". Er stand auf dem Boden des orthodoxen, das heißt sunnitischen, Islams. Innerhalb der Sunna folgte Ġazālī al-Aš῾arī, insbesondere in bezug auf die Bāṭinīyya[40], daß es nämlich auf die innere Bedeutung des Verse (des Qur᾽āns) ankommt. Er stand den Mu῾taziliten nahe.

---

40 الباطنية

Mit seinem Bekenntnis zur Šāfiitischen Rechtsschule vertrat er die gemäßigte Linie im Islam – gegen Dogmatismus, Fundamentalismus und Sektierertum.
Ġazālī gilt ferner als Mutakallim, d.h. Vertreter einer dialektischen Theologie. Er trug maßgeblich zur Weiterentwicklung des ʿIlm al-Kalām bei.

Ġazālī war ein Sūfī. Das war er in vollem Umfang des Begriffs. Hätte der Sūfīsmus nicht vorbestanden, so hätte er ihn ins Leben gerufen. Hat er den Sūfīsmus nicht begründet, so hat er ihn doch in den Augen des orthodoxen Islam voll rehabilitiert.
Auch nachdem er sich dem Sūfīsmus angeschlossen hat, pflegte er den Kontakt zu den Menschen und zur offenen Gemeinde. Isolationist war er auf keinen Fall. Im Gegenteil. Der Mensch solle in der Gemeinschaft bleiben und sich durch die Kommunikation mit anderen verwirklichen.

Evaluation

Ġazālī stellt Ibn-Sīnā in den Mittelpunkt seiner Kritik, veröffentlicht unter dem Titel „Tahāfut al-falāsifa". Aristoteles wird nur dort genannt, wo Ibn-Sīnā auf ihn Bezug nimmt. Vermittels Ibn-Sīnā wird auch Farābī angesprochen. Bemerkenswert ist, daß er al-Kindī und ar-Rāzī nicht zum Gegenstand seiner Philosophenkritik stellt.
Ġazālī setzt sich nicht pauschal mit Ibn-Sīnā auseinander. Vielmehr behandelt er einzelne Thesen und wie sie vertreten werden. Darum wird Ibn-Sīnā oft nicht namentlich genannt, sondern nur kategorisch als Vertreter einer philosophischen Denkweise, wer auch immer sie vertritt.
Ġazālī stellte zwanzig Thesen auf, die als Gegenstand von Auseinandersetzungen aufgefaßt werden können. Am Schluß seines Werkes „Tahāfut" werden jedoch nur die Vertreter einer oder mehrerer dieser Thesen von Ġazālī verurteilt.
Der Philosophenstreit ist eines der bedeutsamsten Kapitel der Geistesgeschichte. Ġazālī ist es zu verdanken, eine Debatte zu prinzipiellen Fragen von Theologie und Philosophie initiiert zu haben. Insgesamt erwies sich der Philosophenstreit als grundlegend und konstruktiv. Er trug maßgeblich zum Weiterdenken bei. Sowohl die Beziehungen als auch die Differenzen zwischen Theologie und Philosophie wurden deutlicher und tiefer herausgearbeitet:
Es ist auch Ġazālī zu verdanken, daß wir auf subtile Differenzen unter Ibn-Sīnā, Ġazālī und Ibn-Rušd aufmerksam geworden sind. Der Gewinn durch das Studium dieser drei großen Philosophen kann an keiner anderen Schu-

le erworben werden. Das Studium der zweihundert Jahre anhaltenden Auseinandersetzung (1000-1200) verschärft den Sinn für prinzipielle, aber auch subtile Fragen und ihre Bedeutung für das korrekte Denken, die systematische Ableitung und präzise Formulierung.

Auf der anderen Seite hat das harte Urteil, das Ġazālī über Philosophen gefällt hat, zu einem zeitweiligen Rückschlag in der Weiterentwicklung der Philosophie im östlichen Teil der arabischen Welt geführt.

Im westlichen Teil der arabischen Welt, in Maġreb und Andalus, war kein Rückschritt eingetreten, im Gegenteil. Größen der Philosophiegeschichte, darunter Ibn-Rušd, Ibn-Ṭufail und Ibn-Bagga griffen sofort ein. Sie trugen maßgeblich dazu bei, die Beziehungen richtig zu stellen. Andere folgten ihrem Beispiel. Die Krise wurde rasch aufgefangen. Insbesondere durch die Kritik Ibn-Rušds an Ġazālī wurde den Philosophiefreunden die Angst vor der Beschäftigung mit philosophischen Fragen genommen. Bald konnte auch die Philosophie im arabischen Osten den ihr gebührenden Stellenwert wieder einholen.

Das Urteil von Ġazālī: Ibn-Sīnā vertrete in drei Fragen verbotenen Unglauben.

1. Leugnung der körperlichen Auferstehung,
2. Ewigkeit der Welt, und
3. Gott verfüge über das Wissen nicht nur über die Universalien, sondern auch über die Details guzʾiyyāt.

Die harte Verurteilung eines Denkers wegen der Äußerung seiner Meinung bewirkte bei Philosophiefreunden einen Einschüchterungseffekt: Es könne gefährlich sein, sich mit Philosophie zu beschäftigen.
Ġazālī hat zeitlebens zu seinem Urteil gegen Irrlehren und ihre Vertreter (in: Tahāfut al-falāsifa) gestanden. Es hat eine gewisse Zeit in Anspruch genommen, bis dem Nachwuchs die Angst vor dem Philosophieren genommen wird und daß die Philosophie erneut einen Aufschwung erfährt.

Ġazālī ist der theologische Begründer der islamischen Orthodoxie. Er darf nicht nach einem einzigen Buch, nämlich „Tahāfut al-falāsifa" gewertet werden, wie es leider geschieht. Darum haben wir uns bemüht, seine Lehre im Kontext seines Gesamtwerkes darzustellen.

Nachruf auf Ġazālī

Es ist die große Ironie der Literaturgeschichte, daß Ġazālī durch seine Verurteilung von Philosophen nicht eine Kontroverse um Ibn-Sīnā beendet hat, sondern sich selbst in das Schußfeld der Kritik gesetzt hat. Der Fall Ibn-Sīnā schlug in „Fall Ġazālī" um. Dennoch darf eine *Lex Avicennae* nicht von der wahren Größe Ġazālīs ablenken. Heute sind wir imstande, den Philosophenstreit als eine wahrhaftige Bereicherung der Geistesgeschichte anzusehen.

Bereits zu Lebzeiten gewann Ġazālī eine Position als autoritative geistige Instanz, an der sich die Suchenden orientieren.

Bemerkenswert ist die Feststellung, daß je mehr Zeit seit dem Tod Ġazālīs verstreicht, umso mehr er an Bedeutung gewinnt.
Auch neunhundert Jahre nach seinem Tod, erweist sich Ġazālī als einflussreichster Theologe des Islam überhaupt. Er gilt als bedeutsamster muslimischer Systematiker. Ġazālī ist Erneuerer der Lehre mit Wirkung bis in unsere Gegenwart hinein. Er wurde nicht zum Propheten deklariert, Konsens ist indes, daß er als Mugaddid anerkannt ist. Ġazālī qualifizierte sich als Erneuerer des Glaubens, der die Botschaft Gottes aktualisiert. Er wurde zwar nicht zum Gesandten ausgerufen, wohl aber nächst zu Muḥammad eingeordnet.

Zur Rezeption Ġazālīs in Europa
Der Einfluß Ġazālīs auf die Herausbildung der europäischen Theologie und Philosophie seit der Scholastik

Ġazālī hatte schon zu Lebzeiten eine beachtliche und große Anhängerschaft in Europa.
Sehr früh wurde er ins Lateinische übersetzt und rezipiert. An ihm orientierten sich Albertus Magnus (1200-1280) und Thomas Aquinus (1225-1274). Nach dem Vorbild Ġazālīs und mit seinen Argumenten konnten sie eine systematisch aufgebaute Theologie in lateinischer Sprache schreiben. Schlagartig entsteht in Europa eine ausgereifte theologische Anschauung, ohne daß ihr die notwendige Langzeitevolution vorausgeht. Der plötzliche Aufbruch läßt sich ausschließlich durch entsprechende Rezeption erklären. Es war aber nicht Ġazālī allein, der dazu beigetragen hat, sondern ebenso Johannes Damaskinos, Avicenna und Averroes. Sowohl die Inhalte als auch die Systematik entsprechen im Detail und im Gesamtkonzept dem Stand der Entwicklung in der arabischen Welt.

Die europäischen Mystiker erkannten ihrerseits die Bedeutung Ġazālīs als Lehrmeister. Besonders groß ist der Einfluß Ġazālīs desweiteren auf die Mystikerin Hildegard von Bingen (1098-1179). Meister Eckehart interessierte sich besonders für die ṣūfīstischen Erfahrungen und Schriften Ġazālīs. Der Einfluß Ġazālīs auf die Schriften Meister Eckeharts (1260-vor 1328) reicht bis in die Wortwahl hinein, weshalb er eine Begrifflichkeit erfinden mußte, um dem Arabischen zu entsprechen. Beide, Hildegard von Bingen und Meister Eckehart sind von Ġazālīs Ṣūfīsmus stark geprägt. Von Ġazālī übernahm Meister Eckehart die Lehre der Einswerdung mit Gott „Tawḥīd". Eckehart bezeichnet die spirituelle Einigung mit Gott als „*Unio mystica*". Beim Versuch, die Ausführungen Ġazālīs über das Erlebnis des göttlichen Lichtes im Ṣūfīsmus und überhaupt allegorischer Wendungen zu übertragen, mußte Meister Eckehart Wortschöpfungen und neue Redewendungen einführen. Seine Theologie, Mystik und die Übernahme arabischen Gedankenguts führten zu seiner Posthum-Verurteilung durch die Römische Kirche. In der Neuzeit erleben Hildegard von Bingen und Meister Eckehart eine erneute Renaissance.

Die meisten europäischen Autoren der Gegenwart irren sich, indem sie Ġazālī als Antiphilosophen hinstellen. Hingegen stellen wir fest: Selbst in seiner Auseinandersetzung mit Ibn-Sīnā geht Ġazālī äußerst differenziert vor. Er betätigt sich vollumfänglich philosophisch, wenn er sich mit Philosophen auseinandersetzt und sie kritisiert.

Kapitel dreizehn
Ġazālī (7)
Tahāfut al-falāsifa
تهافت الفلاسفة

Hinter uns liegt ein neunhundert Jahre lang anhaltender Streit um Ġazālīs „Tahāfut al-falāsifa", mit Abstand eine der längsten Auseinandersetzung von Philosophie und Theologie. Nun wollen wir, Autor und Leserschaft, uns unvoreingenommen und vorurteilsfrei die eigene Meinung bilden.

Der Stein des Anstoßes:
Ġazālī, Tahāfut al-falāsifa
Ġazālī eröffnet den Philosophenstreit

Gegenstand: Ġazālī kritisiert philosophische Meinungen, die er als mit dem Glauben unvereinbar betrachtet. „Kritik an den Philosophen" ist der Gegenstand des Werkes. Nur selten nennt er die kritisierten Autoren beim Namen.

Wenn Ġazālī eine philosophische Lehrmeinung zitiert, bezieht er sich auf „al-falāsifa" in der dritten Person pluralis „qālū", sie sagten (...).

Bei genauerer Betrachtung des Werkes Ġazālīs steht Ibn-Sīnā im Mittelpunkt seiner Kritik. Ibn-Sīnā und weniger Farābī werden auch namentlich genannt. Es fällt auf, daß Ġazālī al-Kindī und ar-Rāzī außen vor läßt.

Somit steht Ibn-Sīnā als Repräsentant einer philosophischen Meinung. Ġazālī kritisiert ihn und meint alle, welche, die jeweils angesprochene These teilen.

Bedeutung: Unter den Werken Ġazālīs nimmt „Tahāfut al-falāsifa" einen ganz besonderen Stellenwert ein, da es einen theoretischen Streit eröffnet, der vor über 900 Jahren begonnen hat und bis heute noch mit unvermindertem Interesse weitergeführt wird. Darum widmen wir diesem bedeutsamen Werk den gebührenden Raum.

Zum literaturgeschichtlichen Kontext: Nur zwei Dekaden nach dem Tod Ibn-Sīnās kam Ġazālī zur Welt. Die Thesen Ibn-Sīnās florierten. Nicht nur die intellektuelle Szene, sondern auch die breite Öffentlichkeit war mit dem Denken des Philosophen und Arztes befaßt. Seitdem kommt kein engagierter Mensch an Ibn-Sīnā vorbei. Ibn-Sīnā hat nicht nur ein neues Blatt

der Philosophiegeschichte geschrieben, sondern auch Stolpersteine hinterlassen. In diese Zeit, die Ära Ibn-Sīnās, wurde Ġazālī hineingeboren. Die Geschichte hat es so gewollt, daß die Namen beider Persönlichkeiten, Ibn-Sīnā und Ġazālī, für immer aneinander gekoppelt bleiben. Seit tausend Jahre nach dem Wirken Ibn-Sīnās und 900 Jahren nach dem Tod Ġazālīs zerbrechen sich Philosophiehistoriker den Kopf über die Fragen:
Wer von den beiden hat recht?
Welches ideengeschichtliches Verhältnis haben die beiden Gelehrten, die sich nie begegnet sind, zueinander? Wie lassen sich die Widersprüche definieren und wie lassen sie sich auflösen.

Der Auftrag: Vieles spricht dafür, daß Ġazālī sein „Tahāfut al-falāsifa" nicht aus freien Stücken, sondern eher als öffentlich geforderten Auftrag geschrieben hat.
Die Ontologie Ibn-Sīnās schien – dem Erscheinungsbild nach – mit zentralen religiösen Dogmen unvereinbar zu sein. Ġazālī mußte sich zu diesem Konflikt äußern und klar stellen, wie die islamische Orthodoxie zur Philosophie Ibn-Sīnās steht.

Struktur und Aufbau des Werkes „Tahāfut al-falāsifa"

Ġazālī thematisiert die kontroversen Inhalte zwischen Theologie und Philosophie in Thesen und Antithesen. Dabei kommt er auf 20 Streitfragen. Diese ordnet er in systematische Reihenfolge ein. Zu jeder einzelnen Streitfrage, „mas'ala[41]" formuliert er die Meinung der anderen Seite in Kurzfassung und geht darauf argumentativ ein. Zur Entkräftung der oppositionellen Behauptung benutzt Ġazālī bevorzugt die Syllogistik aber auch andere Methoden. Er nummeriert seine Argumente als Beweis, Indiz „dalīl" für die Richtigkeit seiner Ansicht. Bis zu zehn Gegenargumente führt er zu einer Streitfrage an. Er macht sich die Auseinandersetzung keineswegs leicht, wie sonst oft angenommen wird. Im Anschluß daran stellt Ġazālī die eigene Position dar.
Durch den streng logischen Aufbau des Werkes „Tahāfut al-falāsifa" erweist sich Ġazālī – ebenso wie in seinen anderen Schriften – als hervorragender Systematiker. Seine komplexe Beweisführung bereitet Ġazālī derart übersichtlich auf, daß er dazu noch als vorbildlicher Didaktiker anerkannt werden muß. In allem bleibt er der Logik verpflichtet.

41 مسألة, Streitfrage, Fragestellung, Denkproblem, Problemlage.

Der große hermeneutische Irrtum

Kaum ein anderes Werk der Literaturgeschichte wurde solcherart mißverstanden wie „Tahāfut al-falāsifa". Immer noch geht man mit unreflektierter Selbstverständlichkeit davon aus, Ġazālī habe ein Werk gegen die Philosophie geschrieben. Die lateinische Übersetzung erschien unter dem Titel „*Destructio philosophorum*". Unter diesem Makel „*Zerstörer der Philosophen*" steht Ġazālī heute noch. Dieses Urteil ist eine Vorverurteilung. Es ist völlig unbegründet. Es besteht zu Unrecht.
Den hermeneutischen Rückschlag gilt es nun zu überwinden.

Aufgabe und Erkenntnisziele des „Tahāfut al-falāsifa"

Ġazālī betrachtet seine Arbeit als eine Aufgabe, die islamische Rechtgläubigkeit gegen Irrtümer zu verteidigen. Dabei bezieht er sich nicht nur auf islamische Ressourcen, sondern er wendet ebenso philosophische Argumente und logische Ableitungen an, die als Methoden von den Gegnern anerkannt sind und auch gebraucht werden.

Titulatur: Der von Ġazālī gewählte Buchtitel „Tahāfut al-falāsifa" war gut gewählt, sehr gut sogar. Zum einen entspricht er dem Ziel des Werkes, die philosophischen Irrtümer philosophisch zu widerlegen, zum anderen stellt er alternative Antithesen auf. Das Werk ist konstruktiv. Von „*Destructio*" – so die lateinische Übersetzung – ist keine Rede.
Der arabische Titel „Tahāfut" eignet sich keineswegs zu Mißverständnissen. Der Ausdruck ist hart, muss aber nicht als beleidigend aufgefasst werden. Es ist korrekt, einen schwach oder schlecht vorgetragenen Diskurs als „mutahāfit" zu bezeichnen. Es gibt keinen Grund, dem Autor vorzuwerfen, seine Veröffentlichung unter dem Titel „Tahāfut" zu präsentieren. Ġazālī wählte den Ausdruck, der den Vorwurf „Irrtum" näher qualifiziert. Das Prädikat „Tahāfut" sagt aus, daß die besagten Irrtümer unbegründet oder unzureichend begründet sind. Die arabische Sprache bietet eine breite Palette von Synonymen, die einen geistigen Irrweg graduell umschreiben. Davon dürfte „Tahāfut" für den hier behandelnden Fall das angemessene Prädikat sein. Die Entscheidung Ġazālīs für diese Variante spricht für die ihm eigene Eloquenz. Im Übrigen ist es nicht unüblich, im Rahmen von kritischen Auseinandersetzungen von „Tahāfut" zu sprechen.
Der Titel „Tahāfut al-falāsifa" ist – zulässigerweise – eine Kurzform. Man müsse ihn gedanklich ergänzen: „Tahāfut al-falāsifa bi-ša'n (…)" „Das Ungenügen der Philosophen in bezug auf (…)". Wenn europaische Autoren belustigend Ġazālī erwähnen, als den Verfasser der „*Destructio philo-*

sophorum", irren sie sich. Sie übersehen, dass „*Destructio*" nicht von Ġazālī, sondern von den Europäern stammt. Ġazālī kritisiert nicht die Philosophie schlechthin, wie irrtümlich angenommen wird, sondern nur punktuell. Er begrenzt die Auseinandersetzung auf zwanzig Fragen. Verurteilungswürdige Postionen begrenzt er auf drei, nur drei wohlgemerkt, Postionen.
Sicher ist, daß Ġazālī keinen Kreuzzug gegen die Philosophen führt, wie von gegenwärtigen Verfassern immer noch suggeriert wird. Er diskutiert lediglich die Position von Philosophen zu den von ihm aufgestellten zwanzig Streitfragen. Dabei stellt er fest, daß nur in drei Punkten sie mit dem islamischen Glauben unvereinbar sind. In anderen Punkten stellt er fest, daß die Abweichungen auch innerhalb des islamischen Spektrums vorkommen, darum können ihre Vertreter nicht verurteilt werden. In allen übrigen 17 Punkten stellt Ġazālī zwar Unterschiede, aber keinen Antagonismus, fest. Beispiel: die Frage der „Attribute". Ġazālī ist anderer Meinung als die kritisierten Philosophen, doch hält er den Gegensatz für tolerabel. Die Gegenmeinung ist nicht unislamisch.

Es sind also drei konkrete Fragen, die für den Glauben von großer Relevanz sind und die mit dem Islam nicht übereinstimmen. Der vollständige Titel des Werkes könnte also lauten: „Tahāfut al-falāsifa" in bezug auf die Fragen: a) Unanfänglichkeit der Welt, b) Göttliches Wissen erfaße nur die Universalien, c) Verleugnung der Auferstehung der Körper.

Erkenntnisabsichten und Lehrziele des Ġazālīschen Werkes „Tahāfut al-falāsifa".
In seinem Werk „Tahāfut" hat Ġazālī nicht allein die drei Widersprüche behandelt, sondern ein Breitspektrum von Fragen, die theologisch anders beantwortet werden als philosophisch. Die Zahl dieser Fragenkomplexe hat er mit 20 angegeben (ich habe 21 gezählt). Wie auch immer, Ġazālī betont und sagt ausdrücklich, daß Unvereinbarkeit nur in drei Punkten besteht.

Fazit: In seinem „Tahāfut al-falāsifa" behandelt Ġazālī die zwanzig aufgestellten Streitfragen, besonders die festgestellten drei Widersprüche, welche zwischen der orthodoxen islamischen Theologie auf der einen Seite und gewissen Philosophen auf der anderen bestehen. Die Polemik Ġazālīs richtet sich insbesondere gegen Ibn-Sīnā.
Man sieht also, welche Vulgarisierung in der europäischen Philosophiegeschichtsschreibung besteht, wenn sie Ġazālī als „Antiphilosophen" etiket-

tiert. Ġazālī betont wiederholt: „wenn einer die Meinung vertritt, daß (...)". Das heisst, er behandelt Positionen ohne Ansehen der Person ihrer Vertreter. Von einer pauschalen Verurteilung oder gar „Zerstörung" der Philosophie kann also keine Rede sein.

Man muß vielmehr Ibn-Taymiyya zustimmen, wenn er feststellt: Ġazālī betätigte sich philosophisch, als er die Philosophen kritisierte.

Das umstrittene Werk „Tahāfut al-falāsifa" Ġazālīs spaltet die Öffentlichkeit in leidenschaftliche Sympathisanten und unversöhnliche Gegner. Selten kennt die Literaturgeschichte einen Titel, der die angesprochene Öffentlichkeit so polarisiert, wie das Buch Ġazālīs zur Kritik von Philosophen. Beachtenswert ist, daß der Streit um das Buch nicht von kurzer Dauer war. Auch heute noch stellt Ġazālī sowohl mit seinem Gesamtwerk als auch mit „Tahāfut al-falāsifa" eine große Herausforderung dar.
Was uns betrifft, sind wir bestrebt, nicht nur die angesprochenen Werke zu erklären und über den Streit zu berichten. Vielmehr wollen wir dazu übergehen, uns selbst ein Urteil zu bilden. Darüber hinaus wollen wir über die einzelnen Fragen unsere eigene Meinung vortragen. Es werden zunächst die umstrittenen Thesen und Antithesen dargestellt, erläutert und kritisch besprochen. Im Anschluß daran werden wir die Position darlegen, die wir für richtig halten.

Ġazālī (8)

Die Zwanzig Thesen Ġazālīs im Werk „Tahāfut al-falāsifa“ „Das Ungenügen der Philosophen“

Übersicht

0. Muqaddimāt – Prolegomena

Ġazālī leitet das Werk „Tahāfut al-falāsifa" mit einer vierteiligen Einleitung ein. Sie präsentiert vier Muqaddimāt. Darin erläutert der Autor Aspekte und Prinzipien, die für das Verstehen des in Philosophie und in Theologie jeweils angewandten Diskurses notwendig sind.

„Muqaddimāt" im philosophischen Diskurs bedeutet die Festlegung von Axiomen und Prämissen, die für die Beweisführung notwendig sind. Es sind Voraussetzungen mit Anspruch auf Konsens, die z.B. Grundregeln des logischen Denkens unterstreichen.

Bevor Ġazālī mit der Auseinandersetzung mit Philosophen beginnt, stellt er eine Anordnung von Prämissen und Axiomen auf, von denen seine Thesen abgeleitet werden. Die hier aufgestellten vier Muqadimmas haben sich in der weiteren Entwicklung der Debatte über Generationen als sehr hilfreich erwiesen.

Semantik: Schon zu Beginn des Buches „Tahāfut al-falāsifa" behandelt Ġazālī die Semantik von Begriffen, welche mit der Thematik des Werkes zusammenhängen und die im philosophischen Sprachgebrauch abweichend von der Theologie geprägt sind.

Schon die Einleitung zeigt, wie sehr Ġazālī in Philosophie, Theologie, Linguistik, Methodik, Logik und Didaktik kompetent ist.

I. Mas'ala – Die Unanfänglichkeit der Welt

Als ersten Problemkomplex behandelt Ġazālī die Frage nach der Ewigkeit der Welt. Es ist auch klar, warum er damit beginnt. Es handelt sich um die Grundausrichtung der Weltanschauung: Materialismus versus Theozentrismus.

Es ist auch klar, daß Ġazālī gegen die Auffassung von der Unanfänglichkeit der Welt polemisiert und die Gegenthese aufstellt: Die Welt hat und muß einen Anfang haben.[42]

Die Unanfänglichkeit der Welt (der Materie), der Zeit und der Bewegung wird von Ġazālī ebenso wie ihre Unendlichkeit grundsätzlich verneint.[43]

---

[42] Seitenangaben nach der von mir benutzten Ausgabe (arabisch): Ġazālī, تهافت الفلاسفة, Tahāfut al-falāsifa, Beirut 1990, SS. 48-88.

[43] Ġazālī, Tahāfut al-falāsifa, ebd., SS. 81-88.

„Qidam al-ʿĀlam" ist der klassische Ausdruck für die Unanfänglichkeit der Materie. „qidam" ist der Gegensatz zu „Anfang".
„ʿĀlam" ist als „Welt", „Universum" oder allgemein als „Materie" zu verstehen. Es heißt also: „Die Materie hat keinen (zeitlichen) Anfang". Diese These kann Ġazālī nicht gelten lassen.
Das philosophische Denken liefert vier Argumente für die Unanfänglichkeit der Welt. Ġazālī greift die vier Thesen auf und stellt ihnen Antithesen entgegen. Nach Ġazālī ist die Welt nicht qadīm; sondern hat einen Anfang (muḥdaṯ), d.h. „in die Zeit eingetreten", also ist die Materie nicht ewig.

II. Masʾala – „Ewigkeit der Welt"
Das zweite Problem komplementiert das erste.
Beachte bitte, daß hinter der jeweils verbalisierten These bzw. Antithese der prinzipielle Streit um „Materialismus" oder „Idealismus" geführt wird, der auch heute noch nicht beigelegt ist. Die Termini „Materialismus" und „Ideliasmus" sind erst im 19. Jahrhundert geprägt worden.

III. Masʾala – Die Schöpfung verlangt nach einem Schöpfer
Der Glaubenssatz wird von philosophischer Seite bestritten und von Ġazālī verteidigt. Die dritte ergibt sich jeweils als Konsequenz der ersten und zweiten These. Die Schöpfung bedeutet Anfang. Die Unanfänglichkeit verträgt sich nicht mit einem Schöpfer.[44]

IV. Masʾala – Der vierte und der dritte Problemkomplex sind einander komplementär
Schöpferbeweis
Wer einen Schöpfer annimmt, muß seine Existenz beweisen.
Während philosophische Schulen den Schöpfungsmythos bestreiten, tritt Ġazālī für die Notwendigkeit eines Schöpfers und die Existenz Gottes ein. Ġazālī geht auch auf die Eigenschaften Gottes ein (sechste These).
Der Schöpferbeweis Ġazālīs ist in der systematischen Theologie zum klassischen Musterbeweis für die Existenz Gottes geworden: Jedes Produkt läßt auf einen Produzenten schließen. Hinter einem Schrein verbirgt sich ein Schreiner. Hinter der Weltschöpfung steht ein Schöpfer, namentlich Gott.

---

[44] Ġazālī, Tahāfut al-falāsifa, ebd., SS. 89-111.

V. Mas'ala – Die Emanationstheorie

Die Emanationstheorie hat eine lange Tradition. Sie wurde im alten Ägypten konstituiert und von der Gnosis weiterentwickelt. Plotin hat sie in sein Denksystem integriert. Iḫwān aṣ-Ṣafā' haben die Emanationstheorie rezipiert. Ibn-Sīnā greift sie auf und baut sie als Alternative zum Schöpfungsmythos weiter aus. al-Ġazālī lehnt sie ab.
Während einer langen Rezeptionszeit und Theoriearbeit kam die Emanationstheorie zu ihrer bleibenden Ausreifung.

Linguistik: „Emanation", arabisch „Faiḍ", ist „Überströmung", „Überflutung", „Über- und Ausfließen".
Eng verbunden mit dem Emanationsausdruck ist der Koine-Begriff „Pleroma", die „Fülle". Beide Begriffe zählen zu den Grundbegriffen der Gnosis.

Inhaltlich: Die Emanationstheorie entwirft ein Konzept über das Zustandekommen alles Seienden. Sie behandelt die Entstehung und Entfaltung der Arten und beantwortet die Frage, wie es aus der Einheit zur Vielfalt kam.
Für ihre Vertreter gilt die Emanation als sinnvollere Alternative zum Schöpfungsglauben.
Die Emanationstheorie stellt die Entfaltung der Vielfalt aus der Einheit folgendermaßen dar:
Aus dem „Pleroma", der „Fülle Gottes", überströmt die schöpferische Kraft. Die Überströmung materialisiert sich in Gestalt konkreter Formen: Himmelskörper, anorganische und organische Materie, selbst regenerierende Makromoleküle, Botanik, Zoologie und der Anthropogenese etc. Diesen Prozeß der Entfaltung der Vielfalt aus der Einheit (Gott, Urprinzip) kann man auch als „Schöpfung" bezeichnen. Sie durchläuft zwei Hauptstadien: Die Schöpfung der Universalien durch Gott. Aus den Universalien entfalten sich die Partikularien.
Die „Fülle" wurde in der Gnosis als „Pleroma" bezeichnet. Iḫwān aṣ-Ṣafā' und Ibn-Sīnā sprechen gleichbedeutend von „Faiḍ".
Ibn-Sīnā vertritt die These: „Das göttliche Wissen erfaßt nur die Universalien, nicht die Partikularien. Damit provozierte er die Theologen, die wie Ġazālī gegen ihn polemisierten.

Die Entfaltung der Vielfalt aus der Einheit

Wie man sich die Schöpfung bzw. die Emanation vorstellt, ist eine alte Streitfrage. Selbst die Bibel gibt zwei verschiedene Schöpfungsberichte an: Genesis 1 und Genesis 2.

Ġazālī diskutiert die Frage der Entfaltung der Vielfalt aus der Einheit aus seiner Sicht. Erwartungsgemäß fokussiert Ġazālī in seinem Beitrag auf die „Einheit". Mit großer Intensität begründet er die Notwendigkeit der „Tawḥīd". Er betont die „Einheit in der Vielfalt".

VI. Mas'ala – Prinzip Einheit – contra Dualismus

„Tawḥīd": sich zur Einheit bekennen, die Einheit herstellen, machen, demonstrieren, selbst realisieren.
„Wihdāniyya" das Einssein, „*hapax*" (Einzigartigkeit).
In der theologischen Polemik nimmt die Darstellung der „Einheit" unterschiedliche Stoßrichtungen. Einmal handelt es sich um das Prinzip Einheit contra Dualismus; unter anderem darauf hebt Ġazālī an unterschiedlichen Stellen seines „Tahāfut al-falāsifa" ab. Ġazālī reagiert sehr empfindlich gegen jede Äußerung, welche das Einheitsprinzip in irgendeiner Weise relativiert. Positiv formuliert er: Das Bekenntnis zur Einheit Gottes ist grundsätzlich, notwendig und absolut.[45]

Ġazālī entscheidet: Der Verursacher (*causa prima*) ist einmalig, einzigartig, *hapax*. Es können nicht zweimal *causa prima*, jeweils ohne Verursacher, unabhängig voneinander nebeneinander bestehen (an dieser Stelle polemisiert Ġazālī gegen die Gnosis, ohne sie namentlich zu nennen).
Für Ġazālī – wie allgemein in allen monotheistischen Religionen – ist Gott unteilbar. Ihm gegenüber kann kein zweiter existieren.[46] Ohne einen ausgesprochenen Bezug wendet sich Ġazālī an dieser Stelle gegen die Vorstellung von einem „guten" und einem „bösen" Gott, wie in der Gnosis und Manichäismus.
Für Ġazālī reicht es nicht aus, allein die absolute Existenz Gottes und seine oberste Hoheit zu bejahen.
Die Notwendigkeit der göttlichen Existenz bestimmt die Qualitäten seiner Eigenschaften. Dazu die nächste These.[47]

---

45 Ġazālī, Tahāfut al-falāsifa, ebd., SS. 116-127 und 128-146.
46 Ġazālī, Tahāfut al-falāsifa, ebd., SS. 128-146.
47 Ġazālī, Tahāfut al-falāsifa, ebd., SS. 147-153.

VII. Mas'ala – Attribute (Ṣifāt)
Erläuterung zur Problemlage: Sind die Tattribute Gottes identisch mit seinem Wesen – oder kommen sie noch hinzu?
Problemstellung: Die Absolutheit Gottes mangelt nicht an näher qualifizierenden Eigenschaften.
Sind die Attribute ein Aspekt des göttlichen Wesens oder kommen sie hinzu?
Existiert Gott absolut oder zusammen mit Attributen?

Der Streit um die Attribute hat eine lange Vorgeschichte.[48]

These / Antithese
Unter der Rubrik „ṣifāt" diskutiert Ġazālī die schwierige Frage der Art und Weise der Existenz Gottes. Gemäß philosophischer Meinung ist sie eine rein abstrakte Daseinsweise. Das absolute Sein ist nicht komplex und bedarf nicht der Erweiterung um Attribute.

Ġazālī polemisiert gegen die Auffassung: Gott sei eigenschaftslos und vertritt die These: Gott verfügt über Attribute („ṣifāt").[49]

Wie andere Wesen auch – so Ġazālī – existiert Gott zusammen mit seinen Attributen. Damit stellt sich Ġazālī gegen die philosophische These: Gottes Existenz ist schlicht (basīṭ). Sie Bedarf keinerlei Zusätze, etwa von Eigenschaften, die zu seiner Absolutheit hinzukommen. Bei der Absolutheit Gottes besteht kein Bedarf an Attributen.

Ġazālīs Antithese: Die „Existenz" Gottes ist notwendig, ebenso die Eigenschaften seiner Realität.
Ġazālī entscheidet: Gott verfügt über Attribute, welche zu seinem Dasein gehören. Ebenso wie andere Seiende ihre Attribute haben, gibt es die göttlichen Attribute.
Fragen über Gott können gestellt und beantwortet werden.[50]

---

48 Šaharastānī, كتاب الملل و النحل, Kitāb al-Millal wa an-niḥal, Bd. I, SS. 104-131.
49 Ġazālī, Tahāfut al-falāsifa, ebd., SS. 128-140.
50 Die Attribute Gottes (sechster Problemkomplex) in: Ġazālī, Tahāfut al-falāsifa, SS. 128-140.

Mas'ala VII: Die Vernunft – Die erste Schöpfung Gottes (des Urprinzips)

Die Frage um den hierarchischen und chronologischen Rang der „Vernunft“ in der Schöpfungsgeschichte nimmt in der Philosophie und Theologie einen breiten Raum ein. Sie hat schon lange vor dem Islam begonnen. Sie wurde im alten Ägypten behandelt. Die Gnosis präzisierte ihre These über „nous“ als Anfang der Schöpfung.

Die These Ġazālīs deckt sich vollumfänglich mit dem Johannesevangelium, Kap. 1, Vers 1: Am Anfang war der „Logos“. Der neutestamentliche Ausdruck wird mit „Wort“ falsch übersetzt. Richtig übersetzt heißt „Logos“, an dieser Stelle „Vernunft“.

Die Auffassung „Die Vernunft ist die erste Schöpfung Gottes“ wird auch von Iḫwān aṣ-Ṣafā' vertreten.

Diesmal befindet sich Ġazālī in guter Gesellschaft von Philosophen und Theologen.[51]

VIII. Mas'ala – Göttliche Qualitäten

These: Die Existenz Gottes ist schlicht, d.h. Das schlichtsinnige Sein Gottes bedarf keiner Qualifizierung. Es bedarf keiner Konkretion, welche zu dem Sein hinzugefügt werden soll.

Antithese Ġazālīs: Die Einheit, Absolutheit und Abstraktheit Gottes sind mit (dem Zusatz von) Qualitäten vereinbar. Er lehnt die Behauptung ab: Die Existenz Gottes ist ohne Eigenqualität.

Ġazālīs These: Gottes Existenz ist notwendig und verfügt über Eigenqualität – wie andere Seiende auch.[52]

IX. Mas'ala – Über den göttlichen Körper

Ġazālī kontert gegen die philosophische Meinung „Das Urprinzip (Gott) ist körperlos“.

Höchst interessant ist die kurzgefaßte Polemik Ġazālīs: „Und wie wäre es, wenn der göttliche Körper unanfänglich sei?“, wobei Ġazālī sich ironisch auf die Thesen der Philosophen über die Ewigkeit der Materie bezieht. Ibn-Sīnā und andere sonst meinen: „Die Welt sei unanfänglich“. Mit ihrer

---

[51] Ġazālī, Tahāfut al-falāsifa, ebd., SS. 147-149.

[52] Ġazālī, Tahāfut al-falāsifa, ebd., SS. 147-149.

These: „Das Urprinzip ist körperlos“ widersprechen die Philosophen sich selbst.[53]

X. Mas'ala – *Causa prima*

Zur Kausalitätsfrage: In diesem Zusammenhang betont Ġazālī die Notwendigkeit von Belohnung und Bestrafung menschlicher Taten durch Entscheidung am Jüngsten Gericht, an dem die Toten wieder auferstehen werden.

Ġazālī stellt sich das Höllenfeuer und das Wonnenparadies konkret vor.[54]

XI. Mas'ala – Die Frage nach dem göttlichen Wissen[55]

These: Gott kennt die Universalien, nicht die Partikularien.
Antithese Ġazālīs: Gott kennt die kulliyyāt ebenso wie die guz'iyyāt

Ibn-Sīnā stellt die These auf: Gotteskenntnis bezieht sich auf die Universalien, nicht auf die Einzeldinge.

Ġazālī bestreitet diese Behauptung und betont: Gottes Wissen umfaßt sowohl die Universalien (kulliyat, bi-nawʿ kullī) als auch die Einzeldinge (guz'iyyāt).[56]

Ibn-Sīnā hat seine These über die Beschränkung des göttlichen Wissens auf die Universalien zwar logisch abgeleitet, jedoch nicht epikritisch geprüft. Damit bot er eine Angriffsfläche an. Seine These ist ein Widerspruch in sich selbst.

Davon abgesehen die These „göttliches Wissen erfasse nicht die Partikularien“ berührt die persönliche Frömmigkeit. Wie können sich Menschen mit ihren kleinen Sorgen und größeren Problemen an Gott wenden, wenn sie davon ausgehen müssen, Gott kenne die Einzeldinge nicht.

---

53 Ġazālī, Tahāfut al-falāsifa, ebd., SS. 150-153.
54 Ġazālī, Tahāfut al-falāsifa, ebd., SS. 154-155.
55 Ġazālī, Tahāfut al-falāsifa, ebd., SS. 164-172.
56 Ġazālī, Tahāfut al-falāsifa, ebd., S.156 ff.

XII. Mas'ala – Selbsterkenntnis Gottes
XIII. Mas'ala – Gott kennt auch die guz'iyyāt, die Einzeldinge von Individuen, die sich nach Zeiten und Räumen verändern
XIV. Mas'ala – Der Himmel (Universum) ist ein Gott gehorsames Lebewesen
XV. Mas'ala – Zur Himmelsmechanik – Ursache und Ziel der Bewegung der Himmelskörper und des Universums
XVI. Mas'ala – Gegen die Behauptung, daß die universellen Seelen über das Wissen über alles, was in dieser Welt geschieht, verfügen
Die Thesen XII bis XVI vertiefen und erweitern die Auffassungen Ġazālīs, wie wir sie an unterschiedlichen Stellen unseres Werkes dargelegt haben. Interessant ist die Sichtweise, dass der Himmelskörper ein lebender Organismus ist (These XIV). Eigentlich müsste es heissen: Alles Existierende sei mit Leben beseelt. „Leben" ist universell und ist *hapax*. Im Menschen erfährt es seine höchste Entfaltung.

XVII. Mas'ala – Über die Naturphilosophie und die multidisziplinären Naturwissenschaften
Mas'ala XVIII – Gegen die Substantierung der menschlichen Seele als für sich allein bestehendes Wesen ohne Körper und Symptomatik.
Ġazālī polemisiert gegen die Behauptung: Die menschliche Seele ist ein Wesen, das eigenständig, an sich, besteht und ist kein vorübergehender Körper.

XVIII. Mas'ala – Über die Auffassung, menschliche Seelen seien unverweslich[57]
XIX. Mas'ala – Gegen die Leugnung der Wiedererweckung der Toten und der Rückkehr der Seelen zu ihren Körpern[58]
Ġazālī verteidigt den Glauben an die Wiedererweckung der Toten und die Rückkehr der Seelen zu den Körpern. Die menschlichen Seelen sind ewig. Sie leben nicht als Einzelseelen, sondern als kollektive Seele fort.
Ġazālī vertritt die Auffassung von der körperlichen Bestrafung im Höllenfeuer, ebenso wie der Belohnung im Paradies der Wonnen.[59]

---

57 Ġazālī, Tahāfut al-falāsifa, ebd., SS. 164-234.
58 Ġazālī, Tahāfut al-falāsifa, ebd., SS. 235-253.
59 Ġazālī, Tahāfut al-falāsifa, ebd., SS. 228-253.

Zur Evaluation des Werkes: Ġazālī, „Tahāfut al-falāsifa"

Allgemein: Nicht alle von Ġazālī in „Tahāfut" angeschnittenen Fragen standen im Mittelpunkt von Debatten der Lebenszeit des Autors. Ġazālī lag sehr daran, das, was dogmatisch wichtig ist, aufzulisten und zwar in Form von These und Antithese. Somit gewinnt „Tahāfut al-falāsifa" einen systematischen und didaktischen Charakter. Bei einem beachtlichen Teil der Streitfragen handelt es sich um unterschiedliche Auffassungen, die aber keine schismatische Stossrichtung haben. Sie eignen sich aber dazu, das Ziel des Autors zu realisieren, nämlich eine orthodoxe Dogmatik zu schreiben.
Insgesamt verteidigt Ġazālī religiöse Dogmen und zwar in der Weise, wie er sie verstanden haben will. Da er gegen Philosophen argumentiert, leitet er philosophisch ab. Dem Prinzip nach decken sich das Exposé und die Struktur des „Tahāfut al-falāsifa" mit den Standards der systematischen Theologie. Darum kann man auch das Werk „Tahāfut al-falāsifa" unter dem Titel „Systematische Theologie" veröffentlichen.
Aus zwanzig aufgestellten Streitfragen nennt Ġazālī nicht mehr als drei Thesen, die er als unvereinbar mit Glauben wertet und darum als Grund für die Verurteilung ihrer Vertreter nennt. Es fragt sich, wenn siebzehn Punkte zumindest keine Antagonismen darstellen, warum denn läßt man die Toleranz der 17 Punkte nicht über den Dissens in bezug auf 3 Punkt überwiegen?
Ganze Diskussionsabschnitte sind Stereotypen, teilweise handelt es sich um rein sophistische Spitzfindigkeiten, Beispiel: „Sind die Attribute Gottes mit seinem Wesen identisch, oder kommen sie zum Wesen hinzu?"
Auf keinen Fall zieht das Werk „Tahāfut al-falāsifa" eine Grenze zwischen Theologie und Philosophie, wie im Westen angenommen wird. Es sind Widersprüche, die innerhalb jeder Gruppierung vorkommen können. Keine Glaubensgruppe vermag es, einen derart enggefaßten Anspruch von Homogenisierung durchsetzen. Auf keinen Fall rechtfertigen die von Ġazālī festgestellten Differenzen eine dermaßen harte Verurteilung der Gegner.

Der philosophische Charakter des Ġazālīschen „Tahāfut al-falāsifa"

Die Abhandlung „Tahāfut al-falāsifa" verteidigt das Glaubensinteresse. Für Ġazālī ist das Kriterium für „wahr" und „unwahr", „richtig" und „falsch" die Offenbarung. Darum ist es von grundsätzlicher Bedeutung für das Verständnis von „Tahāfut al-falāsifa", daß Ġazālī nicht mit Zitaten aus dem Qur'ān oder dem Ḥadīṯ argumentiert, vielmehr ausschließlich mit Logik und Philosophie. Ġazālī tritt in „Tahāfut al-falāsifa“ nicht als „Antiphilosoph“ auf, sondern durchaus als ein Denker, der die Philosophie akzeptiert und legitimiert. Darum führt er einen rein philosophischen Diskurs.

Mit seinem Werk verteidigt Ġazālī den Glauben gegen philosophische Kritik. In seiner Polemik hielt sich Ġazālī streng an die Regeln der Logik und der philosophischen Ableitung.

Ġazālī begründete die dialektische Methode „These / Antithese“. Er hat philosophische Gedankengänge, die – seiner Meinung nach – mit dem Glauben und der Theologie unvereinbar seien, aufgegriffen, in einer These zusammengefaßt, der er seine eigene Antithese entgegenstellt. Damit begründete er einen wesentlichen Zug konstroktiver inhaltlicher Polemik.
Beachtlich ist, daß Ġazālī die philosophischen Positionen mit philosophischen Argumenten widerlegt. Damit hat er sich selbst als Philosoph ausgewiesen.
Die Polemik Ġazālīs gegen Ibn-Sīnā, stellenweise gegen platonische und aristotelische Ideen hat primär das Ziel, Grundfragen von theologischer Relevanz apologetisch zu verteidigen. Diesen Ideen stellt er eine Antithese entgegen, die er – wohl gemerkt – philosophisch begründet. Eine Erklärung für die Motive und die Lehrziele Ġazālīs finden wir in „al-Munqiḏ“.

Das im Westen immer noch bestehende Urteil über Ġazālī als „Anti-Philosoph“ ist nicht nur dilettantisch und inkompetent, sondern auch falsch. Ġazālī hat von Philosophen vertretene Anschauungen aufgegriffen und kritisiert, hat aber die Philosophie und die Legitimität des philosophischen Denkens in keiner Weise in Frage gestellt. Sein Interesse beschränkt sich darauf, das Glaubensinteresse zu vertreten, nicht aber den Stab über die Philosophie zu brechen.

Zur Rezeption Ġazālīs in Europa

Gegen das Werk „Tahāfut al-falāsifa“ von Ġazālī besteht seit der Scholastik eine bis heute verbreitete Voreingenommenheit. Dem Titel des Werkes „*Destructio philosophorum*“ entnahm man, Ġazālīs sei ein „Antiphilosoph“, der grundsätzlich gegen die Philosophie sei und ihr den Literaturkrieg erklärt habe. Darum förderte die seinerzeit philosophiefeindlich eingestellte katholische Kirche die Verbreitung der lateinischen Übersetzung Ġazālīs.

Die europäische Ausgabe des „Tahāfut al-falāsifa" wurde vom römischen Klerus so manipuliert, daß sie ihrem Interesse dient, nämlich den Kreuzzug gegen die Philosophie zu entfachen.

Das arabische Original von „Tahāfut al-falāsifa" ist völlig unschuldig an diesem Krieg gegen die Philosophie. Ġazālī streitet lediglich gegen einige Lehrmeinungen, die er für falsch hält. Die „Philosophie" wird von ihm mit keinem Wort angegriffen.
Ein Generalverdikt gegen die Philosophie hat allein die römische Kirche ausgesprochen. Zur Unterstützung ihrer Einstellung brauchte sie Ġazālī. Die Übersetzung seines Werkes wurde für diesen Zweck instrumentalisiert. Somit entstand eine Vorverurteilung Ġazālīs, die bis heute durch die Literatur geistert.
An diese Präjudiz konnte Ġazālī nicht denken. Vielmehr hat er unbefangen geschrieben, ohne sich vor einem möglichen Mißbrauch zu schützen. Es ist völlig sicher, daß Ġazālī mit seiner Schrift keine Verurteilung der Philosophie anstrebte. Vielmehr wollte er mitteilen, daß gewisse philosophische Argumente gegen Glaubensfragen nicht stichhaltig sind. Dabei differenzierte er genau und sorgfältig. Für ein Breitspektrum der Abweichung philosophischer Meinungen von Glaubenseinstellungen ließ er einen breiten Raum der Toleranz gelten.

Nur hinsichtlich drei Grundfragen bezeichnete er die philosophischen Gegenargumente als unvereinbar mit dem Glauben – darum „tahāfut". Das Vorurteil gegen Ġazālī muß ausgeräumt werden.

Das Urteil (Ḫātima)[60]

Das letzte Kapitel des „Tahāfut al-falāsifa" steht unter der Überschrift „Ḫātima", „Schluß", lies: „Schlußfolgerungen". Es ist weniger ein Urteil vielmehr als eine Urteilsbegründung eines Gutachters, auf die eine rechtlich legitimiere Instanz berufen kann.

Zu beachten ist, daß die Gegner schlicht als „Falāsifa" (Philosophen) bezeichnet werden. Im Mittelpunkt der Anklage steht hauptsächlich Ibn-Sīnā, präziser formuliert, einzelne Thesen von ihm, welche Anstoß in der gläubigen Öffentlichkeit ausgelöst haben. Nur diese werden von Ġazālī, weil unvereinbar mit der Rechtgläubigkeit, verurteilt.

---

60 خاتمة „Ḫātima", Ġazālīs' Urteilsverkündung, in: Ġazālī, Tahāfut al-falāsifa, ebd., S. 254.

Den Gegner, Ibn-Sīnā, als „falāsifa“ – wohlgemerkt im Plural – zu bezeichnen ist eine von Ġazālī gewollte Anonymisierung. Ibn-Sīnā sollte nicht wiederholt namentlich genannt werden. Seine wohl verdiente Reputation wollte Ġazālī nicht beeinträchtigen. Er wird schon benannt, behält jedoch weiterhin seine Würde und die gebührende Hochachtung. Ġazālī versäumt es nicht, auch andere Denker, die eine oder mehr der häretischen Thesen, zu verurteilen, bemüht sich aber die Toleranzbreite auszudehnen.
Im Schlußteil des Buches „Tahāfut al-falāsifa“ geht Ġazālī auftragsgemäß auf die an ihn gestellten Forderungen ein. Diese wiederholt er:
Haben sich die Urheber jener philosophischen Thesen des Unglaubens schuldig gemacht?
Sind sie des Todes für schuldig befunden worden?

In bezug auf die erste Forderung: Mit größter Vorsicht geht Ġazālī auf die erste Forderung ein. Er bemüht sich, den Fehler der Gegner so eng wie möglich zu fassen. „Kufr“ (Unglauben) kommt nur in drei Fällen vor, nicht mehr und nicht weniger. Da Ġazālī in seinem Gutachten zwanzig Streitfragen nennt, ist es nicht ohne Bedeutung, daß er die angeklagten Autoren in siebzehn Streitpunkten freispricht. Die Meinungsgegner weichen zwar von der orthodoxen Lehre des Islam ab, liegen jedoch mit ihrer Position noch im Toleranzbereich.
Auf die zweite Forderung, ob die Irrlehrer sich des Todes schuldig gemacht haben, geht er überhaupt nicht ein. Dabei ist es freilich klar, daß „Unglaube“ mit dem Tod bestraft wird. Sicher war sich Ġazālī dessen bewußt, daß die Verurteilung von Lehren als „Kufr“ das Todurteil für ihre Vertreter begründet.

Der große Toleranzbereich, den Ġazālī einräumt, ist von großer Relevanz, zum einen werden Dissidenten freigesprochen, wenn sie essentielle Dogmen nicht antasten. In soweit ist Philosophieren erlaubt. Das ist signifikant, denn Ġazālī behandelt in seinem Werk beinahe die gesamte theologische Systematik.
Somit betrifft die Verurteilung drei Fälle, ausschliesslich drei Fälle muß man sagen und bedenkt, daß zwanzig (bzw. einundzwanzig!) unter Verdacht des Unglaubens standen.

Urteilsbegründung

Aus seiner Auseinandersetzung mit umstrittenen Thesen zieht Ġazālī zum Abschluß seines Gutachtens die Konsequenzen: Schon vom Anfang des

Werkes „Tahāfut al-falāsifa“ an war die Argumentation des Autors als eine Urteilsbegründung aufgebaut. In den einzelnen Kapiteln präzisiert Ġazālī die Fehlleistungen seiner Meinungsgegner und formuliert die Gründe für sein Urteil.
Ġazālī betont: Es handelt sich ausschließlich um drei Punkte, welche den Gegenstand der Be- und Verurteilung bilden.
Ġazālī verurteilt die Vertreter einer oder mehrerer der folgenden Auffassungen:

1. Unanfänglichkeit der Welt, und daß die Substanzen (die Wesen) insgesamt ebenso ewig sind.
2. Gott verfüge über keine Kenntnis der Einzeldinge und der individuellen Leistungen von Personen (guzʾiyyāt),
3. Verleugnung der fleischlichen Auferstehung zum Jüngsten Gericht.

Wörtlich schreibt Ġazālī:

> *„Man muß sie (jene Philosophen, die sich der Irrlehre schuldig gemacht haben) in drei Fragen als Ungläubige verurteilen.*
> *Die erste ist die Frage der Ewigkeit der Welt,*
> *und ihre Lehre, daß die Substanzen alle ohne Anfang seien (qadīma),*
> *die zweite ist ihre Lehre, daß Gottes Wissen nicht die Einzeldinge (guzʾiyyāt) erfaßt, welche von Menschen hervorgebracht sind,*
> *drittens, Leugnung der Wiederauferstehung der Körper und ihrer Versammlung zum Jüngsten Gericht“.*[61]

Erläuterung: Als erstes verurteilt Ġazālī die These Ibn-Sīnās „al-ʿĀlam qadīm“, „Unanfänglichkeit der Welt“ (*a parte ante*).
Als zweites verurteilt Ġazālī ebenfalls die These Ibn-Sīnās: Gott kenne nur die Universalien, nicht aber die Einzeldinge, die Partikularien, welche von Personen in veränderten Zeiten und Räumen hervorgebracht werden.
An dritter Stelle verurteilt Ġazālī die Nicht-Anerkennung des Dogmas von der leiblichen Auferstehung. (Abschnitt als Wiederholung bezeichnet)

Es werden ausschließlich diese drei Punkte unter das Verdikt gebracht.
Dabei hat Ġazālī zwanzig (oder einundzwanzig) Differenzen ausgeführt.
Somit gibt er zu erkennen, daß er bei vielen Streitfragen zu großer Toleranz bereit ist.
Ġazālī wurde gefragt, ob die Irrlehrer in bezug auf die genannten Fälle der Todesstrafe schuldig geworden sind. Zu dieser Forderung nimmt Ġazālī

---

[61] Ġazālī, Tahāfut al-falāsifa, S. 254.

nicht ausdrücklich Stellung. Niemand ist aber im Unklaren darüber, daß eine Lehre, die als Unglaube gewertet wird, ihrem Urheber den Tod bringt.

Abschließend fügt Ġazālī seinem Verdikt die Worte hinzu:
„Die Vertreter dieser Auffassungen haben sich auf Propheten berufen, die angeblich diese Meinungen bezeugen. Das taten sie jedoch in der Absicht, die Menschen irrezuführen. Das ist wahrhaftig offensichtlicher Unglaube. Derartige Ansichten wurden von keiner der muslimischen Richtungen vertreten".
„Diese Ansichten sind mit den Lehren des Islams unvereinbar. Wer daran glaubt (und seine Behauptungen den Propheten zuschreibt), erklärt die Propheten für Lügner".

Ġazālī schließt seinen Urteilsspruch mit den Worten:

> *„Mit Ausnahme der oben genannten drei Punkte vertreten sie (die Abweichler) Positionen, welche denen der Muʿtaziliten nahe stehen. Es sind namentlich ihre Auffassungen in bezug auf die göttlichen Attribute und wie sie das Einheitsdogma (tawḥīd) interpretieren. In bezug auf die Sache mit den natürlichen Kausalitäten ist ihre Einstellung mit der Position der Muʿtaziliten in der Frage der Regeneration identisch.*
> *In den übrigen Punkten, die wir in ihren Ressourcen nachlesen und von uns hier zitiert werden, finden sich Analogien bei der einen oder anderen islamischen Richtung.*
> *Mit Ausnahme der genannten drei Punkte, die wir verurteilen, vertreten sie sonst Positionen, welche sich durch Parallelen bei einer der islamischen Gruppen nachweisen lassen.*
> *Wer eine islamische Sekte wegen einer der übrigen Meinungen für ungläubig erklärt, müsse konsequent auch diese (Philosophen) entsprechend verurteilen. Wer aber die entsprechende islamische Sekte als gläubig akzeptiert, muß ebenfalls die sonstigen Vertreter derselben Auffassungen tolerieren".*

In seinem Werk „Tahāfut al-falāsifa" hat Ġazālī außer den verurteilten drei Irrlehren siebzehn Streitfragen ausgeführt, die von ihm als tolerabel geduldet werden. Es ist ungerecht, die Toleranzbereitschaft Ġazālīs zu unterschätzen. Ġazālī differenziert ganz präzise. Er unterscheidet zwischen grundsätzlichen Differenzen und tolerablen Devianzen. Sein recht umfangreiches Gutachten schließt Ġazālī mit den Worten:

„Was uns betrifft, sind wir bestrebt, nicht auf die Frage, ob Sektierer und Häretiker gläubig oder ungläubig seien, einzugehen. Wir wollen nicht darüber bestimmen, was davon zulässig und was unzulässig sei. Dies ist nicht die Absicht unseres Buches. Gott, der Erhabene, weise uns den Weg zum Rechten".

Als Ġazālī diese letzte Seite seines „Tahāfut al-falāsifa" geschrieben und die Feder aus der Hand gelegt hat, atmete er tief auf. Er dachte, nun ist die Debatte um Ibn-Sīnā abgeschlossen. Er dachte aber nicht daran, daß der Philosophenstreit nicht beendet ist, sondern erst jetzt richtig aufflammt. Er hat nicht den Fall Ibn-Sīnā beendet, sondern den Fall Ġazālī eröffnet. Ab jetzt gerät er selbst, abū Ḥāmid Muḥammad b. Muḥammad al-Ġazālī, in das Schußfeld der Kritik. Der Philosophenstreit ist eröffnet.

Kapitel vierzehn
Ibn-Rušd[62] (1126-1198)
أبو الوليد محمد بن أحمد بن محمد بن رشد
Er entscheidet im Philosophenstreit.

62 abū-al-Walīd Muḥammad b. Aḥmad b. Muḥammad b. Aḥmad b. Muḥammad Ibn-Rušd – Averroes

Ibn-Rušd

Tahāfut at-tahāfut

تهافت التهافت

Übersicht

Linguistik
Einleitung
Diskurs
Aufbau und Struktur des „Tahāfut at-tahāfut“ von Ibn-Rušd
Philosophie, Polemik und Humor

Ibn-Rušd, Tahāfut at-tahāfut – Besprechung und Rezension

Muqaddimāt
Zwanzig Streitfragen

I. Mas'ala – Erste Streitfrage: Hat die Welt einen Anfang?
II. Mas'ala – Hat das Universum ein zeitliches Ende? – Die Frage der Unsterblichkeit
III. Mas'ala – Der Macher der Welt – Das Problem der Entfaltung der Vielfalt aus dem Einigen
IV. Mas'ala – Der Schöpferbeweis
V. Mas'ala – „Gott ist Einheit“
VI. Mas'ala – Attribute
VII. Mas'ala – Über das Einssein
VIII. Mas'ala – Das „Sein“ und das „Wie“ bezogen auf die Göttlichkeit
IX. Mas'ala – Gegen die Vorstellung von einer Körperhaftigkeit Gottes
X. Mas'ala – Die Existenz Gottes ist notwendig – wie soll sie aber begründet werden?
XI. Mas'ala – Über Göttliches Wissen – dreiteilig
Teil 1 – Das Wissen Gottes erfaßt die Universalien
XII. Mas'ala – Über Göttliches Wissen
Teil 2 – Die Selbsterkenntnis Gottes – Das Wissen Gottes erfaßt sich selbst
XIII. Mas'ala – Über Göttliches Wissen
Teil 3 – Das Wissen Gottes erfaßt auch die Partikularien.
XIV. Mas'ala – Der Gehorsam des Himmels

„Tahāfut at-tahāfut“ ist das Dokument, in dem Ibn-Rušd autoritativ über den Streit „Ġazālī contra Ibn-Sīnā“ entscheidet.

Linguistik

„tahāfut“, ist sprachlich Infinitiv des VI. Stammes des Grundverbs „hafata“. Das Verb hat ein Breitspektrum von Valenzen. Der VI. Stamm wird in der Polemik gern verwendet, da er stets zwei Parteien miteinander konfrentiert (reziprok). Hier umschreibt er einen gewissen Niveaugrad der Kritik. Das Prädikat „Tahāfut“ wird hier von Ibn-Rušd vergeben, da seiner Meinung nach Ġazālī den Standards nicht entspricht und damit unter das erforderliche Niveau sinkt. „Tahāfut“ ist „nicht gut“. Wenn wir es in Zahlen ausdrücken und dabei von der in Deutschland verwendeten Skala von eins bis sechs ausgehen, wobei eins die beste, sechs die schlechteste Note ist, wäre „tahāfut“ „vier minus“. Mit diesem Prädikat will der Prüfer auch die Tendenz herausstellen, daß der Urheber des kritisierten Werkes seine unschlüssigen Ableitungen und Argumente mit imponierendem Gehabe darstellt und sich dabei gern als Meister hinstellen will. Unhaltbare Thesen werden offensiv vertreten. Dadurch können sie Menschen irreführen. So handeln sich solche Autoren den Vorwurf „Tahāfut“ ein.

Im Titel des Wekes Ibn-Rušd über Ġazālī kommt „Tahāfut“ zweimal vor: „Tahāfut at-tahāfut“. Das erste „Tahāfut“ gibt die Beurteilung Ibn-Rušds über Ġazālīs Werk an. Das zweite „Tahāfut“ ist der Gegenstand dieser Beurteilung, nämlich das Buch von Ġazālī mit dem Titel „Tahāfut (...)“. Es ist eine Genitivverbindung, wobei das erste „Tahāfut“ im *status constructus*, das zweite im Genitiv steht. Dekliniert spricht man aus: „Tahāfutu at-Tahāfuti“ (Tahāfut des Tahāfuts), (Das Ungenügen des „Ungenügen“). Ibn-Rušd verwendet auch im Diskurs des Buches „tahāfut“ und Derivate bezogen auf einzelne – nach seiner Meinung – unqualifizierte Argumente. Das empfinde ich als eine Hilfe zur Förderung der Urteilskraft und Kritikfähigkeit des Lesers.

Einleitung

Bisher verlief der Philosophenstreit unter den Schulen des arabischen Ostens. Mit einer geringen Verzögerung erreicht er nun den arabischen Westen.

Als Ibn-Rušd geboren wurde, war al-Ġazālī 15 Jahren vorher in großen Ehren und mit tiefster Anteilnahme zu Grabe getragen worden – nicht aber der Streit, den er eröffnet hat. Vielmehr war der Philosophenstreit, der vor über einem Jahrhundert durch die kontroversen Thesen Ibn-Sīnās begonnen hat, bis dahin so heftig ausgefochten worden wie jetzt. In diese Debatte wurde Ibn-Rušd hineingeboren. Nicht nur aus persönlichem Erkenntnisinteresse, sondern auch von Amts wegen war er gefordert. Er war Faqīh und Oberster Richter und hatte den öffentlichen Auftrag, über den Streit Ġazālī / Ibn-Sīnā zu entscheiden. Der Eingriff Ibn-Rušds in diese Auseinandersetzung gab dem Philosophenstreit eine bleibende historische Bedeutung.

Ibn-Rušd nimmt sich eine inhaltliche und methodische Analyse sowohl des Werkes Ibn-Sīnās als auch Ġazālīs vor. Er geht den Thesen auf den Grund, indem er schon mit der Prüfung der Axiome und Prämissen („Muqaddimāt") der jeweiligen Autoren beginnt. Er prüft jedes einzelne Prinzip auf Richtigkeit nach. Mit mathematischer Genauigkeit ermittelt Ibn-Rušd fehlerhafte Stellen einer jeden Ableitung. Konsequent diagnostiziert er die Irrtümer. Schlüssig differenziert er „falsch" und „richtig". Einzelne Begründungen benotet Ibn-Rušd ausdrücklich als „mutahāfit" („ungenügend"). Also steht sein Buchtitel zurecht.
Ibn-Rušd stellt eine Systematik der philosophischen Ableitungen der Thesen von Ibn-Sīnā und der Kritik Ġazālīs daran. Dadurch wurde die Debatte einer strengen Methodik unterzogen. Seitdem kann niemand mit Anspruch in den Philosophenstreit an Ibn-Rušd vorbei eingreifen.

Im Mittelpunkt seiner theoretischen und methodischen Analyse stehen die Werke „al-Išārāt wa at-tanbīhāt" von Ibn-Sīnā und „Tahāfut al-falāsifa" von Ġazālī. Bei seiner Untersuchung der umstrittenen Werke seiner beiden Vorgänger führt Ibn-Rušd eine sorgfältige Nachprüfung durch. Streng methodisch ermittelt er seine Ergebnisse. Das sind die Gründe, weshalb die Nachwelt Ibn-Rušd so gern und so bleibend rezipiert und akzeptiert hat.

Auf zwei Ebenen geht Ibn-Rušd vor: Die eine ist die inhaltliche, die andere ist die Metaebene. Jede umstrittene These wird für sich allein geprüft.

Zur Metaebene: Ibn-Rušd geht davon aus, daß Aussagen, ganz besonders die philosophischen, nicht beliebig aufgestellt werden dürfen. Sie müssen einer strengen Ableitung folgen und einer logischen Methodik unterwerfen werden. Was die Ableitung betrifft, prüft Ibn-Rušd jeden Schritt sorgfältig nach, als wäre sie eine mathematische oder physikalische Aufgabe. Im Anschluß an die Nachprüfung folgt die Beurteilung. Weder Ġazālī, noch Ibn-Sīnā noch andere Autoren, die zitiert werden, werden pauschal beurteilt. Es werden stets einzelne Thesen oder Teilthesen als „richtig", „falsch" oder „mutahāfit" (schwach) gewertet.

Ohne jeweils die philosophischen Grundeinstellungen der beiden Autoren prinzipiell zu prüfen, würde die ermittelte These höchstens nur phänomenologisch, aber nicht grundsätzlich zu kritisieren sein. Am Schluß erfolgt die Gesamtbewertung. Ebenso gilt es für die Urteilssprschung.

Ibn-Rušd bleibt seinem höchstrichterlichen Amt treu. Die methodische Präzision, die korrekte Systematik und die feingestufte Differenzierung garantieren für eine ordnungsgemäße Prüfung. Ibn-Rušd selber musste die Prinzipien seiner Kritik auf seine eigene Arbeit anwenden. Von dieser grundsätzlichen Klärung ausgehend gelangt Ibn-Rušd zur Beurteilung des Gegenstandes des Streits, sowohl in bezug auf die einzelnen Thesen als auch die Gesamtabhandlung „Tahāfut al-falāsifa“.

Diskurs

Im Vergleich zu anderen Werken Ibn-Rušds hebt sich „Tahāfut at-tahāfut“ durch ungewöhnliche Härte ab. Die Auseinandersetzung mit Ġazālī gestaltet sich als eine unversöhnliche Gerichtsverhandlung. Gegenstand sind Grundfragen von Philosophie und Theologie. Bei dieser Konfrontation versäumt Ibn-Rušd es nicht, die Stellen bei Ġazālī, wo ein Konsens oder Teilkonsens möglich ist, herauszustellen. Dort, wo Ġazālī fehlerhafte Aussagen oder falsche Auffassungen vertritt, die aber bereits bei Ibn-Sīnā oder gar Farābī vorkommen, werden auch diese auf die Anklagebank gesetzt.

Über den gesamten Umfang des „Tahāfut at-tahāfut“ eskaliert der Streit umso heftiger, je näher der Philosophenstreit vor der Endentscheidung steht.

Die außergewöhnliche Härte bei der Führung der Debatte läßt sich nur aus dem historischen Kontext erklären. Mit seinem Werk „Tahāfut al-falāsifa“ hat Ġazālī ein Klima der Unsicherheit hinterlassen. Es wurde suggeriert: „Philosophie kann gefährlich werden“, „Wer sich philosophisch betätigt, läßt sich auf erhebliche Risiken ein“.
Es war das Anliegen Ibn-Rušds, mit seinem Werk diese Unsicherheiten und Ängste auszuräumen. Darum geht er offensiv und konzessionslos gegen Ġazālī vor.

Aufbau und Struktur des „Tahāfut at-tahāfut“ von Ibn-Rušd
Insgesamt baut Ibn-Rušd sein Werk „Tahāfut at-falāsifa“ analog dem Buch, das er kritisiert – „Tahāfut al-falāsifa“ des Ġazālī – auf. Diese Struktur erweist sich als sinnvoll. Man kann z.B. beide Werke nebeneinander stellen und vergleichen.
Es sei darauf aufmerksam gemacht, daß die Betitelung der Thesen nicht in jedem Fall einheitlich ist. Der Titel, den Ġazālī jeweils seinen zwanzig Thesen vergibt, wird nicht notwendig von Ibn-Rušd übernommen. Hilfreich indes, daß Ibn-Rušd die Reihenfolge und die Nummerierung, die Ġazālī vorgegeben hat, beibehält. Damit kann jeder die Auffassung Ġazālī und die Kritik Ibn-Rušds synoptisch betrachten, indem man sich an der jeweiligen Nummer orientiert.

Ibn-Rušd selbst stellt eine Synopse aus drei Thesen: die eine von Ibn-Sīnā, die zweite ist die Antithese von Ġazālī und als dritte kommt die eigene von Ibn-Rušd. Somit beginnt Ibn-Rušd mit der Diskussion der Muqaddimāt, das sind Axiome und Prämissen, es folgen die einzelnen Streitfragen gemäß der Abfolge, die Ġazālī gewählt hat. Letzlich endet Ibn-Rušd – wie Ġazālī – mit dem Titel „Ḫātima“ der Beurteilung.

Philosophie, Polemik und Humor
Ibn-Rušd erläutert
a) Warum er „Tahāfut at-tahāfut“ als Titel für sein Buch gewählt hat,
b) Wie das Buch von Ġazālī richtiger hätte heißen sollen.
Bei allem Ernst bleibt er humorvoll.
Ibn-Rušd zitiert Ġazālī zusammen mit dem Titel seines Buches „Tahāfut al-falāsifa“. Daran schließt Ibn-Rušd den Ausdruck an: „Den Genitiv kann man weglassen“. Die Auflösung der Formel ergibt, daß nur noch „Tahāfut“ übrigbleibt. Somit wäre das Werk Ġazālīs – nach der Meinung Ibn-Rušds – angemessen tituliert: „Unterm Niveau“. Das Prädikat für die Qualität des Ġazālī-Buches stamme also vom Autor selbst: „ungenügend!“.[63]

Ibn-Rušd schreibt: Lies „Tahāfut al-falāsifa“ ohne Genitiv.

Diese und ähnliche Ironien wurden von Übersetzern offensichtlich nicht verstanden. Mit dem Ausdruck „*Destructio*“ haben sie den Sinn, den Ibn-Rušd mitteilen wollte, völlig entstellt. Aus der Ironie wurde eine aggressi-

---

63 Ibn-Rušd, Tahāfut at-tahāfut, ebd., S. 151 zusammen mit S. 221.

ve Reaktion vermittelt. „*destructio*" ist abgeleitet aus einem transitiven Verb. „tahāfut" hingegen ist der Infinitiv eines intransitiven Verbs im reflexivem VI. Stamm.[64]

Bei aller Sachlichkeit der philosophischen Polemik bleibt der Stil Ibn-Rušds literarisch und gehoben.

---

64 Ġazālī, Tahāfut at-tahāfut, ebd., S. 221.

Ibn-Rušd

Tahāfut at-tahāfut – Besprechung und Rezension

Muqaddimāt

Seine Kritik leitet Ibn-Rušd mit der Diskussion der Muqaddimāt, der Nachprüfung des Ansatzes, der Axiome und Prämissen ein. Darin entwickelt er seine Abhandlung analog Ġazālī.

Zwanzig Streitfragen
(20 Mas'alas)

Im Anschluß an die theoretische Einleitung verfährt Ibn-Rušd in der Weise, indem er eine Synopse der beiden Streitparteien aufstellt. Die These Ibn-Sīnās wird mit der Antithese Ġazālīs konfrontiert. Die beiden Auffassungen werden diskutiert. Im Anschluß erfolgt das Urteil Ibn-Rušds.
Gelegentlich wird Übereinstimmung oder auch nur Ähnlichkeit festgestellt. Ibn-Rušd geht noch gründlicher vor, indem er die Ideengeschichte noch weiter verfolgt bis Farābī oder auch bis Aristoteles.
Das Ergebnis dieser theoretischen und methodischen Leistung zusammen mit dem Urteil hat der Faqīh und Oberrichter Ibn-Rušd veröffentlicht unter dem Titel „Tahāfut at-tahāfut".

Die Streitfragen im einzelnen

Die Nummerierung der Streitfragen deckt sich mit der von Ġazālī gewählten Aufzählung. Die Überschrift der jeweiligen Streitfrage kann von der Ġazālīs abweichen. Dieser Umstand werde den Vergleich erleichtern, wenn der Leser der numerischen Systematik folgt.

I. Mas'ala – Erste Streitfrage
Hat die Welt einen Anfang?[65]

In seiner Auseinandersetzung geht Ibn-Rušd sehr sorgfältig vor. Es simuliert einen Präsensprozeß, wobei der Autor, Ibn-Rušd, den Richterstuhl einnimmt. Ihm gegenüber sitzen die beiden Parteien, Ibn-Sīnā (stellvertretend für die kritisierten Philosophen) und Ġazālī als Kritiker. Alle drei

---

[65] Ibn-Rušd, Tahāfut at-tahāfut, ebd., S. 109 ff.

Rollen – Richter, Kläger und Angeklagter – werden übersichtlich unterschieden: „qāla“ (er sagt(e)) bezieht sich stets auf Ġazālī, „qultu“ (dazu sage ich) bezieht sich auf Ibn-Rušd. Ibn-Sīnā wird namentlich genannt, wenn er zitiert wird. Diese Hinweise werden im ganzen Werk „Tahāfut at-tahāfut“ von Ibn-Rušd eingehalten.

Ibn-Rušd teilt die These von der Unanfänglichkeit der Welt (qidam al-ʿĀlam). Dazu meint er, daß sie nicht im Widerspruch zum religiösen Schöpfungsglauben steht.
Ibn-Rušd: Es ist ein prinzipieller Unterschied, ob ein Gegenstand aus religiöser oder aus philosophischer Sicht betrachtet wird. Ersteres ist eine Frage des Glaubens. Das ist legitim, läßt sich aber auf die Philosophie nicht übertragen, da letztere eine Sache der Vernunft ist. Glauben und Vernunft sind zwei unterschiedliche, voneinander unabhängige Dimensionen, die miteinander nicht vermischt werden dürfen.
Hier kommt eine Grundsatzthese Ibn-Rušds zum Ausdruck, die er noch fundierter in seiner „Faṣl al-maqāl“ ausführt und begründet.

Sophistische Argumentationen: An dieser und anderen Stellen wirft Ibn-Rušd dem Ġazālī einen „Streit“ zu inszenieren vor. Mit seiner Polemik bemühe er (Ġazālī) sich, Widersprüche zu konstruieren. Es wird von Ġazālī eine philosophische These formuliert, die er mit einer Antithese zu widerlegen versucht. Dabei – meint Ibn-Rušd – sind die beiden Aussagen dem Wesen nach identisch. Ibn-Rušd: Das ist typisch für sophistisches (safisṭāʾī) Debattieren (sophistisch ist nicht zu verwechseln mit sufisch).

Beispiele für spitzfindige und doch belanglose, unergibige konstruirte Widersprüche.

a) Der Streit darüber, ob die Attribute zum Wesen Gehören, oder ob sie dazu hinzukommen.
b) Thema: Kennt Gott nur die Universalien oder auch die Partikularien?

Ibn-Rušd weist an mehreren Stellen nach, daß die Ausschließlichkeit zwischen rationalem Ansatz und der Offenbarung – wie sie von Ġazālī konstruiert wird – nicht zwingend gegeben ist.

Nach diesem Exkurs kommt Ibn-Rušd auf das erste Streitproblem zurück und erklärt:
Die Unanfänglichkeit der Welt, die in der Philosophie vertreten wird, ist mit dem Glauben vereinbar und kann durch Offenbarungstexte bestätigt werden.

II. Mas'ala
Hat das Universum ein zeitliches Ende? – Die Frage der Unsterblichkeit[66]

Rationale Ableitung versus Offenbarungstext – ein Widerspruch?
Ġazālī baut sein Werk „Tahāfut al-falāsifa" nach der Leitlinie auf, Widersprüche zwischen philosophischer Meinung und religiösem Dogma zu konstruieren.
Mas'ala II. § 14. Bei seinem Bemühen, das Prinzip Einheit zu verteidigen, ignoriert Ġazālī die Dialektik der Polarität. Die Einheit ist polar. Dialektisch betrachtet ist auch der „Mensch" polar.
Bei seinem Diskurs über die „Einheit" rutscht Ġazālī ab und verläßt die Ebene der dialektischen Theologie. Damit schafft er eine weitere Theorielücke, in die Ibn-Rušd eingreift: Einheit Ja! aber: Alles Seiende stellt Gegensätze dar. Ibn-Rušd: Wäre der Mensch aus einer einheitlichen Substanz beschaffen, würde sein Körper keinen Schmerz erleiden.

Die Ibn-Rušdsche Ironie auf das Ġazālī-Buch (lies „Tahāfut al-falāsifa" ohne Genitiv) ist nicht reiner Humor.[67]

Beachtenswert sind unter anderem die Thesen Ibn-Rušds:

„Die Gesamtgröße des Universums ist konstant".[68]*,*
das Nichts und das Sein gehen nicht ineinander über,[69]

Nach einer ebenso sachlichen wie vernichtenden Kritik entschuldigt Ibn-Rušd Ġazālī mit dem Hinweis auf den historischen Kontext, in dem Ġazālī hat schreiben müssen.[70]

---

66 Ibn-Rušd, Tahāfut at-tahāfut, ebd., SS. 197-221.
67 Ibn-Rušd, Tahāfut at-tahāfut, ebd., S. 151.
68 Ibn-Rušd, Tahāfut at-tahāfut, ebd., SS. 173-182.
69 Ibn-Rušd, Tahāfut at-tahāfut, ebd., SS. 183-185.
70 Ibn-Rušd, Tahāfut at-tahāfut, ebd., SS. 187-193.

Beachtliche Thesen Ibn-Rušds in diesem Kapitel seines Werkes sind unter anderem:
Was entsteht muß vergehen.
Die Werdung (von Dingen) ist ihr Übergang von der Potentialität zum Realen. Vernichtung ist die Umkehrung dieses Vorganges: Die Vernichtung ist der Übergang vom Realen in die Potentialität eines neuen Zustandes.
Die Materie ist unvergänglich (wird nicht ausgelöscht) – Sie ändert nur ihre Daseinsweise.

III. Masʾala – Der Macher der Welt – Das Problem der Entfaltung der Vielfalt aus dem Einigen[71]

Interessant ist die These Ibn-Rušds: Die Unanfänglichkeit der Welt bedeutet, daß sie ständig in der „Weiterentwicklung" ist. Das Universum ist in Daueraktion.[72]
Ibn-Rušd polemisiert: Die Ašʿarīten bekennen, daß Gott, aber nicht die Welt, ewig ist. Was hat denn Gott getan, bevor Er die Welt erschaffen hat? Ibn-Rušd erlaubt sich die Ironie: Die Ašʿarīten haben Gott in die Ewigkeit gesetzt, ihm aber die Tätigkeit verboten.

In diesem Kapitel erweitert Ibn-Rušd die inhaltliche Auseinandersetzung um die Ethik der Polemik. Er wirft Farābī, Ibn-Sīnā und Ġazālī Ungenauigkeiten bei der Wiedergabe von Meinungen anderer, vorausgegangener Philosophen, vor. Bei der Polemik, so Ibn-Rušd, muß man dem Gegner soviel Rechte anerkennen, wie man für sich selber beansprucht.

IV. Masʾala – Der Schöpferbeweis[73]

Die wichtigste Frage, die hier diskutiert wird, behandelt die Theoreme, die zur Erklärung der Entfaltung der Elemente auseinander geboten werden. Hintereinander referiert Ibn-Rušd – polemisch – die Argumente, die Ġazālī zum Nachweis der Entfaltung der Vielfalt aus der Einheit vorträgt. Ibn-Rušd zeigt auf, daß sie allesamt nicht stichhaltig sind. Seinerseits bietet er – an dieser Stelle – keine schlüssige Alternative.

---

71 Ibn-Rušd, Tahāfut at-tahāfut, ebd., SS. 223-306.
72 Ibn-Rušd, Tahāfut at-tahāfut, ebd., S. 233 ff.
73 Ibn-Rušd, Tahāfut at-tahāfut, ebd., SS. 307-324.

Hingegen muss Ibn-Rušd als der Erfinder des philosophischen Gottesbeweises gewürdigt werden.

V. Mas'ala –
„Gott ist Einheit“[74]

Beachte bitte die von uns gewählte Übersetzung „Gott ist Eins bzw. Einheit“. Die übliche europäische Übersetzung „Monotheismus“ ist nicht kongruent. Gerade in diesem Kapitel geht es um das „Einssein“. Gott vereint in sich die Vielfalt. Gott zu verneinen.

Der Ausdruck „Monotheismus“ verneint die Existenz anderer Götter neben Gott – das ist an sich freilich nicht falsch. „Tawḥīd“ und „Wiḥdāniyya“ hingegen drücken die Einheit bei der Vielfalt aus. Dabei ist die Göttlichkeit *hapax*.

VI. Mas'ala –
Attribute[75]

Der Streit um die Attribute ist alt: Ist es korrekt, Gott Attribute zuzuschreiben?
Gehören die Attribute zum Wesen Gottes?
Oder kommen sie zu seinem Wesen hinzu?

Die alte Streitfrage um die Attribute wird von Ibn-Rušd an dieser Stelle aufgegriffen.[76]
Dem Prinzip nach hat der Autor diese Frage bereits bei der Behandlung des fünften Problemkomplexes beantwortet: Die absolute Einheit schließt jede Art Pluralität aus. Die Einheit Gottes gilt nicht nur in bezug auf die Verneinung eines Pantheons. Das Einssein Gottes bezieht sich auch auf sich selbst, d.h. sie bezeichnet seine innere Einheit, seine Wesenseinheit. Die Vorstellung von „Attributen“ zerstört das Gottesbild als Einiger Gott. Er ist nicht ein Komplex aus Subjekt und Attributen.
Im übrigen kritisiert Ibn-Rušd den Trend, über irrelevante Fragen mit großem Eifer zu debattieren, als Sophisterei (safisṭā'iyya).

---

[74] Ibn-Rušd, Tahāfut at-tahāfut, ebd., SS. 325-343.
[75] Ibn-Rušd, Tahāfut at-tahāfut, ebd., SS. 345-384.
[76] Ibn-Rušd, Tahāfut at-tahāfut, ebd.

Bemerkenswert ansonsten ist die These Ibn-Rušds: Die Vernunft ist nichts anders als die Erkenntnis dessen, was der Vernunft zugänglich ist (maʿqūlāt).

VII. Masʾala –
Über das Einsein[77]

In diesem Kapitel geht Ibn-Rušd auf unterschiedliche Aspekte ein, welche im Diskurs der Autoren den Eindruck erwecken, daß Gott unterschiedliche Komponenten vereint, wobei die absolute Einheit aus den Augen verloren geht. Beim Reden von „Wesen“, „Vernunft“ u.a. muß auf jeden Fall stets die Einheitlichkeit Gottes deutlich gemacht und herausgestellt werden.

VIII. Masʾala –
Das „Sein“ und das „Wie“ – bezogen auf die Göttlichkeit[78]

Auch hier wirft Ibn-Rušd dem Gegner, Ġazālī, Sophisterei vor, ohne dabei positiv eine eigene Antithese aufzustellen. Belanglose Diskussionen sollen gelassen werden.

IX. Masʾala –
Gegen die Vorstellung von einer Körperhaftigkeit Gottes[79]

Gegen die Ašʿarīten (denen Ġazālī nahe steht) argumentiert Ibn-Rušd: Ein Körper kann nur aus einem Körper hervorgehen. Eine Körperlichkeit Gottes bedeute die Ewigkeit der Körper. Dabei lehnt Ġazālī die These von der Ewigkeit der Materie ab.
In diesem Kapitel verwirft Ibn-Rušd die analogen Ausführungen in der XI. Masʾala bei Ġazālī. Während Ibn-Rušd an anderen Stellen darauf achtet, den punktuellen Konsens mit Ġazālī, soweit vorhanden, hervorzuheben, ist sene Ablehnung bei dem Streitkomplex IX jedoch total, wie ich meine mit recht.

---

77 Ibn-Rušd, Tahāfut at-tahāfut, ebd., SS. 385-401.
78 Ibn-Rušd, Tahāfut at-tahāfut, ebd., SS. 403-410.
79 Ibn-Rušd, Tahāfut at-tahāfut, ebd., SS. 411-419.

X. Mas'ala – Die Existenz Gottes ist notwendig – wie soll sie aber begründet werden?[80]

In diesem Kapitel korrigiert Ibn-Rušd falsche Auffassungen über die sonst Konsensthese „Die Existenz Gottes ist eine Notwendigkeit".
Ibn-Rušd diskutiert auch, inwieweit Ibn-Sīnā bei seiner Ableitung von vorislamischen Religionen Irans beeinflußt ist.
Ibn-Rušd korrigiert fehlerhafte Ableitungen in bezug auf die „Notwendigkeit der Existenz Gottes" und stellt seine eigene Begründung auf, dabei kommt er den Thesen von „Urprinzip" und „*causa prima*" (Plotin) nahe.

„Göttliches Wissen" In Drei Kapiteln[81]

Klassische Ausdrücke
Kulliyyāt: Universalien. Das sind die Wesen, die kollektiven Kategorien und Urgattungen, aus denen sich Einzeldinge entfalten.
guz'iyyāt: Partikularien. Es sind die Einzeldinge und die Handlungen der Individuen und ihre Produkte in sich veränderlichen Zeiten und Räumen.

XI. Mas'ala – Über Göttliches Wissen

Teil 1 – Das Wissen Gottes erfaßt die Universalien.[82]
Ibn-Rušd macht auf den Irrtum aufmerksam, das Menschenbild auf Gott zu projizieren.
Interessant ist, die sehr modern anmutende These Ibn-Rušds über die Vernunft. Die Vernunft widerspiegelt äußere Gesetzmäßigkeiten. Äußere Systematik schlägt in innere Systematik um.[83]

XII. Mas'ala – Über Göttliches Wissen –

Teil 2 – Die Selbsterkenntnis Gottes.
Das Wissen Gottes erfaßt sich selbst.

---

80 Ibn-Rušd, Tahāfut at-tahāfut, ebd., SS. 421-427.
81 Ibn-Rušd, Tahāfut at-tahāfut, ebd., SS. 429-461.
82 Ibn-Rušd, Tahāfut at-tahāfut, ebd., SS. 429-444.
83 Ibn-Rušd, Tahāfut at-tahāfut, ebd., S. 437f.

Das Selbst Gottes ist seiner Vernunft zugänglich.
In diesem Kapitel problematisiert Ibn-Rušd die Fragen „Charakter“, „Wille“, „reine Vernunft“.

XIII. Mas'ala –
Über Göttliches Wissen –
Teil 3 – Das Wissen Gottes erfaßt auch die Partikularien.
Zu den Mas'alas Teil 1, Teil 2 und Teil 3 = XI, XII, XIII.

In diesen drei Kapiteln über das „Göttliche Wissen“ führt Ibn-Rušd eine subtile Diskussion durch, bei der er menschliche Kognition und göttliches Wissen vergleicht und unterscheidet. Insofern liefern die Kapitel wichtige Anhaltspunkte zur Darstellung der Ibn-Rušdschen Erkenntnistheorie.
Ibn-Rušd geht völlig korrekt vor. Er setzt sich mit der These Ibn-Sīnās auseinander, gegen die Ġazālī Widerspruch erhebt. Ibn-Rušd lehnt die Vorstellung Ibn-Sīnās aus anderen Gründen als die Ġazālīs ab. Bei der Beweisführung beruft sich Ibn-Rušd auf rationale, philosophische Axiome. Gegen Ġazālī betont Ibn-Rušd heologische Argrumente und trägt sie erschöpfend vor. Zwei oder drei Argumente reichen ihm nicht aus. Er greift auch die Frage auf, wie Ibn-Sīnā bei Ġazālī wiedergegeben wird. Gemäß der Ableitung Ibn-Sīnās, die von Ġazālī inkorrekt wiedergegeben und als solche abgelehnt wird, geht Ibn-Rušd auf Ibn-Sīnā und Pseudo-Ibn-Sīnā ein. Ibn-Rušd agrumentiert:
Ibn-Sīnās Gott ist unveränderlich. Befasse ER sich mit Einzeldingen und den Handlungen von Individuen in veränderlichen Zeiten und Räumen, so verändere sich Gott (gemäß Ibn-Sīnā). Das würde nicht gehen, denn ER ist unveränderlich. Also kennt Gott nicht die Einzeldinge. ER kennt nur die von ihm erschaffenen Universalien, nicht aber die Partikularien.

Ibn-Rušd diagnostiziert korrekt die Fehler Ibn-Sīnās und ermittelt die Widersprüchlichkeit in seiner Argumentation: Die Universalien sind nicht konstant. Sie befinden sich in Dauerveränderung.
Kernargument Ibn-Rušds gegen die beiden Auffassungen, Ibn-Sīnās und Ġazālīs, ist, die menschliche Kognition auf Gott zu übertragen. Ibn-Rušd: Nach Ibn-Sīnā wäre Gott ein ewiger Mensch, der Mensch hingegen ein gefallener Gott.

Spannend sind die Unterschiede, die Ibn-Rušd ermittelt. Interessant ist insbesondere folgendes: Die Quelle und die Ursache menschlichen Wissens

ist der Gegenstand, den der Mensch betrachtet und erkennt. Bei Gott ist es umgekehrt: Das göttliche Wissen ist die Ursache, die zur Schaffung des Gegenstandes führt.
ʿIlm bei den Menschen ist aktive Aneignung von Wissen.
ʿIlm bei Gott ist die *causa* seines Handelns. In diesem Fall geht das Wissen dem Gegenstand des Wissens voraus. Bei Gott besteht das Wissen vor dem Gegenstand.
An mehreren Stellen kritisiert Ibn-Rušd die Projektion menschlicher Eigenschaften auf Gott. Aber auch hier ist es in beiden Fällen – bei der Position und bei der Negation – klar, dass der Mensch die Dinge einschließlich Gott nicht anders sehen kann als menschlich. Auch bei der Verneinung der Übertragung menschlicher Attribute auf Gott projizieren wir mit negtivem Vorzeichen. (wenn wir z.B. sagen, Gott ist nicht krank).
Obwohl Ġazālī mit Ibn-Rušd im Endergebnis völlig übereinstimmt: Göttliches Wissen erfaßt sowohl die kulliyyāt als auch die ǧuzʾiyyāt, dennoch kontert Ibn-Rušd und zwar offensiv. Ihm kommt es nicht allein auf das Ergebnis, sondern ebenso auf die Ableitung und die Begründung an. Ibn-Rušd ermittelt die Fehler in der ašʿarīschen, also auch Ġazālīschen Ableitung. Ihr stellt er seine systematische Begründung entgegen.
Noch deutlicher als an anderen Stellen zeigt sich, daß sich Theologie und Philosophie bei genauerer Betrachtung als Anthropologie erweisen. In den vorausgegangenen drei Kapiteln sind wichtige Aspekte der Ibn-Rušdschen Erkenntnistheorie ausgeführt.

XIV. Masʾala –
Der Gehorsam des Himmels[84]

Die Menschen schauen nach oben und betrachten die faszinierende Szene der Bewegung von Himmelskörpern. Sie sehen wie Sterne und Planeten sich nach Plan bewegen. Das eindrucksvolle Bild verführt etliche – z.B. Ġazālī und die Ašʿarīten – zur Annahme, der Himmel sei ein gehorsames Lebewesen im Dienste des Erhabenen.
Ibn-Rušd hebt auf die Frage ab, welche Gesetzmäßigkeiten die Himmelsmechanik regieren.

84 Ibn-Rušd, Tahāfut at-tahāfut, ebd., S. 463 ff.

XV. Mas'ala –
Die Triebkraft für die Bewegung der himmlischen Körper[85]

Ibn-Rušd macht klar, daß bei der „Bewegung am Himmel" ausschließlich physikalische Gesetze wirksam sind, die nicht auf den Himmel beschränkt sind, sondern für die Bewegung allgemein gelten. Gehorsam und Ungehorsam haben hier nichts zu suchen. In diesem Kapitel faßt sich der Autor auffällig kurz.

XVI. Mas'ala –
Die „Aufbewahrte Tafel"[86]

Die „Aufbewahrte Tafel" („al-Lawḥ al-maḥfūẓ") nimmt in der Theologie Ġazālīs einen ganz besonderen Stellenwert ein. Sie enthält Wissen, das nur den wenigsten Auserwählten zuteil wird. Somit ist die „Aufbewahrte Tafel" die höchste Erkenntnisstufe, welche den meisten Menschen vorenthalten bleibt.
Ibn-Rušd widmet dem Thema „Aufbewahrte Tafel" Abschnitte unter Mas'ala XVI. Indes wendet er sich darin gegen Spekulationen, Aberglauben und unbeweisbare Aussagen.

XVII. Mas'ala –
Kausalität[87]

Die „Kausalität" gehört zu den schwierigsten Themen in Philosophie und Theologie aber auch im Alltag allgemein. Was die Menschen für eine „Ursache" halten, dient oft nur dazu, das Erklärungsbedürfnis zu befriedigen: „Aha, nun wissen wir! Daran liegt es also". Die Menschen greifen auf das Naheliegende und machen sich damit die Analyse komplexer Zusammenhänge leicht. Die Plausibilität stellt sie zufrieden.
Wir halten indes daran fest, dass das Ursache-Wirkungs-Prinzip seine Gültigkeit behält, muss aber relativiert werden.
In den heiligen Büchern wird die Kausalitätsfrage in der Weise gelöst: Gott sprach: „*Es sei*" und es ist.

Ibn-Rušd wendet sich heftig gegen die Relativierung der Bedeutung des Ursache-Wirkungs-Gesetzes. Diese Polemik hat Ġazālī dadurch veranlaßt,

---

85 Ibn-Rušd, Tahāfut at-tahāfut, ebd., SS. 473-481.
86 Ibn-Rušd, Tahāfut at-tahāfut, ebd., SS. 483-493.
87 Ibn-Rušd, Tahāfut at-tahāfut, ebd., SS. 503-505.

indem er die „Gewohnheit“ als Ursache von Handlungen überbetont hat. Ibn-Rušd dazu: „Wer die Kausalität außeracht läßt, suspendiert die Vernunft“ (und den menschlichen Willen, K.K.). Die Logik der Kalāmisten – also auch Ġazālīs – führe letztlich ad absurdum

XVIII. Mas'ala – Die Spiritualität der menschlichen Seele und die Frage nach der Unsterblichkeit

Ibn-Rušd liefert einen rationalen Beweis für die Spiritualität der Seele. Er vertritt die Auffassung von der Unsterblichkeit der Seele. Sie überlebt aber nicht als individuelle „psysche“ nafs guzʾiyya, sondern als nafs kulliyya „Allseele, universelle Seele, kollektive Seele“. Im weiteren führt er eine interessante Diskussion über die Funktionen des menschlichen Gehirns und die Beziehung von Körper, Seele und Geist sowie über die Zuständigkeit einer jeden dieser Strukturen, aus denen zusammen der Mensch bestellt ist.

Insgesamt vermittelt der Diskurs Ibn-Rušds einen Eindruck vom Stand der Wissenschaften in der arabischen Welt des zwölften Jahrhundert. Ibn-Rušd ist selbst Autor eines Lehrbuches der Anatomie. Ihm gab er den Titel: „Fī at-Tašrīḥ (Über die Sektion)“. Der Autor stellte die topographische und funktionale Anatomie exakt auf der Basis eigener Leichensektionen „Fī at-Tašrīḥ“ dar. Mit routinemäßiger Selbstverständlichkeit spricht Ibn-Rušd von den Zentren im Gehirn, die für bestimmte Funktionen und Leistungen zuständig sind; Erkenntnisse, die sich in Europa erst im zwanzigsten Jahrhundert durchgesetzt haben. Die Funktionen des Gehirns sind lokalisierbar: Gedächtnis, Vorstellungsvermögen, akustische Wahrnehmung, optische Wahrnehmung und andere funktionale Hirnsysteme.

Problematischer scheint mir die Behandlung der Frage der Vernunft sowohl bei Ibn-Rušd als auch besonders bei Ġazālī.
Ibn-Rušd korrigiert Ġazālī: Die „Vernunft“ können wir nicht einem umschriebenen Hirnzentrum zuordnen. Die Vernunft ist eine Leistung der Psyche – nicht des Leibes (darin stimmt Ibn-Rušd mit Ibn-Sīnā überein). Ibn-Rušd weiter: „Die Vernunft ist etwas anderes als die Sensibilität. Letztere ist ein Komplex aus *actio* und *reactio*“. Die Vernunft ist ein selbständiges System.

Über den Menschen und seine Vernunft

Auf die Frage, in welcher anatomischen Struktur des Menschen die Vernunft untergebraucht ist, antwortet Ibn-Rušd: Nicht im Kopf, wo das Gehirn im Schädel anatomisch gelegen ist, sondern in der Seele.
Unsere eigene Meinung dazu wird weiter unten dargelegt, im Kapitel: „Unsere eigene Revision".

XIX. Mas'ala –
Über die Verweslichkeit der menschlichen Seele[88]

Die Seele ist an den Körper gebunden. Die Teil-Seele gibt mit dem Tod auf. Sie überlebt, so Ibn-Rušd – nur als universelle Seele („nafs kulliyya").
Mit der Psyche tut sich die Philosophie schwer Auf jeden Fall reicht es nicht aus, die Psyche als den Sitz der Vernunft zu betrachen, so Ibn-Rušd.

XX. Mas'ala –
Die Wiedererweckung – von Körpern allein oder zusammen mit den Seelen?[89]

Ibn-Rušd schreibt: „Zu dieser Frage hat sich keiner (nämlich der Philosophen), die uns vorausgegangen sind, geäußert. Umso notwendiger sind die religiösen Lehren zur (Frage der) praktischen und theoretischen Tugenden."
Was die Prinzipien der Religionen betrifft, ist es nicht statthaft, dazu eine bejahende oder verneinende Verlautbarung zu erlassen.
Ibn-Rušd: Ġazālī hat sowohl der Religion als auch der Philosophie unrecht getan.

Ibn-Rušd beurteilt das Urteil Ġazālīs
Ibn-Rušd, „Tahāfut at-tahāfut" zum Urteil Ġazālīs in „Tahāfut al-falāsifa"

Im Angesicht seiner massiven Offensive wundert es in der Tat, daß Ibn-Rušd das Urteil Ġazālīs über die von ihm kritisierten Philosophen nicht revidiert.
Es ist ganz offensichtlich, daß es Ibn-Rušd um die Ableitung und nicht um die Ergebnisse ging.

---

88 Ibn-Rušd, Tahāfut at-tahāfut, ebd., SS. 449-451.
89 Ibn-Rušd, Tahāfut at-tahāfut, ebd., SS. 553-559.

Ibn-Rušd verfährt nach dem Prinzip, Philosophie und Wissenschaft (Ḥikma) nach immanenten Prinzipien rein abzuleiten und mit fachlichen Mitteln zu beurteilen.
Glaubensfragen sind nach religiösen Prinzipien, philosophische Fragen nach rationalen Kriterien zu beurteilen, ohne die Einmischung der einen Dimension in die andere (Prinzip: Faṣl al-maqāl).
Jede der beiden Dimensionen ist nach den eigenen Grundsätzen zu behandeln.[90]

Ibn-Rušd zum Urteil Ġazālīs über die von ihm behandelten Philosophen

Ibn-Rušd nimmt ausdrücklich Stellung zu den drei Verurteilungen durch Ġazālī. Im einzelnen:
Erster Klagegegenstand – Verleugnung der Wiedererweckung der Toten.
Dazu Ibn-Rušd: Bei dieser Frage handelt es sich bei den Philosophen um eine rein theoretische (d.h. keine Glaubens-) Frage. Ein Denker äußert sich dazu gemäß seiner eigenen Sichtweise, vorausgesetzt er verwerfe nicht den Ursprung (sprich er leugne nicht den Glauben an die Auferstehung der Toten).[91]
Wie die Wiedererweckung stattfindet und ob sie im Fleisch oder nur seelisch geschieht, bleibt sowohl für Muslime als auch bei Philosophen eine offene Frage.

Zweiter Klagegegenstand – Göttliches Wissen erfaßt auch die Partikularien und nicht nur die Universalien.
Ibn-Rušd weist nach, daß die Philosophen die Behauptung – Unkenntnis der Partikularien – nicht aufgestellt haben.[92] Ibn-Sīnā habe seine Äusserung hier bezüglich als eine abstrakte Schlußfolgerung aus seiner Ableitung angegeben, ohne dabei den Glaubenssatz in Frage stellen zu wollen.

Dritter Klagegegenstand – Unanfänglichkeit der Welt.
Ibn-Rušd: Ġazālī (stellvertretend für die Kalāmisten) verurteilt die Philosophen wegen einer Deutung bezogen auf die „Ewigkeit der Welt". Ibn-Rušd: Eine Deutung in einer Weise, die Ġazālī berichtet, ist von den Philo-

---

90 Ausführlich in: Ibn-Rušd, Faṣl al-maqāl; Ibn-Rušd, al-Kašf ʿan manāhig al-adilla fī ʿaqāʾid al-milla, Beirut 1998, Absätze 357-359.
91 Ibn-Rušd, Tahāfut at-tahāfut, ebd., S. 558.
92 Ibn-Rušd, Tahāfut at-tahāfut, ebd., S. 558.

sophen nicht gemeint gewesen.[93] Ibn-Rušd stimmt mit Ibn-Sīnā voll überein in bezug auf die Unanfänglichkeit der Materie.
Ich füge hinzu, dass die Konstrukte „Zeit" und „Raum", die ja von den Menschen als Hilfsmittel erfunden worden sind, zwingend zur Annahme eines Schöpfungsaktes führen müssen.
Diese drei „Entscheidungen" Ibn-Rušds würde Ġazālī uneingeschränkt unterschreiben können. Durch den Einsatz des Ausdrucks „Tahāfut" hat Ġazālī eine unnötige Verschärfung der Debatte herbeigeführt. Der Begriff schlug auf ihn zurück als „Tahāfut at-tahāfut".

Nach dem Studium des Werkes Ibn-Rušds „Tahāfut at-tahāfut" erwartet der Leser eher eine klare und entschlossene Revision der Urteile Ġazālīs. Die Stellungnahme Ibn-Rušds als Revisors wundert in der Tat. Es springt geradezu ins Auge, daß Ibn-Rušd zwar den Ġazālī heftig kritisiert, dennoch hebt er seine Verurteilung nicht ausdrücklich auf. Ibn-Rušd bestätigt aber auch Ġazālī nicht. Ibn-Rušd sagt nur, daß die von Ġazālī verurteilten Philosophen sich der Verfehlungen, die ihnen Ġazālī zuschreibt, nicht schuldig gemacht haben.
Bewußt läßt Ibn-Rušd das letzte Urteil offen. Sein Werk „Tahāfut at-tahāfut" schließt er mit folgender Erklärung:

> *„Ich (Ibn-Rušd) habe mich entschlossen, meine Erörterung an dieser Stelle zu beenden (...). Ohne darüber zu entscheiden, was die letzte Wahrheit ist. Diese zu ermitteln (...) ist nicht meine Aufgabe.*
> *Jemandem, der sich über diese Fragen ausläßt, ohne die Kompetenz dazu zu besitzen (also dem Ġazālī, K.K.), zu entgegnen, liegt nicht in meiner Kompetenz. Darum habe ich mich zu keiner Stellungnahme bewegen lassen".*[94]

Soweit Ibn-Rušd. Entgegen der verbreiteten Meinung hat Ibn-Rušd den Ġazālī nicht verurteilt, wohl heftig kritisiert, er vermied es jedoch ganz bewußt, ein Urteil zu sprechen.

[93] Ibn-Rušd, Tahāfut at-tahāfut, ebd., S. 558.
[94] Ibn-Rušd, Tahāfut at-tahāfut, ebd., S. 559.

Zur Evaluation des Werkes Ibn-Rušds

„Tahāfut at-tahāfut“ im Kontext des Gesamtwerkes Ibn- Rušds

„Tahāfut at-tahāfut“ ist eines der bedeutsamsten Werke der Geistesgeschichte überhaupt. In methodischer, theoretischer und systematischer Hinsicht stellt es eine ganze Philosophieschule dar. Zum inhaltlichen Wert des Werkes kommt die Ethik der Polemik hinzu.
Inhaltlich betrachtet liegt die Position Ibn-Rušds der Ibn-Sīnās näher. Bemerkenswert dabei ist, daß die Philosophie nicht als Dienerin der Theologie oder der Religion zu wirken hat. Gerade deshalb wurde Ibn-Rušd in Rom auf den Index gebracht. Die Verurteilung durch die katholische Kirche steht heute noch. Die Revision ist fällig.
Ibn-Rušd entkräftet die Kritik Ġazālīs an den Philosophen, gleichwohl gibt er Ġazālī dort recht, wo seine Auffassung korrekt ist. Ibn-Rušd rehabilitiert Ibn-Sīnā, ohne Ġazālī Unrecht zu tun oder gar zu verurteilen.

In seinem Tahāfut at-tahāfut legt Ibn-Rušd klare Kriterien vor, nach denen philosophische Aussagen abgeleitet und aufgestellt werden sollen. Vorbildlich wendet er selber diese Kriterien an.
Auch bei seiner Urteilsfindung orientiert er sich konsequent an den Normen, die er für andere definiert hat.
Ibn-Rušd führt seine Prinzipien der Philosophie, Theologie und Kritik über das gesamte Werk „Tahāfut at-tahāfut“ konsequent durch. Er hat nicht ein Detail ausgelassen. Sowohl die übergreifenden Ebenen des Denkens als auch die speziellen Aspekte des Ġazālschen Tahāfut hat er aufgegriffen und sorgfältig diskutiert. Ibn-Rušd prüfte die Thesen Ġazālīs. Rein sachlich, streng logisch, vernichtend wirkend, fair und ethisch verpflichtet legt Ibn-Rušd Rechenschaft über seine aufwändige Revisionsarbeit vor. Das Werk „Tahāfut at-tahāfut“ von Ibn-Rušd ist ein mustergültiges Beispiel einer themenzentrierten Interaktion zwischen einem lebenden Autor und ihm vorausgegangenen Denkern.
In der Nachgeschichte erwies sich die Auseinandersetzung um die korrekte Ableitung und die Aufstellung von Axiomen und Prämissen als außerordentlich hilfreich und wertvoll. Zur Festlegung einer philosophischen Systematik hat sich die hier vorgestellte Methodik als unentbehrlich erwiesen.

Durch seine streng aufgebaute Systematik und konsequent angewandte Methodik wurde Ibn-Rušd zum Vorbild. „Tahāfut at-tahāfut“ wendet Me-

thoden an, die seitdem mustergültig geworden sind. Genannt sei insbesondere das System: „These (Ibn-Sīnā) – Antithese (Ġazālī) – korrigierte These (Ibn-Rušd)“.
Über die inhaltliche themenbezogene Bedeutung von „Tahāfut at-tahāfut“ hinaus hat Ibn-Rušd mit diesem zusammen mit anderen Werken eine neue Ära der Philosophiegeschichte eingeleitet:
Es ist weder bliebig noch gleichgültig, wie Thesen aufgestellt werden. Ein Autor wird auch Epochen später so lange vor das Gericht der Kritiker gestellt, bis die Wahrheit gefunden wird. In dieser Tradition verstehen wir ebenso uns selber.
Ibn-Rušd war gelungen, Argumente, die Ġazālī zur Verurteilung von Philosophen angeführt hat, zu entkräften. Dort jedoch, wo Ġazālī zumindest teilweise recht hatte, ließ Ibn-Rušd seine Argumentation gelten.
Die Revision Ibn-Rušds besteht darin, daß er Ibn-Sīnā – posthum – rehabilitierte, versäumte es aber nicht, Irrtümer bei Ibn-Sīnā deutlich herauszustellen.
Ibn-Rušd hat indes „Tahāfut al-falāsifa“ nur isoliert in seine Revision einbezogen, wobei er die übrigen Werke Ġazālīs außer Acht gelassen hat. Somit erscheint Ġazālī in der Rezeption Ibn-Rušds nur als Facette und nicht in seiner vollen Integrität.
Für die Averroisten ist Ġazālī völlig indiskutabel geworden. Bei ihnen steht er unter der Verurteilung, obwohl wir festhalten haben, Ibn-Rušd hat Ġazālī und zwar heftig kritisiert, aber nicht verurteilt.

Es sei darauf aufmerksam zu machen, daß beim Studium von Ibn-Rušds „Tahāfut at-tahāfut“ die Polemik im Vordergrund steht. Die unmittelbare Zielsetzung des Werkes eignet sich dazu, von den eigenen Theorien Ibn-Rušds, welche im Hintergrund der Polemik stehen, abzulenken. Darum müssen wir an dieser Stelle darauf aufmerksam machen, dass das Gesamtwerk Ibn-Rušds konsistent ist: Glaubensfragen sind gemäß ihrer Natur zu behandeln. Philosophische Fragen sind philosophisch abzuleiten. Theorien dazu liefert Ibn-Rušd in seinem „Faṣl al-maqāl“ und in „al-Kašf ʿan manāhig al-adilla fī ʿaqāʾid al-milla“.
Zu beachten ist ferner, daß Ibn-Rušd in Tahāfut at-tahāfut auf Ġazālī fokussiert, sich aber auch mit Ibn-Sīnā und Farābī auseinandersetzt – nicht aber mit al-Kindī und ar-Rāzī (!). So entwickelt sich Tahāfut at-tahāfut von Ibn-Rušd zu einem Tribunal, vor dem wichtige Irrtümer der Philosophiegeschichte verhandelt werden.
Die Auseinandersetzung mit Ġazālī dient Ibn-Rušd auch dazu, um mit den Ašʿarīten, Kalāmisten und Muʿtaziliten inhaltlich abzurechnen. Dabei ma-

che ich darauf aufmerksam, dass die drei letzten Schulen im arabischen Westen, wo Ibn-Rušd wirkte, nicht verbreitet, sondern nur vereinzelt bekannt waren. Dafür waren sie im arabischen Osten recht verankert gewesen.

Nach diesem Vortrag wäre es verfehlt, andere Werke Ibn-Rušds in den Schatten des „Tahāfut at-tahāfut“ zu stellen. Von Ihm sind gegenwärtig 51 Titel mit über 10.000 Seiten erfaßt und ediert worden. Sie alle zählen zu den Spitzenleistungen der Geistesgeschichte.

Zu weiteren Lehren Ibn-Rušds

Ibn-Rušd, Faṣl al-maqāl

Vollständiger Titel: „Faṣl al-maqāl fī mā baina aš-Šarī'a wa al-ḥikma min ittiṣāl“ „Die (Notwendigkeit der) Scheidung des religiösen vom philosophisch-wissenschaftlichen Diskurses beim Festhalten von Zusammenhängen“.
Mit „Faṣl al-maqāl“ begründet Ibn-Rušd eine Theorie, die seitdem grundlegend für den Umgang mit rationalem Denken einerseits und Glaubensfragen andererseits geworden ist. Ibn-Rušd räumt mit dem bis dahin vorherrschenden Irrtum auf, nachdem man Glaubensfragen rational zu rechtfertigen versucht, andererseits philosophische Fragen auf Biegen und Brechen in Einklang mit dem Glauben zu bringen.
Ibn-Rušd fordert die Notwendigkeit, beide Diskurse grundsätzlich zu trennen (daher faṣl). Die These wurde von Kant vollumfänglich übernommen und wird fälschlich ihm zugeschrieben.
Von einem Teil der Autoren wurde „faṣl“ mit „Entscheidung“ übersetzt. Zwar lexikalisch richtig, hier jedoch nicht gemeint. Bei diesem Buchtitel verwendet Ibn-Rušd verwendet den Ausdruck „faṣl“ in der Bedeutung der anderen Valenz „Trennung, Scheidung“.

Aus dieser These der Scheidung einer „Glaubenswahrheit“ von einer „rationalen Wahrheit“ schlossen Autoren, Ibn-Rušd verträte die These von einer doppelten Wahrheit). Diese Annahme ist sicher falsch. Für Ibn-Rušd gibt es eine einzige Wahrheit. Diese kann ermittelt werden über den Glaubensweg oder über die reine Vernunft, wobei die Ableitung jeweils für sich unabhängig vom anderen Weg stehen muß. Im Endresultat führt die Vernunft, wenn sie richtig ableitet wird zum selben Ergebnis wie die Offenbarung, so Ibn-Rušd. (Auf diese Frage, hatte Ibn-Rušd eine oder doppelte Wahrheit, kommen vor weiter unten nocheinemal zurück.)

Medizintheorie

Sehr interessant und noch aktuell sind die medizinischen Schriften Ibn-Rušds. Pathologien haben ihren Grund im Fehlverhalten des Menschen. Er müsse nicht krank werden. Im Erkrankungsfall ist Wiederherstellung möglich.

Die These Ibn-Rušds bedarf der Relativierung. Zum einen ist der menschliche Körper von der Evolution nicht auf den absoluten Schutz vor Erkrankungen entwickelt worden. Es besteht auch bei gesunder Lebensweise Anfälligkeit zur Erkrankung. Beispiel: Es gibt die „*Loci minoris resistentiae*". Das sind Orte geringsten Widerstands. Dort können z.B. Leistenbrüche vorkommen.

Im übrigen haben Krankheiten und Schmerzen ihren Sinn. Wichtig ist nicht nur der Schutz vor Erkrankung, sondern auch wie man mit Krankheit und Schmerz umgeht.

Unter den heutigen Verhältnissen extremer Umweltzerstörung braucht der Mensch nichts zu tun, um krank zu werden. Alarmierend ist die Zunahme von Allergien. Jährlich stellen wir das Auftreten neuer, bisher noch unbekannter Krankheiten fest.

Eschatologie

Ibn-Rušd geht von der Unsterblichkeit der Seele aus. Dazu erläutert er, daß die Seelen im Jenseits nicht einzeln, sondern als kollektive Seele (nafs kulliya) weiterleben.

Zu Evaluation des Gesamtwerkes von Ibn-Rušd

Ibn-Rušd war ein produktiver, schöpferischer Autor ersten Ranges. Mit 51 erfaßten Titeln und 10.000 Blättern hat er eine einzigartige fachliche Bibliothek als kostbares geistiges Erbe der Menschheit hinterlassen. Sämtliche Abhandlungen Ibn-Rušds sind in ihrer Originalsprache ediert worden. Verdient gemacht um die Herausgabe des literarischen Erbes Ibn-Rušds hat sich das „markaz dirasāt al-wiḥda al-ʿarabiya[95]“ gemacht.
Man würde nicht drüber streiten, welches der Werke Ibn-Rušds das wichtigste sei. Ich persönlich halte „Faṣl al-maqāl“ für besonders wichtig. Über 800 Jahre nach dem Tod Ibn-Rušds ist diese Abhandlung nach wie vor aktuell. Auch bei diesem Werk wurde die europäische Übersetzung des Titels – diesmal ohne Absicht – fehlerhaft eingesetzt. „Faṣl“ hat zwei Hauptvalenzen. Die europäischen Übersetzer haben die Variante „Entscheidung“ gewählt. Das war ein Fehlgriff. Richtig hingegen ist „Scheidung, Trennung“. In diesem Werk begründet Ibn-Rušd die Notwendigkeit der Trennung des wissenschaftlichen und philosophischen (ḥikma) Fachdiskurses einerseits vom theologischen, religiösen andererseits. Beide Wege können jeder für sich zur Wahrheitserkenntnis führen. Jeder der beiden Wege muß jedoch unabhängig vom anderen, jeweils nach eigenen Kriterien und Ableitungsprinzipien durchgeführt werden.
Mit diesem Werk stellt Ibn-Rušd eine direkte Antithese zu Ibn-Sīnā, der eine Synthese von Philosophie und Theologie konstruierte.
Das Werk „Faṣl al-maqāl“ (...) demonstriert die hochgradige Klarheit des Denkens Ibn-Rušds.
Im übrigen war Ibn-Rušd der erste, der den philosophischen Gottesbeweis aufstellte. Dennoch fordert er ohne wenn und aber, die Notwendigkeit der Trennung von Religion und Theologie auf der einen und Ḥikma (Philosophie und Wissenschaft) auf der anderen Seite. Erstere wird vom Glauben getragen, letztere wird ausschließlich von der Vernunft geleitet.
Die in „Faṣl al-maqāl“ präsentierte Auffassung verführte einen Teil der Autoren zur Annahme, Ibn-Rušd verträte im Grundsatz die Vorstellung von einer „doppelten Wahrheit“ einer offenbarten und einer philosophischen. Diese Interpretation halte ich für falsch. Ibn-Rušd erkennt nur eine Wahrheit an. Die einheitliche Wahrheit kann über zwei unterschiedliche, voneinander unabhängige Wege ermittelt werden: einen theologischen,

[95] Centre for Arab Unity Studies, Beirut, www.caus.org.lb.

vom Glauben getragenen und einen philosophischen, rein rationalen von der Vernunft geleiteten Weg.

Diesen Ansatz hat Emanuel Kant dem Ibn-Rušd entnommen, ohne den Namen des Urhebers zu nennen. Diese Weglassungen durch Kant bestehen auch an anderen Stellen. Beispiele:
Die Differenzierung von „an sich“ und „für sich“. Nicht genannte Urheber sind: Iḫwān aṣ-Ṣafā᾿.
Die Theorie von der „reinen Vernunft“. Nicht genannter Urheber ist Ġazālī: „al-ʿaql al-maḥḍ (al-ʿaql al-ḫāliṣ)“.
Im Mittelalter wie in der Moderne erlangen die Abhandlungen Ibn-Rušds unter dem Titel „Kommentare“ besondere Aufmerksamkeit.
Die letzte Abhandlung Ibn-Rušds war „über die Politik“, worin er neben dem theoretischen u.a. das aktuelle Regime des al-Manṣūr der Kritik unterzogen hat.
Insgesamt steht die „Vernunft“ im Mittelpunkt des Ibn-Rušdschen Interesses. Mit recht gilt er als der Begründer des philosophischen Rationalismus. Überhaupt erwies sich die Leistung Ibn-Rušds zur Weiterentwicklung der Philosophie als äußerst konstruktiv, voranstreibend und wegweisend. Erst durch ihn kam die Philosophie in den Besitz einer eigenen Systematik, an der sich Philosophen orientieren, wenn sie schreiben, lehren, selber philosophisch tätig werden wollen oder andere Arbeiten rezensieren und beurteilen. Entsprechend formulierte Ibn-Rušd die Prinzipien der Kritik, wenn diese intellektuell redlich und philosophisch integer sein will.

Herausstellen wollen wir die Tatsache, daß Ibn-Rušd den Ġazālī zwar heftig kritisiert, ihn jedoch nicht verurteilt hat. Entgegen verbreiteter Meinung hat Ibn-Rušd bewußt und ausdrücklich darauf verzichtet, eine Verurteilung Ġazālīs auszusprechen. Ebensowenig hat Ibn-Rušd Stellung zum Verdikt Ġazālīs gegen die Philosophen genommen. Hierzu ist Revision notwendig.
Es trifft zu, daß Ibn-Rušd eine ungewöhnliche Härte der Polemik gegen Ġazālī anwendet; zu hart auch im Vergleich zum üblichen Ibn-Rušdschen Diskurs. Vom Anfang seines Buches „Tahāfut at-tahāfut“ an übt Ibn-Rušd eine unversöhnliche Kritik gegen Ġazālī.
Diese Tatsache erklärt sich nicht aus der Freude an einem akademischen Streit, sondern vielmehr daher, daß Ġazālīs „Tahāfut al-falāsifa“ einen Einschüchterungseffekt insbesondere bei dem intellektuellen Nachwuchs, also auch bei den eigenen Schülern von Ibn-Rušd bemerkt hat. Diesen und anderen Philosophiefreunden wollte Ibn-Rušd mit seinem Buch, die Angst nehmen. Sie alle mußten wissen, Ġazālī hat sich ins Unrecht gesetzt.

Die Bedeutung Ibn-Rušds für die Entstehung einer europäischen Philosophie kann nicht hinreichend betont werden. Er ist nicht nur ein Geburtshelfer, sondern einer der Väter des europäischen Rationalismus. Es ist ein Ausdruck von Akkulturation, wenn die Vorgeschichte der philosophischen und geistigen Erneuerung in Europa verdunkelt wird. Dieses Phänomen ist eigentlich neu. Je älter die europäischen Werke sind, umso ehrlicher, deutlicher und dankbarer sind die Autoren für ihre arabische Vorgeschichte. Sie zollen den arabischen Gründern die gebührende Ehre. In älteren Nachlagewerken werden Begriffe wie „Averroismus" oder „arabische Wissenschaft und Philosophie" mit Anerkennung und Respekt erwähnt. Gegenwärtig finden wir im Schulbuch und selbst im Lehrwerk kaum die gebührende Erwähnung.

Ibn-Rušd wollte über den Philosophenstreit entscheiden, doch die Geschichte zeigt, daß er doch nicht die letzte Instanz geworden ist.

Kapitel fünfzehn

Mūsā b. Maimūn[96] (1138-1204)

أبو عمران موسى بن عبيد الله ميمون القرطبي

(Moses Maimonides)

Übersicht

Einleitung
Ibn-Maimūn und Ġazālī – ein geistiges Zwillingspaar
Zum Hauptwerk Maimūns: Dalālat al-ḥā'irīn
Literatur- und Formgeschichte und Struktur
Inhaltliche Abhängigkeit des „Dalālat al-ḥā'irīn" Maimūns von Ġazālīs „Iḥyā' 'ulūm ad-dīn"
Maimūn und der Philosophenstreit (1)
Ġazālīs „Iḥyā' 'ulūm ad-dīn" diente als Vorlage zu Maimūns „Dalālat al-ḥā'irīn"
Das große Projekt Maimonides „Mischna Tora"
Über den Ursprung des jüdischen Sūfīsmus
Rückblick auf Maimanides
Maimonides und der Philosophenstreit (2)
Der Arzt Mūsā b. Maimūn al-Ḥakīm
Evaluation

---

96 abū 'Imrān Mūsā b.'Ubaidallāh Maimūn al-Qurṭubī

Einleitung

Maimonides hat Ġazālī inhaltlich rezipiert, insbesondere die beiden Werke „Iḥyā' 'ulūm ad-dīn" und „Maqāsid al-falāsifa".

Maimūn war bestrebt, analog der arabischen-islamischen Philosophie, eine parallele Reform im Judentum durchzuführen. Er wandte sich gegen Dogmatismus, Konservatismus und buchstabengetreue Lesart der Bibel. Nach dem Vorbild Ġazālīs wendet sich Maimūn gegen die starre Auslegung heiliger Schriften.

In seiner Besprechung des Alten Testamentes, was für Maimonides die Bibel ist, macht er von der Metaphorik als Erklärungstheorem für wundersame Berichte und Bilder ausgiebig Gebrauch. So konnten außernatürliche Illustrationen aufgeklärten Lesern rational erklärt nachvollziehbar vermittelt werden.

Am Beispiel Maimūn zeigt sich eindrucksvoll, wie sehr sich aufklärerische Tendenzen verbreiten und sich in den Gemeinden verankern. Die Schriften Maimūns zeigen, wie sehr er und in welchem hohen Maße von der geistigen Umwelt geprägt war.

Beachtenswert ist, daß Maimūn mit großer Selbstverständlichkeit Fragen diskutiert, von denen man heute meint, sie seien innerislamische Angelegenheiten. Offensichtlich waren die Kulturen nicht so voneinander getrennt, wie man heute denken mag.

Die arabisch-islamische Philosophie war mit Formen des Aberglaubens unvereinbar. Maimūns „Dalālat al-ḥā'irīn" war ein Aufklärungsmittel gegen den Volksglauben. Maimūn ist einer der ersten, der Wunderberichte zu rationalisieren versucht.

Ibn-Maimūn und Ġazālī – ein geistiges Zwillingspaar

Lebensplanung und Erkenntnisinteressen Maimūns und Ġazālīs weisen viele gemeinsame Analogien auf.

Zur ersten Analogie: Beide Denker waren mehr theologisch als philosophisch orientiert. Das ist schon beachtenswert. Wären sie philosophisch tätig gewesen, zählten sie zu den Spitzen ihrer Epoche, hätten sie es gewollt.

Die zweite bedeutsame Analogie ist die Lebensplanung. Beide krönten ihr Leben durch den Ṣūfīsmus. Beiden, Ġazālī und Maimūn, ist zu verdanken, daß der Ṣūfīsmus von da an nicht nur rehabilitiert wurde, vielmehr auch einen legitimen Platz in der jeweiligen Religion gewonnen hat.

Die dritte Analogie ist die Reform der Orthodoxie.

Die vierte ist die „Dialektische Theologie", „'Ilm al-Kalām".

Die fünfte Analogie: Sowohl Ġazālī als auch Ibn-Maimūn sind Erneuerer der jeweils erstarrten Frömmigkeit.
Das Erneuerungsprogramm eines jeden ähnelt in vielfacher Hinsicht dem anderen.
Die sechste Analogie ist die Innovation des religiösen Diskurses. Nur am Rande sei erwähnt, daß sich Ibn-Maimūn für die arabische Sprache entschieden hat. Bedeutsam ist vielmehr der Abschied vom dogmatisch geprägten klerikalen Diskurs. Beide Theologen sind Pioniere eines aufklärerischen, von der Gesetzessklaverei freien Weges. Die Mitteilung der religiösen Botschaft ist weniger dogmatisch, dafür mehr spirituell betont.
Siebte, aber nicht die letzte, Analogie ist das Hauptwerk eines jeden der beiden Theologen, „Iḥyā'" und „Dalālat".

Zum Hauptwerk Maimūns:
Dalālat al-ḥā'irīn[97] – Zur Titulatur

Maimonides verzichtet auf den naheliegenden Ausdruck „Dalīl", „Anleiter", „Wegweiser" einen Titel, den er für sich durchaus hätte beanspruchen können. Daß der Autor als weiser Anleiter seiner Gemeinschaft gilt und auch akzeptiert war durfte als Konsens angenommen werden. Stattdessen wählt Maimūn den bescheideneren Ausdruck „Dalālat", „Wegweisung", „Hinweis".
In „Dalālat al-ḥā'irīn" verfolgt Maimūn das Ziel „Mischna" und „Talmud" zu reformieren, um nicht revidieren zu sagen oder gar überflüssig zu machen. Für diesen mutigen Schritt handelte sich Maimūn die Attacke der jüdischen Orthodoxie ein.

Zur Entstehungsgeschichte

Dalālat al-ḥā'irīn ist ein ausgereiftes Spätwerk Maimonides. Mit diesem Werk war der Autor bestrebt, eine Theologie- und Kultreform im Judentum herbeizuführen.

Literatur- und Formgeschichte und Struktur

Dalālat al-ḥā'irīn von Maimūn orientiert sich in weiten Strecken an Ġazālīs „Iḥyā' 'ulūm ad-dīn". Beide Werke, „Dalālat" und „Iḥyā'" lassen sich miteinander in vielfacher Hinsicht vergleichen. Aufbau und Struktu-

---

97 دلالة الحائرين

ren decken sich. Es ist sicher, daß sich Maimūn von Ġazālīs Iḥyā' hat leiten lassen.

Inhaltliche Abhängigkeit des „Dalālat al-ḥā'irīn" Maimūns von Ġazālīs „Iḥyā' 'ulūm ad-dīn[98]"

Ġazālī wird von Maimonides nicht namentlich genannt. Das fällt besonders auf. Da aber Maimonides Ġazālīs Werk nicht nur kannte und benutzte, sondern sogar als Basis für sein Werk „Dalālat al-ḥā'irīn" genommen hat, stellt sich die Frage, warum Maimonides diesen legitimen Hinweis unterläßt. Die Frage ist begründet, denn er, Maimonides, hat in verschiedenen Schriften die Namen mehrerer arabischer Denker genannt, insbesondere Farābī, Ibn-Sīnā, Ibn-Bagga und seiner Zeitgenossen Ibn-Ṭufail und Ibn-Rušd.
Die deutlichen strukturellen Parallelen von „Dalālat al-ḥā'irīn" des Maimonides und „Iḥyā' 'ulūm ad-dīn" und von Ġazālī, die auch anderen Forschern aufgefallen sind, zwingen uns zur Frage nach dem Motiv des Verschweigens. Handelt es sich um Spurenverwischen? Sollen Leser auf die Quelle des Maimonides nicht aufmerksam gemacht werden?
Noch stärker zeigt sich die Abhängigkeit der Religionssystematik „Mischna Tora" des Maimonides von „Iḥyā' 'ulūm ad-dīn" des Ġazālī. Besonders auffällig ist der Einfluß Ġazālīs auf „Dalālat al-ḥā'irīn" von Maimonides in folgendem:
Die Lektüre des ersten Teils von „Dalālat al-ḥā'irīn" zeigen sehr deutlich den Plan und die Absicht Maimonides. Ihm geht es darum, die Adressaten seiner Arbeit einen aufklärerischen Ansatz beim Herangehen an die Heiligen Schriften zu vermitteln.
Schlagartig werden die am Alten Testament orientierten Ausführungen des Maimonides unter- oder gar abgebrochen. Unvermittelt startet Maimonides eine Auseinandersetzung mit sektiererischen Richtungen innerhalb des Islams – wohl gemerkt nicht innerhalb jüdischer Gemeinden. Wüsste man nicht, wer der Autor von „Dalālat al-ḥā'irīn" ist, hätte man einen muslimischen Gelehrten angenommen, vielleicht sogar namentlich Ġazālī.
Auch andere Analogien von Maimūns „Dalālat al-ḥā'irīn" und Ġazālīs „Iḥyā'" lassen sich feststellen.
Besonders auffällig in Dalālat al-ḥā'irīn ist die Beobachtung, daß der Autor sich die Position des orthodoxen Islam zu eigen macht. Dabei verteidigt der Verfasser die Position der islamischen Rechtgläubigkeit, so wie sie von

---

98 احياء علوم الدين

Ġazālī offensiv vertreten wurde. In diesen speziellen Abschnitten kommt kaum etwas vor, was darauf hindeutet, daß der Autor jüdischen Glaubens ist. Maimonides schreibt so, als wäre er selbst ein Verfechter der islamischen Orthodoxie. Der Diskurs an diesen Stellen hätte durchaus direkt von Ġazālī selbst stammen können.

Beide Werke, Ġazālīs „Iḥyā'" und Maimūns „Dalālat al-ḥā'irīn", streben die Befreiung der Gläubigen von der Haltung, das Gesetz sklavisch einzulösen und buchstabentreu zu praktizieren, an.

Die mehrfachen Unterbrechungen in Dalālat verlangen nach einer Erklärung. Hypothetisch lassen sie sich als Zusammensetzungen verschiedener Bücher erklären. Sammler und Vervielfältiger von Maimonides-Texten können nachlässig Materialien zusammengestellt haben, die nicht zusammengehören. Diese Hypothese wird dadurch gestützt, daß die überlieferten Manuskripte der „Dalālat al-ḥā'irīn" unterschiedliche Zusammensetzungen von Beiträgen aufweisen. Die Reihenfolge der Artikel ist nicht einheitlich. Erhebliche Divergenzen kommen vor.

Gegen diese Hypothese spricht jedoch die Tatsache, daß sich Stil und Form der fraglichen Stellen mit dem authentischen Diskurs des Maimonides decken.

Man muß dem aber noch hinzufügen, daß in der Zeit vor der Einführung der Druckkunst, die Abschriften – auch die Ġazālīs und Ibn-Rušds – sich zum Teil erheblich voneinander unterscheiden. Die Autoren selbst hatten es – im Unterschied zum gedruckten Buch – leicht zu intervenieren und ihre Texte zu ergänzen, zu korrigieren oder anderswie zu ändern.

Daß das überlieferte Werk „Dalālat al-ḥā'irīn" tatsächlich von Maimonides selbst stammt, wird auch durch die Tatsache bestätigt, daß ein Zweifel an der Echtheit nie erhoben wurde. Im Gegenteil, die Schüler und Nachfolger Mūsā b. Maimūns, behandelten das Werk des Meisters als authentisch.

Maimūn und der Philosophenstreit (1)

Maimūn engagiert sich wohl gegen abweichende und sektiererische Tendenzen, wobei er die Position Ġazālīs, das heißt, des sunnitischen Islams, einnimmt.

Auffällig dabei ist, daß Maimūn zu der dreifachen Verurteilung Ibn-Sīnās durch Ġazālī schweigt. Hier liegt ein weiteres Indiz dafür, wie sehr sich Maimūn mit Ġazālī identifiziert.

Mūsā b. Maimūn war sehr in der Auseinandersetzung um Ibn-Rušd und Ġazālī integriert. Wir besitzen einen Brief Mūsā b. Maimūns, den er von Kairo aus nach Quṭuba abschickte und in dem er die ihm noch fehlenden

Büchern Ibn-Rušds anfordert. Also mußte er auch Kenntnis von sowohl „Tahāfut at-tahāfut" als auch „Tahāfut al-falāsifa" gehabt haben.
Maimūn schweigt über den Philosophenstreit, aber er schweigt sehr laut. Es ist ganz klar, daß in einem Streit um „Ibn-Sīnā, Ġazālī, Ibn-Rušd" sich Maimūn dem Ġazālī am nächsten verbunden fühlt.
Maimonides hat sich aus dem Philosophenstreit herausgehalten. Damit hat er jedoch ganz klar eine Position bezogen. Wo die Welle sich gegen Ġazālī gewandt hat, wollte er sich der Opposition gegen Ġazālī nicht anschließen. Ausdrücklich für Ġazālī einzutreten, wollte er auch nicht. Zu rätseln braucht man nicht.
Maimūn eröffnet in „Dalālat al-ḥā'irīn" eine heftige Polemik gegen 'Ilm al-Kalām und seine Vertreter.

Eine spezielle Frage macht mir persönlich Kopfzerbrechen. Maimonides stand Ġazālī geistig und theologisch sehr nahe. Damit unvereinbar ist die Haltung Maimūns gegenüber 'Ilm al-Kalām. Ġazālī war der Fachvertreter des Kalāms. Maimonides startet eine heftige Attacke gegen Kalām. Also mischt er sich doch in den Philosophenstreit ein.
Damit ist das Rätsel dennoch nicht aufgelöst. Maimonides greift zwar 'Ilm al-Kalām an, gleichzeitig erweist er sich in seinem Diskurs als Mutakallim ersten Ranges. „Dalālat al-ḥā'irīn" von Mūsā b. Maimūn ist eines der besten Dokumente der dialektischen Theologie.
Wie läßt sich das vereinbaren mit zwölf Thesen, die Maimūn in „Dalālat al-ḥā'irīn" gegen 'Ilm al-Kalām präsentiert, von denen die siebte besonders heftig ist.

Resultat – Ġazālīs „Iḥyā' 'ulūm ad-dīn" diente als Vorlage zu Maimūns „Dalālat al-ḥā'irīn"

Ġazālī diente als Quelle für Maimūn, nicht jedoch für das gesamte Werk, sondern für Einzelteile, die jüdisch kompatibel sind. Diese bilden aber den Hauptanteil des Werkes von Maimonides.
Ibn-Maimūn beginnt sein Werk mit einer eigenen Interpretation des Alten Testaments. Nicht nur die Tora, sondern auch die Nabiyyīn, die Propheten, werden von Maimūn neu ausgelegt und entmythologisiert. Er startet schon bei Isch/Ischa.[99] Er fährt fort bis zu den prophetischen Stellen, die außernatürliche Phänomene darstellen. Mythologische Berichte versucht Maimonides zu rationalisieren. Zu den unnatürlichen Bildern liefert er einen ver-

[99] Gen. 2,23.

nunftgemäßen Kommentar. Man muß sagen, Maimonides war ein Vorreiter des Entmythologisierungsprogramms.

Zur Qur'ān-Exegese wandte Ġazālī das Erklärungsmuster Ẓāhir/ Bāṭin an. Ihm folgt Moses Mainmonides, der seinerseits die Allegorie und Metaphorik anwendet, um eine überrationale Aussage auf ihren rationalen Kern zu reduzieren.
Es besteht vor allem eine Identität der Erkenntnisziele: weg von der buchstäblichen Lesart – hin zur emanzipatorischen Interpretation der heiligen Schriften. Beide, Ġazālī und Maimonides, ziehen offensiv gegen Konservatismus und Fundamentalismus, gegen Dogmatismus und Esoterismus und vor allem gegen die Buchstabensklaverei.

Das große Projekt Maimonides „Mischna Tora"

Das Sprachmedium des Mūsā b. Maimūn ist Arabisch. Auf Arabisch verfaßte er alle eine Schriften bis auf eine einzige, wobei die Ausnahme die Regel bestätigt: „Mischna Tora".
„Mischna" ist das einzige Werk, daß Maimonides auf Hebräisch verfaßte. Der Grund dafür liegt auf der Hand. Dazu mußte er den hebräischen Mischna-Text benutzen und neubearbeiten, wohl aber auch revidieren.
„Mischna" ist hebräisch, zu Deutsch „Wiederholung". Der Ausdruck steht – gemäß dem Inhalt des Buches auch für „Lehre". Bis etwa 220 n.Chr. war das jüdische Religionsgesetz mündlich überliefert. Seine Aufzeichnung wurde gegen 220 abgeschlossen. Die „Mischna" ist die Grundlage des Talmuds. Zu dem umfangreichen Reformprogramm, das sich Ibn-Maimūn vorgenommen hat, gehört auch der mutige Schritt: Die Revision der Mischna. Für diese Reform handelte sich Maimūn die Kritik konservativer jüdischer Gelehrten ein, ließ sich dabei aber nicht verunsichern. Frederek Musall macht besonders aufmerksam darauf, daß Maimonides seinem Werk „Mischna Tora" ein einführendes Buch über das Wissen voranstellte, dem er analog Ġazālī den Titel „Sefer ha-madda" gab. Musall formuliert sogar, so wörtlich: „(Maimonides) in den Fußstapfen Ġazālīs?" abū Ḥāmid al-Ġazālī stellte seinem großen Werk „Iḥyā' 'ulūm ad-dīn" das Einführungsbuch „Über die Erkenntnis, Kitāb al-'Ilm" voran.

Für Maimonides war Ġazālī nicht nur ein nachzuahmendes Beispiel. Vielmehr folgt Maimonides dem Ġazālī nach Inhalt, Konzept und Form. Jüdische Kritiker Maimonides nahmen ihm ferner übel, daß er sich kaum auf jüdische Vorgänger, sondern sich auf muslimische Autoren bezieht.

Die Reformpläne Maimonides haben sich nicht durchgesetzt. Die jüdische Orthodoxie unterdrückte das Werk.
Andere hebräische Bücher des Maimonides sind – gegen verbreitete Meinung – nicht original auf Hebräisch verfaßt worden, sondern nachträglich als Übersetzungen aus dem Arabischen entstanden sind. Maimonides hat indes die zu seiner Lebenszeit gefertigte hebräische Übersetzung von „Dalālat al-ḥā'irīn" gelesen und auf Richtigkeit geprüft. Die eigentliche Schrift- und Literatursprache Maimūns war Arabisch. Unter den Übersetzern und Kommentatoren des Maimonides heben sich besonders Nabuni und Ibrāhīm b. Maimūn hervor. Die Gründe für Probleme, die sich bei der Erstellung von Übersetzungen ins Hebräische ergeben haben, sind vielfältiger Natur. Die äußerst differenzierte Ausdrucksfähigkeit des Arabischen stellt für jeden Übersetzungsversuch eine große Herausforderung dar. Das Arabische blickt auf eine lange Tradition als philosophische Schriftsprache zurück. Maimūn beherrschte den arabischsprachigen philosophischen Diskurs und sah im Hebräischen keine Alternative dazu.
Nur teilweise konnten Probleme bei der Übersetzung des Maimonides Werkes ins Hebräische gelöst werden. Eine Möglichkeit war, arabische Originalausdrücke zu übernehmen und an die Hebräische Lautung anzupassen.

Über den Ursprung des jüdischen Sūfismus

Wie sehr Maimūn dem Ġazālī nicht nur theologisch, sondern auch spirituell nahegestanden hat, zeigt sich in der Lebensplanung.
Maimūn folgt Ġazālī auch in bezug auf den Sūfismus. Damit gilt Ġazālī als Vorläufer des jüdischen Sūfismus. An dieser Stelle handelt es sich gewiß um kein Plagiat, sondern um Geistesverwandtschaft der beiden führenden Theologen. Insgesamt waren arabische Philosophen sūfistisch orientiert. Die einen waren in Personalunion Sūfis und Philosophen wie Rābi'a al-'Adawiyya[100] aus Baṣra und Ibn-'Arabī[101] aus dem Andalus. Die anderen waren nur Freizeit-Sūfis, wie Ibn-Sīnā und Ibn-Rušd.

Rückblick auf Maimanides

Maimūn war voll integriert im theologischen und philosophischen Diskurs seiner Zeit. In „Dalālat al-ḥā'irīn" nimmt er zu so vielen Streitfragen und

100 رابعة العدوية القيسية; Rābi'a al-'Adawiyya al-Qaysiyya (714-801)
101 محي الدين بن عربي, Muḥyī ad-Din Ibn 'Arabī, (1165-1240), Mystiker und Sūfī.

Details Stellung. Für sein Schweigen zum Philosophenstreit kann nicht daran gelegen haben, er habe ihn nicht zur Kenntnis genommen. Ebensowenig gelte die Ausrede, er sei eine innerislamische Angelegenheit gewesen. Maimūn hat in die dogmatischen Auseinandersetzungen um die islamischen Sekten eingegriffen und seine Position klar zum Ausdruck gebracht. Dazu fühlte er sich berufen.

Der Philosophenstreit ist an Maimonides nicht vorbeigegangen. Er muß Ġazālīs „Tahāfut al-falāsifa" und Ibn-Rušds „Tahāfut at-tahāfut" gekannt haben. Der Philosophenstreit war öffentlich geworden und weit und breit Diskussionsthema. Er wanderte vom arabischen Osten in den arabischen Westen und ist selbst in Europa zur Streitfrage zwischen den Fraktionen geworden. Maimonides seinerseits wanderte von Westen nach Osten. Sein Lebenstraum war, irgendwann in Kairo anzukommen und von der Hauptstadt der arabischen Welt aus wirksam sein zu können. Die Realisierung dieses Lebenstraumes verzögerte sich, Maimūn musste seine Reise nach Ägypten unterbrechen und sich in Palästina, in dessen Hauptstadt Bait al-Maqdis (Jerusalem) länger aufhalten. Die Befreiung der Region von der Invasion der europäischen Kreuzfahrer war noch in vollem Gange. Es war die Herrschaftszeit der Ayyūbiden. Unter ihnen wurde die palästinensisch-ägyptische Region befreit und befriedet. Der Reiseweg nach Kairo für Mosa b. Maimūn wurde frei. Er gelangte sogar bis zum Hof und wurde zum Leibarzt des Sultans. Er konnte von der Hauptsynagoge des Judentums, heute in der Alfī-Strasse im Zentrum von Kairo, unweit des Taḥīr-Platzes, wirken. Erhalten sind unter anderem seine Korrespondenz mit jüdischen Gemeinden in Jemen und anderswo. Eine Reihe seiner Korrespondenz und kleineren Schriften konnten erst in unserer Zeit aus der Geneza (Schatzkammer) sichergestellt werden. Dabei hat sich mein Lehrer Murād Kāmil verdient gamacht.

Was das Verhalten Maimonides im Philosophenstreit anbetrifft, erkläre ich dazu: Ḥaḇām Mūsā b. Maimūn war philosophisch abstinent.

Bei allen drei Hauptpersönlichkeiten des Philosophenstreits fühlte sich Maimūn dem Ġazālī am ehesten verbunden. Dem dreifachen Verdikt Ġazālīs konnte Maimūn nicht indes zustimmen. Das Erscheinen Ibn-Rušds „Tahāfut at-tahāfut" hat einen Trend gegen Ġazālī eingeleitet. Bei dieser Polarisierung wäre eine Parteilichkeit für Ġazālī oder für Ibn-Rušd nicht problemlos gewesen.

Moses Maimonides ging den Weg des geringsten Widerstands. Er schwieg. Der Name „Ġazālī" kommt in seinem gesamten Werk nicht ein einziges Mal vor, gleichwohl wird er ausgiebig zitiert. Warum sollte aus-

gerechnet Ġazālī nicht genannt werden, wenn Maimūn mehrere andere Zeitgenossen unbefangen erwähnt.
Maimonides schweigt über den Philosophenstreit, aber wie gesagt, er hat laut geschwiegen. Er meinte in ʿIlm al-Kalām, dessen Fachvertreter Ġazālī selbst war, eine Angriffsfläche gefunden zu haben. Ohne Ġazālī namentlich zu nennen, ging Maimonides offensiv gegen die Mutakallimin vor. Aber auch diese Offensive mit zwölf Antithesen war für Maimūn nicht unproblematisch.
Offen in der Maimonidesforschung bleibt nur noch die Frage nach der Einordnung der Anti-Kalām-Polemik in „Dalālat al-ḥāʾirīn". Sie stellt ein hermeneutisches Problem, für das ich noch keine spannungsfreie Lösung finde. Es rührt von der Widersprüchlichkeit im Diskurs des Maimonides her. Er selbst wendet ʿIlm al-Kalām an, den er angreift. Seine Antithesen zu ʿIlm al-Kalām belasten ihn als dessen Anwender. Diese unvereinbare Widersprüchlichkeit kenne ich bei keinem anderen Klassiker.
Es sei daran erinnert, daß die Philosophie auf der einen Seite und ʿIlm al-Kalām auf der anderen sich unabhängig voneinander entwickelt haben. Die beiden Richtungen haben sich sogar als Kontrahenten verstanden. Erst viel später hat sich eine allmähliche Integration der beiden Richtungen entwickelt. Somit ist auch gesagt, daß bis dahin die Zugehörigkeit zur einen Richtung den Ausschluß der anderen bedeutete.
Erklärtermaßen hat sich Maimonides zur theologisch-spirituelle Richtung zugeordnet und entsprechend den Stab über Kalām gebrochen. In seiner schriftstellerischen Praxis vertritt er hingegen die dialektische Theologie. Real tritt er als Mutakallim auf. Seine Antithesen sind mit seinem eigenen Diskurs unvereinbar. Insbesondere Maimūns siebenter Widerspruch gegen die Mutakallimīn tritt die Widersprüchlichkeit unüberhörbar in Erscheinung, besondern in Bezug auf die Frage „Sein und Nicht-Sein".

Der Arzt Mūsā b. Maimūn al-Ḥakīm

Mūsā Ibn-Maimūn lebte und wirkte in Qurṭuba (später in Cordoba gesprochen). Er war also nicht nur Zeitgenosse, sondern auch Kompatriot Ibn-Rušds. Schon lange strebte Ibn-Maimūn die Umsiedlung nach Ägypten, im engeren Sinne nach Kairo, an. Die Realisierung dieses Plans hat sich unter anderem als Folge der Kreuzzüge verzögert. Die Friedenspolitik der Ayyūbiden brachte mit sich Reiseerleichterungen und Sicherheit auf den Fernstraßen. Ibn-Maimūn kam dann nach Bait al-Maqdis (Jerusalem), konnte aber die Reise nach Ägypten vorerst nicht fortsetzen. Schließlich gelangte er nach Kairo, wo er von dort aus zum Oberhaupt der jüdischen Religion wurde.

Mūsā b. Maimūn trug unter anderem den amtlichen Titel „al-Ḥakīm" in doppeltem Sinne des Wortes „Arzt" und „Weise". Als Arzt war er ebenso anerkannt wie als Theologe. Seine Reputation brachte ihm eine Berufung an den Hof der Ayyūbiden und wurde zum Leibarzt des Sultans ernannt. Letzterer litt an Fettsucht. Dafür verfaßte Maimūn eine wertvolle – leider zu wenig beachtete – Schrift über „Diät".

Evaluation

Die Reformpläne Maimonides haben sich nicht durchgesetzt. Die jüdische Orthodoxie unterdrückte das Werk.

Es fällt sehr auf das sich Maimūn in den Philosophenstreit nicht engagiert hat. Es wundert in der Tat, denn seine Zeitgenossen und Gesinnungsverwandten Ibn-Rušd, Ibn-Ṭufail und Ibn-Bagga waren durch die Veröffentlichung Ġazālīs sehr bewegt und sich engagiert. Maimonides gehört zu diesem Philosophenkollegium. Er schweigt als einziger. Was für ein Schweigen war es? Bewußtes Schweigen ist ein Sonderform des Ausdrucks.
Ibn-Maimūn war mit dem Denken Ġazālīs sehr vertraut. Er hat sich mit Ġazālī intensiv beschäftigt, ja er ließ sich von ihm als Vorbild leiten.
Ibn-Maimūn studierte auch die Werke Ibn-Rušds. Von Maimonides ist ein Brief aus Kairo erhalten, in dem er ihm noch fehlende Werke Ibn-Rušds bestellt. Er muß sowohl „Tahāfut al-falāsifa" als auch „Tahāfut at-tahāfut" gekannt haben.

Ibn-Rušd, Ibn-Ṭufail und Ibn-Bagga, die alle wie Maimūn während der Muwwahidun-Ära unter abū-Ya'qūb Yūssuf[102] (1163-1184) und abū Yūssuf Ya'qūb bin Yūssuf al-Manṣūr[103] (1184-99) lebten und von ihrer Förderung der Philosophie und Wissenschaft profitierten, griffen heftig in die Debatte um Ibn-Sīnā und Ġazālī ein. Nur Ibn-Maimūn hat sich die Stimme enthalten. Dieses Schweigen ist eine Sprache eigenen Typs. Es ist eine Sonderform der Meinungsäusserung.

---

102 أبو يوسف يعقوب بن عبد الحق, abū Yūsuf Ya'qūb b. 'Abd al-Ḥaqq.

103 أبو يوسف يعقوب بن يوسف المنصور

Kapitel sechszehn

Der Philosophenstreit geht weiter

Als Ġazālī sein Buch „Tahāfut al-falāsifa" über die Kritik an Philosophen mit Ibn-Sīnā im Mittelpunkt veröffentlicht hat, wurden zunächst kaum Widersprüche gemeldet. Die öffentliche Meinung stand mehrheitlich auf Seiten Ġazālīs. Das Bild änderte sich bald, als immer mehr Gelehrte in den Philosophenstreit eingegriffen haben.
Nachstehend bringen wir eine Auswahl der wichtigsten Stimmen zusammen mit ihren Thesen. Es zeigt sich, daß Ibn-Rušd keineswegs einen Schlußstrich unter den Philosophenstreit gezogen hat.

Šaharastānī

أبو الفتح محمد بن عبدالكريم بن ابى بكر احمد الشافعى الشهرستانى

abū al-Fatḥ Muḥammad b. ʿAbd al-Karīm b. abī-Bakr Aḥmad aš-Šaharastānī (479-548 H. = 1086-1153 n.Chr.)
Šaharastānī steht in der Literaturgeschichte für den Klassiker der Religionsgeschichte und Konfessionskunde. Unvoreingenommen bemühte er sich um optimale Neutralität in seiner Darstellung der jeweiligen Glaubensrichtung.

Als Ġazālī starb, war Šaharastānī 25 Jahre alt. Ob seiner Gelehrsamkeit und Objektivität wurde er im Jahr 1110 auf einen Lehrstuhl an der Niẓāmiyya von Baġdād berufen. Mit fünfundzwanzig Jahren trat Šaharastānī die Nachfolge Ġazālīs an, ein Jahr vor dessen Tod (1111). Es spricht für die große Reputation, die Šaharastānī schon als junger Wissenschaftler hatte.
Šaharastānī ist ein Autor von kompetenter Fachlichkeit und fundierter Akribie. Er verfaßte das bedeutsamste Werk der Konfessions- und Dogmengeschichte „al-Millal wa an-niḥal" (Konfessionen und Sekten, hier kurz „Millal" genannt). Auf dieses Werk sollte heute kein Konfessions- und Dogmenhistoriker verzichten.
Wie der Name schon sagt, stammt der Autor aus Schahrastan, gelegen zwischen Nisapur und Chwarizm in Ḫurāsān. Dort steht heute das Šaharastānī-Mausoleum.

Das Werk „al-Millal wa an-niḥal" ist unentbehrlich bei allen Untersuchungen über vorausgegangene Glaubensrichtungen und dogmatischen Auseinandersetzungen. Šaharastānī behandelt selbst kleine Differenzen zwischen den Konfessionen und bearbeitet auch subtile Abweichungen, die zu Spaltungen von Glaubensgemeinschaften führten. Religionen und Sekten behandelt Šaharastānī unter Berücksichtigung ihrer Besonderheit im Vergleich zu verwandten Gemeinschaften. Unter anderem deshalb ist sein Werk von großer fachlicher Bedeutung geworden. Mit großem Respekt berichtet er über Glaubensformen unabhängig von seiner persönlichen Einstellung. Seine hohe Toleranz begründet die Objektivität seiner Darstellungen.

Philosophenstreit

Šaharastānī ist der erste Fachautor nach Ibn-Rušd, der die Problematik registrierte, welche durch Ġazālīs „Tahāfut al-falāsifa" ins Leben gerufen wurde. Vorzeitig erkannte die schleichende Krise, noch bevor sie öffentlich ausbrach.

Šaharastānī war Professor für Philosophie. Er hielt Vorlesungen über die Philosophie und einzelne Werke Ibn-Sīnās. Also konnte er aus fachlicher Sicht die Auseinandersetzung Ġazālīs mit Ibn-Sīnā prüfen und beurteilen. Šaharastānī befaßte sich mit den unterschiedlichen Aspekten des Philosophenstreits „Ġazālī contra Ibn-Sīnā".

In seinem Werk „al-Millal wa an-niḥal" widmete Šaharastānī dem Arzt und Philosophen Ibn-Sīnā längere Kapitel. Die Lektüre Šaharastānīs zeigt, wie sehr die öffentliche Diskussion durch die Auseinandersetzung mit den Thesen Ibn-Sīnās geprägt war. Das ist der Grund dafür, warum Ibn-Sīnā (der fast ein halbes Jahrhundert vor Šaharastānīs Geburt gestorben war) einen breiten Raum in „Millal" erlangt.

Šaharastānī unterrichtete an der Niẓāmiyya Philosophie und zwar auf der Basis der Ibn-Sīnā-Werke. Seine Kompetenz dazu hat Šaharastānī in seinem eigenen Werk „al-Millal wa an-niḥal" unter Beweis gestellt. Darin wird dem Ibn-Sīnā überdurchschnittlich umfangreiche Kapitel gewidmet.[104] Auch in anderen seiner Werke setzt sich Šaharastānī mit Ibn-Sīnā auseinander.[105]

---

[104] Šahrastānī, al-Millal wa an-niḥal, besonders Band 2, SS. 490-577.

[105] Besonders: Šahrastānī, Muṣāraʿat al-falāsifa (Der Philosophenstreit), ed.: Muchtar, Kairo 1976.

Der Philosophenstreit war zunächst in der Latenz, da die schwierigen Werke Ibn-Sīnās und die komplexe Polemik Ġazālīs noch nicht in ihrer explosiven Tragweite erkannt werden konnten. Dazu wäre eine viel längere Zeit nötig. Šaharastānī ist nur ein Frühzeuge. Trotzdem hat er die Tiefe der Differenzen erkannt und behandelt. Doch ganz anders als Ibn-Rušd wollte Šaharastānī keine Offensive gegen Ġazālī zugunsten Ibn-Sīnās eröffnen. Eloquent verfaßt Šaharastānī eine Serie, welche die Differenzen zwischen den beiden Vorgängern, Ibn-Sīnā und Ġazālī, aufgreift, aber fairer behandelt. Er entschärfte die extremen Widersprüche, die Ġazālī konstruierte. Die von Šaharastānī gewählten Titel, z.B. „Muṣāraʿat al-falāsifa" sind exemplarisch dafür. Nicht „Tahāfut", sondern „Muṣāraʿat" „Debatte unter Philosophen" schreibt Šaharastānī.

Theodizee: Im Rahmen seiner umfassenden Abhandlung über Ibn-Sīnā hat Šaharastānī die Frage der „Theodizee" aufgegriffen (IX. Masʾala). Es zeigt sich, daß sich die Position Ibn-Sīnās dazu konsequent aus seinem Denksystem ergibt. Die ewige Sorge läßt zu, daß das Böse einen Raum im Leben der Menschen einnimmt.
Besonders wertvoll ist, daß der Konfessionshistoriker Šaharastānī selbst ein Zeitgenosse Ġazālīs war. Bedeutungsvoll ist, daß Šaharastānī unter anderem das Gesamtspektrum von Streitfragen im 10.-12. Jahrhundert behandelt. Somit läßt sich die Debatte Ġazālī contra Ibn-Sīnā aus der Sicht eines Zeitgenossen historisch authentisch einordnen. Aus der unmittelbaren räumlichen und gedanklichen Nähe vermochte es Šaharastānī, die ausgetragenen Gegensätze aufzuarbeiten und für breiteres Publikum aufzubereiten. In dieser Gesamtschau werden die laufenden Disputationen relativiert. Der philosophisch-theologische Diskurs wird nicht auf zwei Autoren reduziert, sondern zu einem Gesamtpanorama erweitert und historisch integriert betrachtet. Die einzelnen Fragen der beiden Streiter Ibn-Sīnā und Ġazālī können im Kontext der breiten Diskussionen anders, besser und genauer gesehen werden.

Šaharastānī hat Ibn-Sīnā, der für ihn länger zurückliegt als Ġazālī, sehr ausführlich behandelt. Indes hat er Ġazālīs „Tahāfut" nicht ignoriert. Er greift in den Streit Ġazālī gegen Ibn-Sīnā ein, ohne Ġazālī namentlich zu nennen – anderes als Ibn-Rušd. Nur Insider und Kenner werden wissen, wer gemeint ist. In seinem „Muṣāraʿat al-falāsifa" erläutert Šaharastānī seine Motive, die ihn zu diesem Werk geführt haben. Es ist nicht direkt ausgesprochen, dennoch geht aus dem Kontext deutlich hervor, daß er sich auf den Streit „Ġazālī gegen Ibn-Sīnā“ bezieht. So ist auch der gewählte Buchtitel zu interpretieren: „ʿIlm al-Kalām nähert sich dem Ende zu“.[106]

Tawḥīd: Das Exposé von Šaharastānī über Ibn-Sīnā hebt ab auf seine Thesen über „Tawḥīd“ und wie sich die Arten und ihre Stufen aus der Einheit entfalten.[107] Dieses Stoffgebiet nimmt im Philosophenstreit breiten Raum ein.
Šaharastānī geht also sehr konstruktiv und äußerst behutsam mit dem Philosophenstreit um. Er behandelt die Themen des Streites, ohne die Widersprüche zwischen zwei Denkern zu verschärfen. Ein weiteres Beispiel dafür ist die Behandlung des Problemkomplexes um die „Attribute“.
Längere Ausführungen widmet Šaharastānī dem Thema „Attribute“ und dessen Anhänger („aṣ-ṣifātiyya“).[108] Seine Darstellung über die Ašʿarīten, denen Ġazālī angehört, zumindest nahe steht, befinden sich jeweils im ersten Band.[109] Entsprechend lassen sich aus der Feder Šaharastānīs authentische Innformationen erwerben, die sich durch keinen anderen Autor ersetzen lassen.

---

[106] Šahrastānī, Nihāyat al-iqdām fī ʿilm al-kalām“, Bagdad o.J.
[107] Šahrastānī, al-Millal wa an-niḥal, Bd. 2, S. 395 ff.
[108] Šahrastānī, al-Millal wa an-niḥal, Bd. I., SS. 104-106.
[109] Šahrastānī, al-Millal wa an-niḥal, Bd. I., SS. 106 ff.

Al-Baġdādī

أبو البركات هبة الله بن ملكا البغدادي

abū al-barakāt al-Baġdādī ist – neben Šaharastānī – einer der frühesten Autoren, der sich mit dem Philosophenstreit befassen. Auch al-Baġdādī setzt bei Ibn-Sīnā, ohne ihn namentlich zu nennen, an. Während Šaharastānī mit Rücksicht auf die große Ehrenstellung Ġazālīs sich mit Kritik an ihm zurückhält, diagnostiziert al-Baġdādī Fehlleistungen bei Ġazālī. Seine Auseinandersetzung mit Ibn-Sīnā und Ġazālī endet mit der Kritik an letzterem. Durch al-Baġdādī folgt erstmalig im arabischen Osten eine Strömung gegen Ġazālī.

al-Masʾūdī

المسعودي

Šaraf ad-Dīn Muḥammad b. Masʾūdī (st. nach 582 H. / 1186 a.D.)
Kitāb aš-šukūk wa aš-šubuhāt ʿalā al-Išārāt. (Manuskript in: Süleymaniye-Bibliothek, Istanbul, Hamidiya 1452, foll. 109b-150 a).
Masʾūdī befaßte sich mit dem Philosophenstreit und ob sich Ġazālī mit seiner Kritik an Ibn-Sīnā ins Unrecht gesetzt hat.
Masʾūdī schreibt: Ibn-Sīnā habe drei Thesen aufgestellt, die ihn belasten, darunter eine über „Göttliches Wissen". (Zitat von mir berichtigt. Bei Masʾūdī heißt es wörtlich: Ibn-Sīnā hat drei Thesen über göttliches Wissen aufgestellt, K.K.).
Masʾūdī schließt sich Ġazālī vollumfänglich an (150a.).
Eine Polarisierung der Parteien Pro- und Contra-Ġazālī zeichnet sich ab, ein Phänomen, das nach wie vor auch heute besteht.

Suhrawardī

شهاب الدين يحيى سهروردي

abū al-Futūḥ Yaḥya b. Ḥabaš as-Suhrawardī (hingerichtet 1191)
Daß der Philosoph Suhrawardī vom Denken Ġazālīs stark beeinflußt war, erkennen wir vor allem an seinem Werk „Philosophie der Erleuchtung". Vieles verbindet Suhrawardī mit Ġazālī. Suhrawardī in: „Ḥikmat al-Išrāq, Die Weisheit der Erleuchtung":

1. Versteht die Philosophie als Kritik (so wie Ġazālī an Ibn-Sīnā),
2. Brücken schlagen zum Sūfīsmus
3. Erkenntnis als Intuition
4. entwickelt eine Philosophie des Lichtes

Suhrawardī bemüht sich um eine Versöhnung zweier Meinungsgegner
Er versucht, zwischen Ibn-Sīnā und Ġazālī Brücken zu schlagen und eine Synthese der beiden herzustellen.
Theologie ist Anthropologie:
Der Mensch ist das Ebenbild Gottes. Das Menschenbild widerspiegelt Gottesbild. In den Individuen findet sich eine Repräsentation Gottes.
Das Licht offenbart sich von sich aus.
Es ist kein physikalisches Licht.
Suche das Licht in Deinem eigenen Wesen.
Dunkle Substanzen korrigieren. Die lichthaften Substanzen verstärken.

„Licht"

Das Licht, von dem Sūfīs, Mystiker und Asketen berichten, ist nicht mit dem uns sonst vertrauten Licht identisch. Es ist nicht das tägliche Sonnenlicht, nicht das Elektro- oder Kerzenlicht. Wenn andererseits die Sūfīs den Begriff „Licht" zur Beschreibung ihres Erlebnisses verwenden, dann sicher darum, weil der nächstliegende Ausdruck der gesprochenen Sprache ist.
In Biographien von Sūfīs und Heiligen lesen wir von einem spezifischen, nicht alltäglichen Erlebnis, das sie mit dem Begriff „Licht" umschreiben. Es leuchtet auf. Eine innere Erleuchtung tritt ein. Gelegentlich wird von visionären Momenten berichtet.
Indes wird kaum über Einzelheiten dieses außerirdischen Lichtes berichtet. Die große Mehrheit derer, denen das Lichterlebnis zuteil geworden ist, haben es bewußt vorgezogen, dieses Moment für sich selber zu behalten. Jene, die eine Mitteilung davon machten, bleiben wortkarg. Selbst Ġazālī mit

seinem ausgeprägten, hochentwickelten Ausdrucksvermögen schreibt, daß er darüber nicht schreiben will. Das kann ich durchaus verstehen. Es ist nicht in Worte zu fassen.
Im Schulfach „Physik" lernen wir einiges über die elektromagnetischen Wellen, die wir „Lichtstrahlen aus Korpuskelteilchen" nennen. Diese sind bestimmt nicht das „Licht" von dem die Visionäre sprechen. Wir können nur auf ihre Schriften hinweisen: Die apokalyptische Literatur, z.B. die Offenbarung des Johannes, Miškāt von Ġazālī, Philosophie der Erleuchtung von Suhrawardī und anderes mehr.

Ġazālī und Suhrawardī sind die beiden wichtigsten, mir bekannten Autoren, welche vom Erlebnis des außernatürlichen Lichtes geschrieben haben. Suhrawardī setzt Ġazālī produktiv fort, weicht jedoch von ihm sinnvoll ab. Er überwindet die Position Ġazālī in bezug auf die *Creatio ex nihilo* und vertritt die Ewigkeit der Welt. Für Suhrawardī ist die Welt unanfänglich (ewig) und steht darin Ibn-Sīnā und Ibn-Rušd sehr nahe.
Suhrawardī – anders als Ġazālī – hat sich der Kritik an den politischen Verhältnissen nicht enthalten. Wahrscheinlich wurde er deshalb hingerichtet. Genannt wurden vorgeschobene Gründe.

Al-Abharī

أثير الدين المفضل بن عمر بن المفضل الأبهري السمرقندي

Aṯīr ad-Dīn Mufaddal b. ʿUmar b. Mufaddal al-Abharī al-Samarkandī (st. 660 H./ 1263 a.D.)

Al-Abharī zählt zu den bedeutenden Klassikern der arabisch-islamischen Philosophie und Theologie.
Hauptwerk des al-Abharī: „Hidāyat al-ḥikma"

hidāya: Wegführung, Wegweisung, Anleitung, Orientierung.
Ḥikma: 1. faßt zusammen die Philosophie und die Wissenschaft.
2. Weisheit.

In seinem Lehrbuch „Hidāyat al-ḥikma" aus dem Jahr 1250 behandelt al-Abharī die Logik des Naturalwissens. Das Werk wurde in den regulären Studienkanon der Niẓāmiyya als curriculares Lehrwerk (Dars Niẓāmiyya) aufgenommen. al-Abharī wurde oft kommentiert. Seit dem erstmaligen Erscheinen seines Buches wird es mit großer Aufmerksamkeit studiert.
In „Hidāyat al-ḥikma" geht al-Abharī auch auf den Streit Ġazālī / Ibn-Sīnā ein. Insgesamt ergreift al-Abharī Partei für Ibn-Sīnā gegen Ġazālī. In bezug auf die Streitfrage „Gottes Unkenntnis der Einzeldinge (guzʾiyyāt)" entwickelt al-Abharī eine beachtenswerte Synthese aus der These Ibn-Sīnās und der Antithese Ġazālīs. Erstmalig wird damit der Gegensatz formalisiert. al-Abharī hebt den Widerspruch auf und liefert dazu eine nähere Begründung:

> *„Der aus sich selbst Notwendig Seiende (Urprinzip, Gott) kennt die Einzeldinge. Er kennt die sich verändernden Einzeldinge auf universelle (kullī) Weise, denn Er kennt die Sekundarien (Sekundärursachen). Wer die Ursachen auf vollkommene (tāmm) Weise kennt, weiß auch, was aus dem Wesen der Ursachen hervorgeht. Er kennt die Einzeldinge nicht in ihren Veränderungen, denn das würde bedeuten, daß sich das Wesen des Notwendig-Seienden (Urprinzip, Gott) verändert und das ist unmöglich. Vielmehr kennt Er die sich verändernden Einzeldinge auf universelle Weise (ʿala wagh kullī), da er ihre Ursachen kennt ..."*.

Mit al-Abharī verstärkt sich in der philosophischen Öffentlichkeit die anti-ġazālīsche pro-Avicenna-Strömung, die schon mit Ibn-Rušd im arabischen

Westen eingeleitet wurde. Mit al-Abharī erfährt sie im arabischen Osten einen deutlichen Anstieg.

Quellen und Literatur:

Al-Abharī, Hidāyat al-ḥikma verbreitete es sich rasch.
Es erschien mit Kommentar von: Mumtāz ad-Dīn (Urdu), hrsg. v. ʿAbd-al-Karim Sāhib, gedruckt in: Dhaka (Bangladesch) (ohne Datum) ca. 1960, beachte besonders S. 72 f.
Aus den vielen Kommentaren machen wir besonders aufmerksam auf:
Šams ad-Dīn Muḥammad b. Mubārakšāh al-Buḫārī, (st. 784 H. /1382 a.D.), Scharh Hidāyat al-ḥikma des al-Abharī „Hidāyat al-ḥikma", Ms. Hagya-Sofya-Bibliothek, Istanbul, 2433, fol 67a f.

Ferner:
Mir Ḥusain Maibudi (st. 910 H. / 1504 a.D.), Šarḥ Hidāyat al-ḥikma des al-Abharī „Hidāyat al-ḥikma", (Ms. Arabic supp. 321, fol. 157b.

Naṣr ad-Dīn Ṭūsī

أبو جعفر محمد بن محمد بن الحسن نصيرالدين طوسى

abū Ǧaʿfar Muḥammad b. Muḥammad b. al-Ḥasan Naṣīr ad-Dīn Ṭūsī (597-672 H., 1201-1274) führt einen Sonderfalll in der Polemik gegen Ġazālī. Ṭūsī verteidigt Ibn-Sīnā aus imamistischer Sicht. Ibn-Sīnā gehörte den imamistischen Šīʾiten an. Ġazālī war Sunnit. Doch hat die Frage der konfessionellen Zugehörigkeit überhaupt keine Rolle gespielt. Ġazālī kritisierte Denker ausschließlich unter dem Aspekt, ob sie Grunddogmen, die Konsens unter allen Muslimen sind, verletzen. Er setzte sich mit Ibn-Sīnā in bezug auf die zwanzig Thesen, die er in „Tahāfut al-falāsifa" formulierte auseinander. Das Werk stellt keine konfessionelle Debatte dar, vielmehr handelt es sich um prinzipielle Widersprüche zwischen Religion und Philosophie, wie Ġazālī sie versteht. So wurde auch die Debatte um Ġazālīs umstrittene Thesen bisher geführt.
Die Konfessionalisierung des Konflikts Ġazālī / Ibn-Sīnā blieb bis in die Gegenwart eine Ausnahme.
Aus den Werken Naṣr ad-Dīn Ṭūsī sei besonderes aufmerksam gemacht auf seine Abhandlung über die Ethik:
Fundort: Naṣr ad-Dīn Ṭūsī, Aḫlāq (ca.1595)
Originalausgabe aufbewahrt in: Treasures of the Aga Khan Museum.

Historischer Kontext

Der Philosophenstreit befindet sich in seinem fünften Jahrhundert. Während dieser langen Zeit hat sich die politische Kartographie der arabischen Welt erheblich verändert. Die Abbasidenära ging dramatisch zu Ende. Die einstige Weltmetropole Baġdād führt nunmehr ein Scheindasein. In Kairo wurden die Fāṭimiden[110] und Ayyūbiden[111] durch die Mamlūken[112] abgelöst. Trotz der großen Unterschiede, welche diese Dynastien im Einzelnen aufzuweisen hatten, herrschte bei allen der Konsens der Freiheit des Denkens und Glaubens. In dieser Toleranzkultur war nicht daran zu denken, in den Philosophenstreit von oben einzugreifen. Die große Freiheit, die allen gemeinsam war, herrschte über das arabisch-islamische Weltreich über

110 الفاطميون

111 بنو أيوب, *Banū Ayyūb*

112 المماليك

Jahrhunderte unverbrüchig. Die Situation ämderte sich mit dem Machtantritt der Osmanen.

In der ersten Hälfte des 15. Jhd. haben die Osmanen ganz Anatolien erobert. Mit der Einnahme Konstantinopels im Jahr 1453 ging das byzantinische Reich für immer unter. Aus der gewonnenen Machposition setzten die Osmanen ihre Expansion in alle drei Kontinente der alten Welt fort. Auch das arabisch-islamische Weltreich geriet unter die Herrschaft der Osmanen. Diese ihrerseits beanspruchten nicht nur politische Hoheit, vielmehr instrumentalisierten sie auch den Islam als Mittel ihrer Herrschaftslegitimation. Von da an werden Glaubensfragen staatlich verordnet. Während der Herrschaftszeit der Osmanen stagniert die philosophische Entwicklung.

al-Muḥākama[113]

Unmittelbar nach der Einnahme Konstantinopels, des türkischen Istanbul (1453), und der Etablierung ihrer Herrschaft zunächst über ganz Anatolien, haben sich die Osmanen des Philosophenstreits angenommen.

Muḥammad II. (Mehmet II.) verordnet die öffentliche Verrechtlichung des Philosophenstreits. Dieses Kapitel läuft in der Geschichtsschreibung unter dem Ausdruck „al-Muḥākama, Gerichtsverhandlung". Die Maßnahme wurde stillschweigend hingenommen, hat doch der Philosophensteit die öffentliche Meinung schon länger beschäftigt. Der Sultan ordnete an, daß die Widersprüche „Ġazālī / Ibn-Sīnā" nicht durch die freie Disputation unter Gelehrten geklärt wird, sondern durch eine hoheitliche Stellungnahme entschieden wird. Er beschliesst die Revision des Posthum-Verfahrens gegen Ibn-Sīnā.[114]
Kritisiert wird „Kitāb al-Išārāt wa at-tanbīhāt" von Ibn-Sīnā. Ġazālī hat mit seinem Werk „Tahāfut al-falāsifa" die Klage gegen ihn schon begründet. Mit ihrem staatlich verorderten Eingriff in den lebhaft laufenden freien Erkenntnisprozess, führen die Osmanen eine atavistische Wende ein. Es soll staatlich verordnet werden, was die Menschen glauben müssen.

Die Verfahrensordnung sieht das Einholen von theologisch-philosophischen Gutachten, die beurteilen, wer recht und wer unrecht hat-

113 المحاكمة

114 Carl Brockelmann, Streit um zwei Tahāfut.

te. Kompetente Spitzengelehrte der Islamischen Welt werden aufgefordert, die Frage zu untersuchen, wie die Lehren Ibn-Sīnās theologisch auf Rechtgläubigkeit zu beurteilen seien. Sind sie mit Qur'ān und Sunna konform oder sind sie als Unglaube zu verurteilen? Zu diesen Fragen und überhaupt zum Streit Ġazālīs mit den Philosophen sollten sich die Gelehrten sachkundig äußern. Sie beziehen sich auf die Thesen von Ġazālī, die Ibn-Sīnā belasten.
Sicher sind viele gutachtliche Stellungnahmen erarbeitet worden. Die meisten dieser Gutachten sind jedoch nicht mehr erhalten. Von den verbliebenen Manuskripten verdient das Gutachten von Ṭūsī besondere Aufmerksamkeit.

Punkte der Anklage gegen Ibn-Sīnā
1. Ewigkeit der Welt (Materie),
2. Unmöglichkeit der körperlichen Auferstehung,
3. Gott habe nur Wissen über die Universalien (kulliyyāt), nicht über die Details (guz'iyyāt).

Die Bewertung durch Ṭūsī:
Bis dahin verlief das Verfahren ausschliesslich literarisch als ein Erkenntnisprozess der Theoriebildung und Meinungserklärung.

ʿAlāʾ ad-Dīn Ṭūsī

علاء الدين طوسى

ʿAlāʾ ad-Dīn ʿAlī b. Muḥammad Ṭūsī (st. (887 H., 1482 a.D.)

Bittte nicht verwechseln mit anderen Gelehrten, die aus Ṭūs stammen und ebenfalls „Ṭūsī" genannt werden.

ʿAlaʾ ad-Dīn Ṭūsī stammt aus Ṭūs, derselben Heimatstadt wie Ġazālī selbst.
Ṭūsī, Kitāb ad-Dahira fī al-Muḥākama bayna al-Ġazālī wa al-ḥukamāʾ, ed. in: Hayderabad (Indien) 1321 H., 1899 a.D., S. 12.
Ṭūsī bestätigt Ġazālī in seinem Urteil über Philosophen, da diese die Ewigkeit der Welt behaupten und das körperliche Jenseits leugnen.
Die Lehrmeinung Ġazālīs in „Tahāfut al-falāsifa" beurteilt Ṭūsī wie folgt: Es ist richtig, daß Ġazālī die Lehren Ibn-Sīnās in bezug auf die Ewigkeit der Welt und die Verneinung körperlicher Strafen im Jenseits verurteilt. Was aber Gottes Unkenntnis der guzʾiyyāt, also der einzelnen Individuen und der Einzeldinge, betrifft, so falle dies unter das Thema der Eigenschaften Gottes. Zu dieser Frage bestehen unterschiedliche Lehrmeinungen. Devianz ist erlaubt. „Baʿḍ al-milliyyīn", ein Teil der Gelehrten unserer Religion gehen darin mit Philosophen einer Meinung. Diese Gruppe von Philosophen kann nicht wegen Unglauben (kufr) verurteilt werden, da sie Meinungen vertreten, welche nicht im Widerspruch zu klaren Festlegungen im Text der Offenbarung stehen. Das gilt zum Beispiel für die Verneinung der Attribute Gottes und daß diese in Tawḥīd (Einheit) aufgehoben sind und daß die Hinweise im Qurʾān allegorisch interpretiert werden müssen (analog der Interpretation von Ausdrücken wie „Antlitz" oder „Hand" Gottes)

Ṭūsī: Auch etliche Anhänger unserer Religion (Baʿḍ al-milliyyīn) vertreten diese Auffassung. Darum kann man andere, welche derselben Meinung sind, nicht verurteilen.

Obwohl Ibn-Rušd dreihundert Jahre vor Ṭūsī eine sorgfältige Expertise zur Auseinandersetzung Ġazālīs mit Ibn-Sīnā verfaßte, spielt er für Ṭūsī keine Rolle.

al-Ǧābrī (Jābrī)

محمد عابد الجابري

Muḥammad ʿĀbd al-Ǧābrī (Jābrī) (1936-2010)

Al-Ǧābrī hat sich um die Herausgabe von Ibn-Rušd-Werken verdient gemacht. Das Projekt zur Edition der *Omni Opera Averroes* stand als oberste Priorität auf dem Programm des „Zentrums für Studien im Zeichen der arabischen Einheit“ (Sitz: Beirut). Jābrī wurde zur Betreuung dieses Projektes berufen.

Das Urteil von al-Ǧābrī (Jābrī) gegen Ġazālī fiel zu hart aus: Ġazālī habe der Wissenschaft und der Philosophie großen Schaden zugefügt.[115]

Jābrī hat sich voll mit der Position Ibn-Rušds identifiziert. Uneingeschränkt verurteilt er „Tahāfut al-falāsifa“ in seiner Ganzheit und nicht nur in bezug auf gewisse Fehlleistungen oder gar – wie sonst die Kritiker – hinsichtlich der von Ġazālī ausgesprochenen Verurteilung.
Es ist klar, daß Jābrī von Ġazālī nur sein Buch „Tahāfut al-falāsifa“ kennt. Somit erkennt er überhaupt keine Verdienste des großen Theologen, Sūfī und Erneuerer. Bei seiner Kritik an Ġazālī geht Jābrī nicht auf einzelne Thesen ein, so bleibt seine Polemik allgemein, dafür aber prinzipiell.

---

[115] Jābrī, Einleitung zu: Ibn-Rušd, Tahāfut at-tahāfut, SS. 17-99, besonders S. 83 f.

Kapitel siebzehn
Die Rezeption des Philosophenstreits in Europa

Übersicht

Scholastik
Arabische Philosophie in lateinischer Sprache
Die drei Hauptteilnehmer des Philosophenstreits auf Lateinisch
Die intellektuelle Wende in Europa
Die Europäisierung des Philosophenstreits
Zu den Problemen der lateinischen Übersetzungen
Fall: „*Destructio philosophorum*“ et „*Destructio Destructorum*“
Polarisierung der europäischen intellektuellen Szene
Zur Bewertung der lateinischen Ausgabe Ibn-Rušds
Die averroistische Revolution in Europa
Von der Stagnation über die Scholastik zur Renaissance – Die Bedeutung der arabischen Kultur für die Neugeburt Europas
Die Kultur der Akkulturation und die Arabische Philosophie in Europa
Die Moderne

In Europa verfolgten alle Intellektuellen fieberhaft jede Station des Philosophenstreits. Die arabischen Denker hatten in Europa jeweils ihre Anhänger. Als der Philosophenstreit Anfang des zweiten Jahrtausends ausgebrochen waren, wurden die Werke des jeweiligen Philosophen zur Übersetzung ins Lateinische in Auftrag gegeben und fleißig studiert:
Ibn-Sīnā hatte bereits zu Lebzeiten große Popularität und hohes Ansehen. Als Ġazālī sein „Tahāfut al-falāsifa“ veröffentlichte, wurde er gleich in Lateinische übersetzt. Auf die Replik Ibn-Rušds hat man gewartet und gleich nach Erscheinen übersetzt.

Scholastik

Die Übersetzung arabischer Literatur, ihre Zirkulierung und ihr Studium wird von den Euiropäern als „Scholastik“ bezeichnet. Zu diesen Übersetzungen zählen auch die Abhandlungen des theoretischen Streits.
Die geistige und kulturelle Entwicklung Europas während der Scholastik war vollständig von der Rezeption arabischen Gedankenguts abhängig. Fleißig haben multilinguale Araber und Europäer die Übersetzung arabischer klassischer Werke und Neuerscheinungen ins Lateinische besorgt.

Arabische Philosophie in lateinischer Sprache

Die Übersetzungen haben die lateinische Sprache durch und durch arabisiert. Aus dem Altlatein ist ein neues Medium entstanden, das heute als „Mittellateinisch“ bezeichnet wird. Die sprachliche Neuschöpfung war notwendig geworden. Aus der Sprache des Militärs, der Kirche, der Verwaltung und des Handels sollte eine für Philosophie und Wissenschaft taugliche Sprache werden. Ausdrücke der christlichen Theologie wurden umdefiniert, um philosophisch verwertbar zu sein (Beispiel: „*Substantia*“). Auf diese Weise erlangten die bisherigen Vokabeln eine neue Sinngebung. Neben der Semantik und Umdefinierung wurde noch eine komplexere Syntax eingeführt. Die arabische Formen der Linguistik prägen das Mittellatein. Eigentlich erst durch die Übersetzerbewegung gewinnt die lateinische Sprache an Bedeutung, die heute noch besteht. Bis dahin hat sich außer den Römern niemand für Latein interessiert. Es sei nur auf die internationalen Konzilien der Alten Kirche hingewiesen, wo die römischen Delegierten die Konzilssprache „Koine“ nicht verstanden haben und hilflos dabei gesessen haben.[116]

Jetzt können Ibn-Sīnā, Ġazālī, Ibn-Rušd und andere auf Lateinisch gelesen werden. *Avicenna latinus*, *Averroes latinus* und andere bedingten eine Sprachrevolution.

Die drei Hauptteilnehmer des Philosophenstreits auf Lateinisch

Ibn-Sīnā, Ġazālī und Ibn-Rušd erschienen bald nach ihrer Veröffentlichung in lateinischer Übersetzung.
Ibn-Sīnā gewann rasch Attraktivität durch seine medizinische und therapeutische Literatur. Diese waren die ersten fachlich orientierten ärztlichen Bücher in lateinischer Sprache. Seine philosophischen Arbeiten folgten. Die Römische Kirche, die später Ibn-Rušd auf den Index brachte, förderte eher Ibn-Sīnā in der Annahme, er sei theologisch kompatibel.
Ġazālī, latinisiert zu „AlGazel“, wurde enthusiastisch gefördert. Der Übersetzungsauftrag wurde rasch ausgeführt.

Die intellektuelle Wende in Europa

Die Sprachrevolution schlägt in eine intellektuelle Umwälzung um.

---

[116] Dazu näher behandelt, in: Khella, Dioskoros von Alexandrien, Hamburg 1964.

Die Ausdrücke „Scholastik“ und „Renaissance“ sind nicht mehr aus der europäischen Geschichtsschreibung wegzudenken. Sie eignen sich aber auch dazu, die Bewegung von Umwälzungen zu entschärfen und sie von ihrem arabischen Ursprung abzukoppeln. Schüler und Studenten, die mit diesen Begriffen wachsen, stellen sich kaum etwas vor von den arabischen Einflüssen, die zum bedeutsamsten Paradigmenwechsel der europäischen Geistesgeschichte geführt haben.

Die Europäisierung des Philosophenstreits
Die lateinische Ausgabe von Ibn-Rušd „*Destructio destructes*“ zirkuliert schnell und wird breit rezipiert. Der Averroismus verankert sich unter Intellektuellen und in aufgeklärten Kreisen.

Zu den Problemen der lateinischen Übersetzungen
Es sei besonders auf die Probleme der Übersetzung arabischer philosophischer Werke ins Lateinische hingewiesen.

Fall: „*Destructio philosophorum*“ et „*Destructio Destructorum*“
Rasch nach Erscheinen der Philosophenkritik Ġazālīs wurde es ins Lateinische übersetzt und unter dem Titel „*Destructio philosophorum*“ in breiten Umlauf gebracht.
Ġazālī veröffentlichte seine Polemik unter dem Titel „Tahāfut al-falāsifa“. In diesem Titel ist nichts zu finden, was den lateinische Titel rechtfertigen würde.
„Tahāfut“ ist „*insufficio*“ „das Ungenügen“. Die Philosophen, welche den Gegenstand der Kritik bilden, erfüllen nicht den Anspruch, den sie selber an sich stellen. Der arabische Titel „Tahāfut“ ist eloquent und ist gut gewählt, nicht entsprechend ist der lateinische Ausdruck.[117]
Die Art der Manipulation der Titelübersetzung „*Destructio philosophorum*“ begründet die Annahme einer vorsätzlichen Fälschung, denn wer das schwierige Werk Ġazālīs übersetzt, wird wohl wissen müssen, was „tahāfut“ bedeutet.
Es stellt sich also die Frage, was die Übersetzer und ihre Auftraggeber mit der Entfremdung des Originaltitels durch extrem abweichende Übersetzung beabsichtigen. Was mag sie zur gezielten Verdrehung und Überverschärfung der Originaltitulatur bewegt haben?

[117] Weiter oben, im Kapitel Ġazālī, sind wir auf die Semantik näher eingegangen.

Die Frage läßt sich aus dem historischen Kontext mühelos und genau beantworten. Die Römisch-katholische Kirche stand auf Kriegsfuß mit der Philosophie. Sie sah in Ġazālī den vermeintlich gesuchten Anwalt. Die Lateiner machten ihn zu dem, was sie suchten und gerne haben wollten. Den „Zerstörer der Philosophie". Das war Ġazālī wahrhaftig nicht. Wäre er gefragt worden, hätte er einem Titel mit deutlich aggressiver Pointe sicher nicht zugestimmt.
In ihrer Abwehr gegen die Verbreitung der arabischen aufklärerischen Philosophie in Europa und die damit verbundene gefürchtete Gefahr für die Kirche, suchten die Klerikalen nach einem Erretter. Man meinte ihn in Ġazālī gefunden zu haben. Ist es Ġazālī nicht, dann muß er dazu gemacht werden. Er solle die „*Destructio*" der gefürchteten Aufklärung besorgen. Der Aufstieg des Rationalismus soll gebrochen werden. Die Vernunft hat nur dem Glaubensinteresse zu dienen. Ġazālī sollte zum Apologeten des Klerikalismus und der Philosophiefeindlichkeit gezwungen werden. Davon ist in Ġazālīs Werk keine Absicht zu finden.

„Tahāfut al-falāsifa" / „Tahāfut at-tahāfut" sind dialogische Begriffe: Du hast Deine Aufgabe nicht gut gemacht. Bei der Übersetzung kommt des Grundwort „*Destructio*" dreimal vor. Es ist ein sehr aggressives Wort. Im Arabischen kommt es nicht ein einziges Mal vor. Aus Expertisen und Dialogangeboten sind Kampfschriften geworden.

Ironischerweise gehen europäische Autoren, selbst Fachleute (!), heute noch davon aus, daß der Ausdruck „*Destructio*" von Ġazālī stamme. Sie tragen es in Form eines Witzes über den „Zerstörer der Philosophie (Ġazālī)" und den „Zerstörer des Zerstörers (Ibn-Rušd)", als hätte der Eine Steine gegen die Philosophie geworfen und wäre er mit den selben Steinen zurückgesteinigt worden. Dem wird ein Lächeln nachgesetzt und hinzugefügt: „Und das war die arabische Philosophie". Das Gelache im Saal bleibt nicht aus. Das habe ich wiederholt auf Fachtagungen erlebt. Offensichtlich hat ein älterer Orientalist diese „Lehrmeinung" geprägt, die seitdem weiter erzählt wird.

Nicht Ġazālī, sondern die europäische Kirchenhierarchie fordert „*Destructio philosophorum*". Ihr gelang es tatsächlich, Ġazālī in die europäische Philosophiegeschichtsschreibung als den Zerstörer der Philosophie eingehen zu lassen.
Nicht das Buch von Ġazālī, sondern der gewählte lateinische Titel schafft eine Verwirrung und eine Vorverurteilung, die bis heute noch lange nicht

ausgeräumt ist. Viele europäische Autoren scheinen nicht das Werk selbst gelesen zu haben, sondern nur den gefälschten Titel. Entsprechend ist ihr Bild von der arabischen Philosophie, und namentlich von Ġazālī. In Lehrwerken und Handbüchern steht Ġazālī als Antiphilosoph da.

Polarisierung der europäischen intellektuellen Szene

Bislang galt Ibn-Sīnā als Konsens und hat von Anfang an allgemeine Anerkennung erfahren.

Der Philosophenstreit reflektiert die weltanschaulichen Differenzen in der arabischen geistigen Welt. Infolge der Übersetzungen ins Lateinische spaltete sich analog das intellektuelle Europa. Die kirchlich orientieren Gruppen folgten al-Ġazālī.

Als nach Ġazālī auch Ibn-Rušd breit rezipiert wurde, formierten sich die Intellektuellen und Kritiker um Ibn-Rušd. Die Folge war die unvermeidliche Spaltung in die beiden Fraktionen: die emanzipatorischen Intellektuellen um Averroes und die dogmatischen Klerikalen um Ġazālī. Avicenna ist Konsens geblieben. Jenseits der weltanschaulichen Fronten wird er weiterhin studiert, rezipiert, verehrt und in der ärztlichen Praxis angewendet.

Als Folge der Rezeption des Philosophenstreits spaltete sich die europäische engagierte Öffentlichkeit in entschiedene Anhänger Ibn-Rušds, die sich den Namen „Averroisten“ gegeben haben und in die Front der Anhänger Ġazālīs mit der römischen Kirche und den Klerikalen in Führung. Die Werke von Ġazālī und Ibn-Rušd waren rasch nach ihrem Erscheinen in Arabisch ins Lateinische übersetzt worden. Mit ihnen hat die Fraktionierung begonnen. Diese hat sich zunehmend verschärft. Man kann von offenen Fronten sprechen. Diese Fraktionen sind mit den Interessengruppen, welche die Übersetzungen aus dem Arabischen in Auftrag gegeben haben und für ihre Verbreitung sorgten, identisch. Vor diesem Hintergrund ist die Manipulation der Übersetzungen zu verstehen. Die Abhandlung Ġazālīs, welche unter dem Titel „*Destructio philosophorum*“ erschienen, trägt nicht eine ungewollte Verschärfung der Tendenz des Originals und der Absichten seines Autors. Die Fehlübersetzung soll die Interessen der Auftraggeber legitimieren. Es ist nicht Ġazālī, sondern das klerikale Interesse im Kampf gegen die Philosophie, welche die gezielte Manipulation bewirkt.

Zur Bewertung der lateinischen Ausgabe Ibn-Rušds

Ibn-Rušd erschien unter dem lateinischen Titel „*Destructio destructorum*". Die europäischen Averroisten waren es, welche mit großem Engagement die Übersetzung von Abhandlungen Ibn-Rušds ins Lateinische in Auftrag gegeben haben und für ihre Verbreitung sorgten.

Unsere Kritik an der Formulierung „*Destructio destructes*" soll nicht auf das Gesamtwerk übertragen werden. Die Nachprüfung der lateinischen Übersetzung weist nach, daß sich die Übersetzer ehrlich bemüht haben, eine eins zu eins Übertragung zu besorgen. Eigentlich handelt es sich insgesamt um eine gute Übersetzung. Die Dolmetscher haben sich angestrengt, so dicht wie möglich beim Original zu bleiben. Man muß dabei bedenken, daß das Lateinische in bezug auf das philosophische Ausdrucksvermögen noch sehr defizitär war. Die Übersetzer der Scholastik mußten große Anstrengungen unternehmen, um Äquivalenzen zu entwickeln, um so im Ergebnis dem Original so nach wie möglich zu sein. Davon hat die lateinische Sprache überhaupt profitiert. Auf der Basis dieses fachlichen Vokabulars konnten europäische Autoren, wenn auch mit zeitlicher Verzögerung von einigen hundert Jahren, selbst verfasserisch tätig werden.

Hervor zu heben ist die Tatsache, daß „Tahāfut at-tahāfut" von Ibn-Rušd dreimal hintereinander ins Lateinische übersetzt wurde; ein unübersehbarer Indikator für das kühne Interesse, den arabischen Philosophen so exakt wie möglich zu rezipieren.

Bemerkenswert ist, dass bei allen drei Ausgaben die Vokabel „*Destructio*" beibehalten wurde. Wie wenig die Revisoren über ihre Voreingenommenheit springen könnten.

Bei der Manipulation des Titels zu „*Destructio Destructorum*" (und Parallelen) sollte man nicht auf das gesamte Werk schließen.

Allgemein gilt die Einstellung, daß man beim Lesen einer Übersetzung sich stets ins Gedächtnis ruft, daß es sich um eine „Übersetzung" und nicht um das Original handelt. Bei Übersetzungen spielen – außer sprachlichen Problemen – noch verschiedene Faktoren eine Rolle: Motive, Sonderinteressen, insbesondere Polemik, lokale Rivalitäten, kulturhistorische Bindungen und anderes.

Averroisten formierten sich gegen die Klerikalen, Dogmatiker und Konservativen. Jeweils erkennt man die Überbetonung der Interessen der Streitparteien.

Dazu führen einmal mehr das auffällige Beispiel „*Destructio*". Der arabische Begriff „tahāfut" war von den Urhebern bewußt gewählt. Er hat nichts von der Aggressivität des Ausdruckes „*Destructio*".

Nun sind die Erstübersetzungen inzwischen Literaturgeschichte geworden. Man kann nur darauf aufmerksam machen, wie die Serie der „Tahāfuts" hätte richtig übersetzt werden müssen. „at-Tahāfut" ist „das Ungenügen", bzw. „*Insufficio*", analog „*Contra Insufficio*". Man hätte auch übersetzen können „Kritik an (…)", „Kritik der Kritik" etc.

Die averroistische Revolution in Europa

Die umfangreiche Abhandlung „Tahāfut at-tahāfut" von Ibn-Rušd wird unmittelbar nach ihrem Erscheinen auf Arabisch ins Lateinische übersetzt. Die schon bestehende Fraktion der Averroisten fühlt sich gestärkt und sorgt für die Verbreitung des Werks. Es war sehnsüchtig erwartet. Das Studium Ibn-Rušds bewirkte regelrecht einen Paradigmenwechsel. Eine Averroistische Revolution findet statt.
Die Averroisten wenden die gleiche polemische Technik ihrer Gegner an. Die lateinische Übersetzung erscheint unter dem Titel „*Destructio destructorum*". Das „*Destructio*" (als Buch) bezieht sich auf das „*Destructio*" Ġazālīs. Auch hier ist die Abweichung von der Originalformulierung des Autors nicht ungewollt, die Pointe hingegen geblieben: Der Zerstörer wird zerstört.
Die Übersetzer artikulieren damit ihr Interesse daran, den Anti-Averroisten die Siegeseuphorie, die sie vermittels Ġazālī buchen konnten, streitig machen. Die säkulare Emanzipationsbewegung in Europa, der Averroismus, konnte einmal mehr mit Erfolg, ihren kirchlichen Gegnern den trügerischen Triumph abschlagen.
In Europa verschärft sich die Polarisierung in „Averroisten" und „Anti-Averroisten". Im Jahr 1210 wurde die erste päpstliche Enzyklika erlassen, welches das Verbot des Besitzes und Lesens von Werken Ibn-Rušds verordnet. Der Philosoph war erst vor elf Jahren gestorben. Bis heute steht Averroes auf dem römischen Index.

Die klerikale Fraktion fühlte sich ermutigt. Sie hetzte gegen Averroes und die averroistische Revolution. Sie handelte zielgerichtet, offensiv und brutal. Die Inquisition wurde auf den Plan gerufen. Papst Gregor IX. lies die Anhänger Ibn-Rušds verfolgen und strebte ihre Ausrottung an. Opfer sind die Arabophilen, insbesondere die Averroisten und Averroistinnen (genannt „Hexen").

Eine der ersten Maßnahmen der sog. „Reconquista" war die Einsammlung und Verbrennung der Werke Ibn-Rušds. Seine Anhänger wurden Repressionen ausgesetzt. Als Iberien von der sog. Reconquista vollständig besetzt wurde (1500), wurde die Bücherverbrennung auf die gesamte Iberische Halbinsel, einschließlich der Heimatstadt Ibn-Rušds Qurṭuba (Cordoba) ausgedehnt.

Von der Stagnation über die Scholastik zur Renaissance – Die Bedeutung der arabischen Kultur für die Neugeburt Europas

Bis zum Jahr 1200 herrschte über Europa lange dunkle Nacht. Die gängigen Formeln „finsteres" und „finsterstes Mittelalter" stehen nicht zu Unrecht. Sie gelten aber ausschließlich für Europa. Gerade während dieser Epoche erlebt die arabische Welt einen großen Aufschwung auf allen Gebieten der Philosophie, Wissenschaft und Kultur. Wie wir gesehen haben, profitiert auch Europa davon. Dogmenherrschaft und klerikale Gewalt verlieren ihre geistige Diktaur. Ihr Monopol wird durch die Ideen Ibn-Rušds gebrochen. Um ihn sammeln sich die säkularen, rational denkenden Intellektuellen. Die Anhänger Ibn-Rušds, die sich als „Averroisten" formierten, tragen an das Banner des Fortschritts. Zahlreiche Hinweise demonstrieren die Bedeutung, die in Europa Ibn-Rušd beigemessen wurde. Allein die Tatsache, daß „Tahāfut at-tahāfut" dreimal hintereinander ins Lateinische übersetzt wird, vermittelt einen Eindruck von der geistesgeschichtlichen Bedeutung Ibn-Rušds für das moderne Europa. Daß sich Bewegungen in Europa nach arabischen Philosophen benennen, demonstriert, welche Faszination die arabische Philosophie in Europa hatte. Ibn-Rušd ist die Spitze eines Eisbergs. Er leitete für Europa die Epoche der Emanzipation, der Aufklärung und des Rationalismus ein. Der Averroismus hatte in Theorie und Praxis einen maßgeblichen Anteil daran. Seine Arbeit wirkt sich bis heute aus.

Später, als die römische Kirche die Unausweichlichkeit der Versöhnung mit der Philosophie einsehen mußte, entschied sie sich für Ibn-Sīnā gegen Ibn-Rušd in der vermeintlichen Annahme, ersterer sei mit der Theologie konform. Dazu meine ich, die römisch-katholischen Theologen irren sich. Ibn-Rušd ist ebenso mit Glauben und Theologie vereinbar. Das hat übrigens Thomas Aquinus erkannt.

In der orientalischen Welt, wo Ibn-Rušd in der Originalsprache gelesen wird, genießt sein Werk als eine echte und bedeutsame Innovation die gebührende Anerkennung. Von einer Revolution kann man indes nicht sprechen. Grund ist: Hier ist die Vernunftphilosophie schon seit längerem verankert. In Europa hingegen wirkt sie wie ein Blitz in einer dunklen Nacht. Die europäischen Anhänger Ibn-Rušds, die sich als „Averroisten" organisiert haben, sind die Pioniere der Aufklärung und des Rationalismus. Ein Jahr nach dem Tod Ibn-Rušds haben sie zu seinen Ehren die Universität Paris gegründet. Sie sollte sein Gedankengut pflegen und verbreiten. Fortschrittliche Strömungen expandierten. In den dunklen Jahrhunderten der Inquisition wanderten sie in den Untergrund. Von dort aus traten sie erstmalig offensiv auf, um die Französischen Revolution 1789 auszurufen.

Wir alle und überhaupt die Geistesgeschichte profitieren in höchstem Maße vom Philosophenstreit.

Die Kultur der Akkulturation und die Arabische Philosophie in Europa

Philosophie hat in Europa als arabische Philosophie in lateinischer Sprache begonnen. Die Philosophiegeschichtsschreibung in Deutschland seit Hegel ignoriert nahezu total die arabische Vorgeschichte der europäischen Philosophie. Andere weniger radikle Autoren marginalisieren die Bedeutung der arabischen Kultur für die geistige Entwicklung Europas.

Die Moderne

Die arabische Philosophie und Wissenschaft leiteten in Europa die Epochen der Scholastik und Renaissance ein. Der Averroismus führte Aufklärung, den Rationalismus und die Säkularisierung ein.
Auch international werden die Werke der arabischen Philosophie, insbesondere die Ibn-Sīnās, Ġazālīs und Ibn-Rušds, mit großer Intensität studiert und diskutiert. Jede Sprachregion rühmt sich, einen Rekord an Übersetzungen aus dem Arabischen zu präsentieren. In unterschiedlichen Sprachräumen wird über die arabischen Klassiker geforscht und publiziert. Die internationalen Kongresse, welche periodisch stattfinden, demonstrieren das besondere Verdienst der arabischen Klassik. Sie verbindet die Welt auf geistiger Ebene. Ibn-Rušd ist nur ein Beispiel. Seine Ansätze werden weltweit rezipiert. Andere arabisch schreibende Wissenschaftler und Philosophen kommen hinzu.
Die irrationale Arabophobie, die in Europa, besonders in Deutschland seit der Wende 1990 immer deutlicher wird, ist nicht nur ein Schlag gegen die Völkerfreundschaft, vielmehr zerstört sie das Verhältnis der Europäer zu ihrer eigenen Geschichte.

Während die arabischen Philosophen seit der Scholastik in Europa in großen Ehren standen, versucht man hier, aber erst seit dem 20. Jahrhundert, ihre Bedeutung zu mindern. Der historische Kontext der Arabophobie und des Antiislamismus ist nur als ein Aspekt der imperialistischen Ideologie zu begreifen. Die außereuropäischen Völker sollten nicht als Protagonisten der Weltzivilisation, sondern als „Völker ohne Geschichte" erscheinen, um so Aggressionen und Kriege gegen den Süden und seine Ausbeutung akzeptabel werden zu lassen.

Kapitel achtzehn

Der Philosophenstreit – Unsere eigene Revision

Die eigenen Thesen (Khellas) zu den Thesen und Antithesen des bisherigen Philosophenstreits.

Übersicht

Einleitung

I. Materialismus
II. Materie, Bewegung, Zeit, Raum
III. Materie versus Idee
IV. *Creatio ex nihilo*
V. Emanation
VI. Theodizee
VII. Die Verantwortung der Menschen für das Übel in der Gesellschaft und ihr historischer Auftrag zur Lösung der Widersprüche in der Welt.
VIII. Der Horror der Theologen vor der Unanfänglichkeit der Welt.
IX. Willensfreiheit
X. Der Qur'ān – ewig oder erschaffen?
XI. Transzendenz contra Rationalismus. Theologie und Philosophie im Spannungsfeld von Glaube und Logik
XII. Philosophie und Theologie – Geschwister oder Rivalen?
XIII. Das Gottesbild
XIV. Tawḥīd (Einheit Gottes)
XV. Göttliches Wissen
XVI. Gottes Wissen und Gottes Handeln in der Welt
XVII. Theologie und Philosophie sind getarnte Anthropologie
XVIII. Attribute
XIX. Über die Naturwissenschaften
XX. Über den Menschen und seine Vernunft
XXI. Zu Formgeschichte und literarischem Charakter des „Tahāfut al-falāsifa"
XXII. Methodologische Fragen

Sicher erwarten Leserinnen und Leser, daß ich als Autor mich mit eigener Position zu den einzelnen Streitfragen melde. Diese legitime Erwartung will ich nicht enttäuschen. Darum biete ich nachstehend meine eigenen Thesen zu den Themen des Philosophenstreits.

Einleitung

Nur scheinbar dreht sich der Streit um Ibn-Sīnā, Ġazālī und Ibn-Rušd um die drei Fragen, derentwegen Ġazālī Ibn-Sīnā verurteilt. Daß es sich um vielmehr handelt, erkennt man erst bei tieferer Betrachtung des Konflikts. Ġazālī selbst führt in seinem Werk zwanzig Streitpunkte aus und zeigt dabei wichtige Differenzen auf. Offensichtlich behandelt der Philosophenstreit viel mehr grundsätzlichere Fragen, als wie es sich beim ersten Eindruck ergibt.

Wir wollen uns bemühen, in diesem abschließenden Kapitel den Philosophenstreit in seiner weitergehenden Dimension darzustellen. Genauer betrachtet behandelt er wesentliche ontologische, anthropologische, philosophische und theologische Fragen.
Darüber hinaus wollen wir unsere eigenen Thesen zu den Streitfragen vorstellen.

Zu Beginn sei an den Anlaß erinnert, der den Philosophenstreit ausgelöst hat: In der Ḫātima, die Ġazālī als Abschluß seiner gutachtlichen Schrift „Tahāfut al-falāsifa" ausformulierte, werden drei Gründe genannt, welche die Verurteilung rechtfertigen.
Tatsächlich haben Teilnehmer der Diskussion um den Philosophenstreit zu eng auf die begrenzende Zahl „drei" fixiert. Dabei ist der eigentliche Gegenstand mit seinem prinzipiellen Charakter in den Hintergrund gedrängt worden.
Bei genauer Analyse der Werke der Bezugsphilosophen zeigt sich jedoch, daß es um viel grundsätzlichere Fragen geht. Die ausformulierten Gegensätze bezeichnen Ableitungen, d.h. Folgerungen aus Prinzipien. Es sind eben die Grundsätze, welche den eigentlichen Gegenstand des Streits – und nicht deren Folgen – hätten bilden müssen.
Diesen in der langen Geschichte des Streits versäumten Versuch, wollen wir im folgenden nachholen. Behandelt werden sollten also jene Fragen, welche die Grundlage der fromalen Gründe der Verurteilung bilden.
Real geht der Streit weiter. Er solle aber nicht an der Symptomatik, nämlich an den genannten drei Verurteilungsgründen fixiert bleiben, sondern bis zu den tiefer zugrunde liegenden prinzipielleren Auffassungen vordringen.

Diese Zielsetzung kommt dem Wesen des Streits viel näher. Wenn wir auf die ursprünglichen Werke, die letztlich zum dem Philosophenstreit geführt haben zurückblicken, stellen wir fest, daß sie grundsätzlich, und nicht

symptomatisch, aufgebaut sind. Das eine ist Ibn-Sīnās „al-Išārāt wa at-tanbīhāt“, das andere ist Ġazālīs „Tahāfut al-falāsifa“.
Bestätigend für diese unsere Sichtweise ist dabei, daß Ġazālī sein Gutachten zum Anlaß nimmt, die gesamte theologische und philosophische Systematik zu behandeln. Dabei werden zahlreiche Differenzen aufgezeigt, die jedoch nicht ausreichen, um einen Grund zur Verurteilung zu bieten. Formal justiziabel waren nur drei Fragen.

Nachstehend listen und diskutieren wir die wesentlichen Elementarprinzipien und Grundpositionen auf, welche das philosophische und theologische Denken bestimmen und die jeweilige Weltanschauung prägen.
Bei der Verrechtlichung hält man an punktuellen Widersprüchen fest, die als justiziabel geeignet erscheinen. Es wird dabei vergessen, daß die formalisierten Klagepunkte nur symptomatisch sind. Die Gründe der Antagonismen liegen tiefer. Sie sind nicht unmittelbar sichtbar. Sie manifestieren sich schon an punktuellen Widersprüchen, dürfen jedoch mit diesen nicht gleichgesetzt werden. Diese Zielsetzung der Richtigstellung wollen wir nachstehend unternehmen.

I. Materialismus

Kern der Kritik Ġazālīs an Ibn-Sīnā ist der Materialismus. Als Begriff war „Materialismus" freilich noch nicht geprägt worden; er ist erst im 19. Jahrhundert entstanden. Gleichwohl ist Ibn-Sīnā als der eigentliche Begründer des philosophischen Materialismus anzusehen.

Die sīnāische Formel des Materialismus lautet: „Ewigkeit des Weltalls". Sie ist inhaltlich identisch mit „Unanfänglichkeit der Materie".

Damit wird auch gesagt, daß nichts vor der Materie bestanden hat. Also auch keine Vorrangigkeit von „Idee" oder „Weltgeist" vor Materie. Es wird ferner festgestellt, daß das Vorhandensein der Materie keinen Schöpfer braucht. Sie war schon immer da.

Dem Materialismus Ibn-Sīnās setzt Ġazālī seine Schöpfertheologie entgegen. Die Materie ist auf einen Schöpfer angewiesen. Alles Seiende hängt von einem Macher ab.

Grundlage des Materialismus als philosophischen Systems ist die „*Ursprünglichkeit der Materie, die Unanfänglichkeit des materiellen Seins, die Welt ist ewig*". Daraus ergeben sich eine Reihe Konsequenzen. Die Materie ist autonom, bewegungs- und entwicklungsfähig.

Anthropologisch ergibt sich ein anderes Selbstverständnis des Menschen als das des Schöpfergottes.

Kosmogonie, Ontologie und Anthropologie hängen miteinander eng zusammen.

„al-ʿĀlam qadīm" bzw.„Qidam al-ʿĀlam" ist die klassische Formuilierung des materialistischen Prinzips.

„ʿĀlam" ist als „Welt", „Weltall", „Universum" oder allgemein als „Materie" zu verstehen.

„qadīm" „alt", „nicht neu", d.h. „ewig".

„Die Welt bzw. die Materie ist nicht neu, sie hat keinen Anfang", sie hat schon immer bestanden.

„qadīm" wird verwendet für die „Unanfänglichkeit (der Materie)", der klassische Ausdruck des materialistischen Grundsatzes.

Ibn-Sīnā begründet und vertritt einen konsequenten Materialismus, ohne dabei auf Gott den Schöpfer zu verzichten. Aber Gott war auf das Vorhandensein der Materie angewiesen, um den Schöpfungsakt zu vollbringen.

Auf den Materialistischen Grundsatz baut Ibn-Sīnā ein philosophisches System auf.

Diesem setzt Ġazālī seinen ebenso grundsätzlichen vom Ṣūfīsmus getragenen Spiritualismus entgegen. Ġazālī war kein Esoteriker, sondern ein aufgeklärter Theologe und Mystiker. Er war ein Philosoph, auch wenn er sich selbst nicht als solchen definieren wollte.
Ġazālī war aber kein Materialist. In seinem System ist Gott das Zentrum, ohne daß er deshalb einen naiven Schöpfungsmythos vertritt.

„Qidam al-ʿĀlam" bedeutet natürlich nicht, daß die Welt eine unveränderliche Gestalt oder eine statische Konstitution hätte. Die Materie (Energie, Welt) an sich ist ewig, nicht die Form und Gestalt. Die Formen verändern sich. Die Materie entwickelt sich aus eigener Kraft. Aus der Einheit wächst die Vielfalt.

Bei dem Disput über die Frage der Unanfänglichkeit der Welt stand Ibn-Rušd uneingeschränkt auf der Seite Ibn-Sīnās und verteidigte die These mit eigenen Argrumenten. Ibn-Rušd geht noch tiefer auf den Prozeß der Veränderung und Entfaltung der Wesen ein. Aber die Wesen selbst sind schon bei Ibn-Sīnā ewig, nicht erschaffen.
Die These von der Entfaltung der Vielfalt aus der Einheit konnte Ibn-Rušd nur noch übernehmen. Von Bedeutung allerdings ist sein Beitrag zur Darstellung des Prozesses der Entstehung und Entwicklung aller Seienden. Die genauere Ableitung, die Ibn-Rušd hinzu gebracht hat, stellt eine echte Erneuerung auf dem Gebiet des Kosmogonie dar.

Ġazālī hingegen: Die Materie ist eine total erschaffene, zeitgebundene, vergängliche Erscheinung.
Dieser Widerspruch ist für Ġazālī so zentral, daß er darin einen seiner drei Gründe zur Verurteilung von Philosophen der Ansicht „al-ʿĀlam qadīm" gesehen hat.

Wie stehe ich (K.K.) zum Materialismus und zum Problem des Primats Materie versus Idee?

Es ist unvorstellbar, daß sich irgendwann die Idee (Weltgeist etc.) ohne Materie oder die Materie ohne Sensibilität bestanden hat. Freilich entspricht die Sensibilität stets dem Entwicklungsstand der Materie. Sie entwickelt sich von der Urform der Sensibilität bis hin zu der Vernunft, dem Geist, dessen materielles Substrat der Kortex, der am höchsten entwickelten Materie. Sein und Bewußtsein stehen stets in Wechselwirkung miteinander. Keines von beiden hat je ohne das andere existiert.

Die Materie ist
a) ewig
b) autonom
c) beweglich
d) entwicklungsfähig
e) evolutionär
f) intelligent
Es gibt keine Materie ohne Bewegung.
Es gibt keine Bewegung ohne Materie.

Ġazālī irrt sich bei seiner Vorstellung: Die Materie ist eine zeitgebundene, vergängliche Erscheinung.

II. Materie, Bewegung, Zeit und Raum

a) Die Materie ist primär.
b) Es gibt keine Materie ohne Bewegung.
c) Es gibt keine Bewegung ohne Materie.
d) Die Bewegung ist primär.
e) Bewegung ist universelles Prinzip.
   Die Bewegung schafft die Dimensionen von Zeit und Raum.
f) Zeit und Raum sind sekundär.

III. Materie versus Idee

Die Frage des Primats
Die seit der Rezeption der arabischen Philosophie in Europa einsetzende Debatte über die Priorität der Idee (Idealismus) oder der Materie (Materialismus) ist hinfällig. Der Streit um das Primat von Idee und Materie eskalierte zur Heftigkeit seit GWF Hegel, Karl Marx und Friedrich Engels.
Auch hierzu ist schon der Ansatz revisionsbedürftig. Es ist undenkbar, daß es eine Materie ohne Idee (Intelligenz), oder eine Idee ohne Materie gegeben hat. Beide, Materie und Idee, standen stets im dialektischen Verhältnis zueinander.
Die Materie ist ebenso ewig wie der ihr zugehörige Geist.

Freilich ist die Idee oder das Bewußtheit selbst entwicklungsfähig. Sie, die Sensibilität (Intelligenz, Idee, Geist, Bewusstsein) entspricht stets dem Entwicklungsstadium der Materie.

Zum Prinzip Materialismus besonders interesant ist die gnostische These:

> *„Alle Natur, jede Gestalt und jede Kreatur besteht in- und miteinander und wird wieder zu ihren eigenen Wurzeln hin aufgelöst. Denn die Natur der Materie kann sich nur zu ihren eigenen Wurzeln hin auflösen."*[118]

IV. *Creatio ex nihilo*

Die „Unanfänglichkeit und Ewigkeit der Materie" ist eine direkte Verneinung des Glaubens an eine *„Schöpfung aus dem Nichts*". Die Absage an die *„Creatio ex nihilo*" ist eine unmittelbare und notwendige Konsequenz des philosophischen Materialismus. Damit aber wird nicht notwendig Gott überflüssig sein. Er war indes auf das Vorhandensein der Materie angewiesen, um sein Schöpfungswerk zu vollbringen.

Der Horror der Theologen vor der These von der „Ewigkeit der Welt" ist unbegründet. Die Schöpfung ist nicht notwendig ein Gottesbeweis. Im Umkehrschluß ist Gott nicht auf „Schöpfung" angewiesen, um seine Existenz zu beweisen.
Die „Ewigkeit der Materie" und der „Schöpfungsakt" schließen einander nicht aus. Gott war auf das Vorhandensein der Materie angewiesen, um die Schöpfung zu vollbringen. Verneint wird das *„ex nihilo*", nicht die *„Creatio*".

V. Emanation

„Faiḍ": Überströmen, Überfließen
Die Einführung des Begriffs „Faiḍ" bzw. gleichbedeutend „Emanation", „Überströmen" ist nicht neu. Wir finden ihn schon in der Gnosis und bei Iḫwān aṣ-Ṣafā'. Mit ihm wird eine ausgereifte Vorstellung vom Vorgang der Schöpfung vermittelt. „Faiḍ", „Emanation" steht alternativ für *„Es sei*" und *„Es ist*". Emanation drückt einen Prozeß aus und kein Event. Die Vielfalt der Arten entsteht prozeßhaft, stufenlos und bleibt verbunden mit dem Schöpfer.
Faiḍ / Emanation, ist kein Blitzakt, sondern ein lebendiger Dauervorgang. Durch Emanation ist die Schöpfung entstanden. Es besagt:

---

[118] Gnostisches Evangelium nach Maria Magdalena, Kap.1,1.

Aus der Fülle der Gottheit überströmt Segen, aus dem alles Seiende hervorgeht. Die dadurch aufsteigende Schöpfung enthält die Vollkommenheit Gottes. Seine Gnade überschirmt und begleitet das Sein.
Die Lehre von der Emanation ist von Ibn-Sīnā vertreten, von ihm aber nicht erfunden worden. Sie geht auf das alte Ägypten zurück, wurde in der Gnosis zu einer vollständigen Kosmogonie weiterentwickelt, von Plotin und von den Lauteren Geschwistern rezipiert und in ihrer bleibenden Ausreifung gelehrt.

Ibn-Sīnā präzisiert: Die Welt entwickelt sich selbsttätig und ist auf die Intervention Gottes nicht angewiesen. Die Folgen sind in der Schöpfung angelegt. Die Schöpfung ist sozusagen sich selbst überlassen. Ibn-Sīnā ist der erste, der eine Theorie der Makroevolution aufstellt.

Ġazālī wendet sich gegen den Emanationismus. Gleichwohl vertritt er keinen primitiven Schöpfungsmythos.
Das leidenschaftliche Festhalten von Theologen am Schöpfungsglauben rührt daher, daß die Schöpfung vermeintlich als einen unentbehrlichen Gottesbeweis vermutet wird. Die *Creatio* beweist ebensowenig die Existenz Gottes wie umgekehrt. Der Beweis für die Existenz Gottes ist nicht auf den Schöpfungsakt angewiesen.
Andererseits bringt der Schöpferbeweis den Theologen beträchtliche problematische Konsequenzen, derer sie sich nicht unbedingt bewußt sind. Das Schöpfungsszenario geht davon aus, daß Gott irgendwann – während der Ewigkeit – auf die Idee gekommen ist, schöpferisch tätig zu werden. Damit aber wird die Ewigkeit – als Gedanke – zerstört. Denn findet die Schöpfung zu einem Zeitpunkt statt, so ergäbe sich eine Zeit vor diesem Zeitpunkt. Es kann also nicht mehr von Ewigkeit gesprochen werden.

Ġazālī lehnt entschieden die Emanationslehre ab, ohne daraus einen Grund zur Verurteilung ihrer Vertreter zieht. Dafür vertritt Ġazālī keine naive Schöpfungslehre im Sinne von „*Es sei!*" Und „*Es ist!*". Allerdings stellt er den biblischen und qur᾿ānischen Schöpfungsbericht, z.B. in „*Es werde Licht und es ward Licht*"[119] nicht in Frage.
In seiner Replik auf Ġazālī trägt Ibn-Rušd vor: Die Ewigkeit der Materie verträgt sich mit der Existenz Gottes.

119 Genesis, 1,3.

VI. Theodizee

Der Fachausdruck „Theodizee" befaßt sich mit der Frage, wie lasse sich das Vorhandensein des Bösen in der Welt mit der Güte Gottes vereinbaren. Die Theodizeefrage gehört zu den ältesten Problemen, welche die Menschen in ihrer Beziehung zu Gott beschäftigen: Theologen und Religionsphilosophen aber auch die Laien stellen die Frage auf. Wie läßt sich das Böse in der Welt mit der Güte Gottes, der über die Welt herrscht, vereinbaren? Das Problem des Vorhandenseins des Übels unter Gottesherrschaft und Allmacht findet nicht bei jedem eine eigene Antwort, die stets aus der eigenen Weltsicht abgeleitet ist.
Auch Ibn-Sīnā und Ġazālī waren mit demselben Problem konfrontiert: Wie läßt sich das Böse in der Welt mit der Güte Gottes vereinbaren?

In der Antike sehr verbreitet war die Annahme, die Schöpfung und die Herrschaft über die Welt wird nicht von einem einzigen Gott wahrgenommen. Man postulierte zwei Gottheiten, einen gütigen Gott und seinen Widersacher, den bösen Gott und begründete damit den theologischen Dualismus. Wichtigste Vertreter sind die Gnosis, Zaratustra (Zardascht), Mani und der Manichäismus.

Bis heute läßt sich die Theodizee aus der theologischen und philosophischen Diskussion nicht wegdenken.
Ein andere Richtung gelangt zu einer anderen Lösung und vertritt die These: Die Existenz Gottes auf der einen Seite und das Vorhandensein des Bösen auf der anderen, seien unvereinbar. Radikalste Konsequenz ist Atheismus; im Realsozialismus sprach man von „wissenschaftlichem Atheismus".

Der Irrweg bei der Theodizee rührt daher, daß man bei der am längsten diskutierten Existenzfrage nur auf zwei Elemente fokussierte: „Das Böse und Gott".
Ġazālī brachte ein neues Element hinzu. Dadurch konnte er eine befriedigende Lösung finden. Es sind ja nicht zwei, sondern drei Elemente:
„Das Böse, Gott und der Mensch".
Bei der Auseinandersetzung Ġazālī / Ibn-Sīnā gelangt die Odysee um die Theodizee endlich zu einer befriedigenden Lösung. Beide Theoritiker betonen aus ihrem jeweiligen Denksystem: „Die Willensfreiheit". Ġazālī entscheidet über das Problem der Theodizee folgendermassen:
Gott hat die Welt erschaffen und erhalten.

Er hat aber auch die Menschen erschaffen und ihnen die Welt anvertraut. Sie sind mit der „Willennsfreiheit" ausgestattet. Die alleinige Verantwortung für das Böse in der Welt tragen die Menschen.
Ġazālī spricht Gott direkt – Ibn-Sīnā indirekt – frei von der Verantwortung für die Übel in der Welt.
Ibn-Sīnā: Gott verändert sich nicht. Wenn Er in die Welt eingreife, würde er sich verändern.
Ġazālī: Gott erhalte weiterhin die Welt und greife in die Geschichte weiterhin ein, ohne dabei die Menschen der Willensfreiheit zu berauben.

Später findet sich der Gedanke wieder bei Goethe: Gott hat die Welt erschaffen, dann sie den Menschen übergeben und ihnen ihr Schicksal überlassen.

Klassische Literatur
Zur Theodizee bei den arabischen Klassikern ausführlich: Schahrstani, Millal, ebd., SS. 536 ff.

VII. Die Verantwortung der Menschen für das Übel in der Gesellschaft und ihr historischer Auftrag zur Lösung der Widersprüche in der Welt

Auf die konkrete Frage nach dem Vorhandensein des Übels in der Welt geben sowohl Ibn-Sīnā als auch Ġazālī eine rein abstrakte philosophische oder theologische Antwort.

Das Böse ist ein gesellschaftliches Phänomen. Seine Diagnostizierung verlangt nach einer politischen, sozialen, wirtschaftlichen und kulturellen Analyse.
Ġazālī liegt richtig mit dem Hinweis auf die Willensfreiheit des Menschen, der das Böse zu verantworten hat. Dennoch wird das Übel bei ihm individualisiert und nicht in seinem historischen Gesamtkontext gesehnen. Darum verzichtet er auf gesellschaftliche Entwürfe zur Befreiung der Menschen von den Übeln.
Für sich selber wählt Ġazālī den Weg des Sophismus, er flieht aus der Welt des Bösen und baut seine eigene heile Welt. Er verliert kein Wort über reale Lösungsmöglichkeiten gegen das Aufkommen der Übel.
Gesellschaftliche Widersprüche sind lösbar. Wir halten daran fest: Übeltaten sind antropogen. Ihre Überwindung ist ein historischer Auftrag.

Gegenüber den Thesen Ibn-Sīnās und Ġazālīs lautet unsere These: Die Geschichte ist anthropogen. Die Menschen haben ihre eigene Geschichte zu verantworten. In der durch den Imperialismus gespaltenen Welt, insbesondere in Nord und Süd, herrschen zerstörerische Kräfte. Ihre Politik basiert auf Krieg, Aggressivität und Destruktivität. Diese aber provozieren den Widerstand. Befreiungsbewegungen setzen sich für die Wiederherstellung der friedlichen Welt und des Humanismus ein.

Bei dem Aspekt „Theodizee" klaffen die Positionen Ibn-Sīnās und Ġazālīs nicht weit auseinander, wohl aber das Erklärungstheorem. Ibn-Sīnās Gott hat die Welt – durch Emanation – erschaffen und sie den Menschen überlassen. Der Konflikt tritt erst auf, wenn Ibn-Sīnā meint, Gott kennt die Einzelhandlungen nicht. Diese und ihre Folgen bleiben ausschließlich in menschlicher Verantwortung.
Auch Ġazālī geht von der Handlungsfreiheit des Menschen aus. Gott wird gerechtfertigt in bezug auf das Vorhandensein des Bösen und des Übels in der Welt. Er bleibt auch abrufbar. Er erhört das Gebet, ist zur Vergebung bereit und hilft bei der Wiederherstellung der Schöpfung.

Die Fragen der Verantwortung für das Vorhandensein des Bösen und des Freispruchs für Gott in bezug auf die Zulassung des Übels, werden von Ibn-Sīnā und Ġazālī unterschiedlich beantwortet. Nach Ibn-Sīnā greife Gott in die Welt nach ihrer Schöpfung nicht mehr.

Die Rechtfertigung Gottes im Angesicht des Vorhandensein des Bösen wird von Ġazālī mit der prinzipiellen „Willensfreiheit des Menschen, der seine Welt zu zersören oder aufzubauen imstande ist".
Die Lösung, die Ibn-Sīnā gefunden hat, ist sekundär. Sie leitet sich ab aus der primären These, Gott kennt die Universalien, nicht die Partikularien, nämlich die Handlung von Individuen in sich verändernden Zeiten, Räumen und Situationen.
In der Frage der „Theodizee" ist Ibn-Sīnā recht unbefriedigend. Seine Argumentation:

a) Gott greife in die Welt nicht ein, da er sich dann verändern würde. ER aber ist unveränderlich, darum greife er nicht ein.
b) Gottes Wissen erfaßt die Universalien, nicht die Einzeldinge und die Einzel Handlungen der Individuen.
   (also nimmt Gott die Taten der Menschen, ob Gutes oder Böses nicht zur Kenntnis).

Da muß ich auch sagen, daß Ibn-Sīnā für diese spezielle Lehre den Vorwurf „Tahāfut" verdient hat.

Die Frage der Theodizee wird von Ġazālī nicht in die Urteilsbegründung aufgenommen. Hingegen ist die sīnāische These „Gottes Wissen erfaßt die Universalien nicht die Partikularien" eine der drei Verurteilungsgründe. Ihre Vertreter werden verurteilt, ohne daß dabei die Konsequenzen der Lehre, z.B. für die „Theodizee" ausgeführt werden.

VIII. Der Horror der Theologen vor der Unanfänglichkeit der Welt

Die religiöse Institution hat die Gläubigen derart an das Dogma der Schöpfung gebunden, so dass der Zweifel an die Richtigkeit dieses Glaubens den Zusammenbruch der Gemeinde noch sich ziehen werde. Dabei handelt es sich um einen Stereotyp vom Kurzschluss.
Der Horror der Theologen vor der These der „Ewigkeit der Welt" ist unbegründet. Wie die Welt Zustande kommt und ob Gott exsistiere, sind zwei voneinander unabhängige Fragen.
Die Schöpfung ist nicht notwendig ein Gottesbeweis. Im Umkehrschluß ist Gott nicht auf „Schöpfung" angewiesen, um seine Existenz zu beweisen.
Die „Ewigkeit der Materie" und der „Schöpfungsakt" schließen einander nicht zwingend aus. Gott war auf das Vorhandensein der Materie angewiesen, um die Schöpfung zu vollbringen. Verneint wird das „*ex nihilo*", nicht die „*creatio*".

IX. Willensfreiheit

Gotteswissen über die Welt und Gotteshandeln in der Geschichte schließen die Willensfreiheit der Menschen nicht aus, im Gegenteil. Es handelt sich um eine komplementäre Dialektik.
Wir müssen auf der Willensfreiheit des Menschen bestehen.
Hierbei sei die Mahnung ausgesprochen, nicht alles, was als Ergebnisse der „Stammzellenforschung" publiziert wird, ist fachlich gesichert. Die Leugnung der Willensfreiheit aus der Feder vieler Autoren zugunsten eines DNA-Determinismus ist reine Spekulation.

X. Der Qur'ān – ewig oder erschaffen?

Gott ist ewig. Der Qur'ān ist Gottes Wort. Ist der Qur'ān ewig oder erschaffen?

Bemerkenswert ist die Feststellung, dass die Frage nach der Ewigkeit oder Zeitlichkeit des Qur'āns an keiner Stelle des Philosophenstreits erwähnt wird. Noch im neunten Jahrhundert debattierte man heftig darüber, ob der Qur'ān ewig oder erschaffen ist. Man sieht endlich ein, dass es unerheblich ist, ob Gottes Wort ewig ist wie er selbst oder ob ER es in der Zeit ausgesprochen hat.
Dafür gibt man sich Mühe, Kernfragen des Glaubens und des Denkens in den Mittelpunkt der Auseinandersetzung zu stellen.

XI. Transzendenz contra Rationalismus Theologie und Philosophie im Spannungsfeld von Glauben und Vernunft

Von Anfang an begleitet dieser besondere Aspekt den Streit um das Werk Ġazālīs in seinen Stadien. Es handelt sich um die Metaebene der Wissenschaftstheorie (dritte Ebene der Erkenntnispyramide) also um die Erkenntnistheorie (vierte Ebene). Rationalismus und Glauben, Vernunft und Offenbarung – Ein Widerspruch?

Das Wesen der Kontroverse Ġazālī gegen Ibn-Sīnā und ihre Fortpflanzung durch den Philosophenstreit leitet sich aus den Metaebenen ab. Die ausgesprochenen Anklagepunkte sind lediglich als sekundäre, formale Verrechtlichung von tiefer liegenden Grundsätzen, die an sich nicht justiziabel sind, zu verstehen.
Philosophiegeschichtlich konnte dieses Problem erst durch Ibn-Rušds „Faṣl al-maqāl" gelöst werden. In diesem bedeutsamen Werk, das wir an anderer Stelle dieses Beitrages besprochen haben, hat Ibn-Rušd eine entscheidende Grundthese aufgestellt:
Philosophie mit dem tragenden Element „Rationalität" einerseits und Religion mit dem tragenden Element „Glauben" andererseits, sind zwei Wege zur Wahrheitsfindung. Die Ableitung muß jeweils immanent stattfinden. Jeder Weg ermittelt nach eigenem Prinzip die Wahrheit. Die Ableitung gemäß dem Konzept des einen Wegs muß jeweils unabhängig vom anderen Weg durchgeführt werden. Darum heißt der Ansatz „faṣl": Trennung.

Anwendung

Ġazālī konfrontiert die rationalen Thesen Ibn-Sīnās mit eigenen transzendentalen Antithesen, wobei man dem Ġazālī anerkennen muß, daß er nicht nur theologisch, sondern auch philosophisch argumentiert. Allerdings geht er von der Hoheit des Glaubens über die Rationalität aus, mit der Konsequenz, die Rationalität dem Glauben zu unterwerfen.

Folgen

Ibn-Sīnā denkt und arbeitet rational.
Ġazālī ist meta-rational.
Dem Wesen nach wurzelt der Widerspruch zwischen Ġazālī und Ibn-Sīnā in der Frage der Hoheit: Offenbarung oder Vernunft. Dieser Gegensatz ergibt sich ihrerseits aus der Polarisierung von Transzendenz contra Rationalismus.
Dieser echte oder scheinbare Gegensatz kennzeichnet die Folgedebatten.
Die Aufgabe sei darum, die Dialektik von „Transzendenz" und „Rationalismus" zu entwickeln.

Ġazālī, der ja als Vertreter des ʿIlm al-Kalām debattiert, hat es versäumt, diesen Widerspruch im Sinne der dialektischen Theologie zu lösen. Damit schuf er die Theorielücke, die erst später durch Ibn-Rušd (der den Anspruch, „Mutakallim" zu sein nicht erhebt) geschlossen werden konnte, in: „Faṣl al-maqāl".
Wie Ġazālī ist die Einstellung von Suhrawardī.

XII. Philosophie und Theologie Geschwister oder Rivalen?

Die oben genannten Widersprüche zwischen Rationalität und Transzendenz sind ihrerseits Folgen des Gegensatzes zwischen der vom Glauben getragenen Theologie und der durch die Vernunft geleitete Philosophie.
Zur Nomenklatur: Vorab sei der Begriff „Theologie" erläutert: Heute wird „Theologie" als Wissenschaft verstanden, die fachlichen Methoden verpflichtet ist, z.B. als „historisch-kritische Theologie".
Ursprünglich wurde der Begriff Theologie als die „Gotteserkenntnis" und Gottesschau vermittels Spiritualität, Mystik oder Sūfīsmus geprägt. Aus diesem transzendentalen Verständnis orientierte sich die Theologie an Offenbarungsschriften oder eigenen Erfahrungen mit Gott. In diesem Sinn verwenden wir den Ausdruck Theologie, wenn wir z.B. von Spannung zwischen „Theologie" und „Philosophie" sprechen.

Zur Spannung zwischen „Theologie" und „Philosophie"

In seiner Schrift „Tahāfut al-falāsifa" bemühte sich Ġazālī, sich mit Philosophen philosophisch auseinanderzusetzen. Unauffällig, vielleicht auch ihm unbewußt, hat er jedoch die Ebene gewechselt. Real siegte sein Glauben über seine Vernunft. Er gehorchte der Offenbarung und den transzendentalen Erkenntniszielen.

Damit bot er eine empfindliche Angriffsfläche, denn er hat den Anspruch erhoben, die Philosophie philosophisch zu widerlegen.

Bei diesem Vorgehen ergibt sich eine Reihe Probleme: Es besteht keine Kongruenz.

Ibn-Sīnā hat den Versuch unternommen, Seinsfragen rational zu behandeln. Er stellte die ermittelten Ergebnisse auf, unabhängig davon, ob sie formal religiös kompatibel sind oder nicht. Die theologisch orientierten Kritiker, z.B. Ġazālī, empfanden ihrerseits einen Handlungsbedarf gegen Ibn-Sīnā. En Revanche erkannten die Philosophen die Notwendigkeit, ihren Kollegen gegen ungerechtfertigte Kritik in Schutz zu nehmen.

Es entstand eine paradoxe Situation: Die Theologen und die Philosophen waren mit einer Lage konfrontiert, in der sowohl die Theologie als auch die Philosophie nicht konsequent durchgeführt werden. Keine der beiden Systeme war ausreichend reflektiert. Der Diskurs war für alle Seiten unbefriedigend.

Was tun?

Die Konfrontation Theologie versus Philosophie

Ġazālī sah in der philosophischen Argumentation in bezug auf theologische Fragen Gefahr für den Glauben, den er mit seiner Schrift „Tahāfut al-falāsifa" verteidigen wollte. Mit seinem Vorgehen war Ġazālī letztlich gescheitert.

Die eigentlich befriedigende Lösung konnte erst durch Ibn-Rušd erfolgen. Er, der in Personalunion, den Theologen, den Philosophen und den Arzt vereint, ging folgendermaßen vor:

Er sprach sowohl der Philosophie als auch der Religion jeweils eigene Legitimität zu. Beide Wege führen zur Wahrheitserkenntnis. Jeder der beiden Wege muß eigenständig, unabhängig vom anderen angewandt werden. Jeder der beiden Wege führt für sich allein zur Wahrheitserkenntnis. Am Endergebnis steht die eine Wahrheit – ermittelt durch zwei voneinander unabhängigen Erkenntniswegen.

Ibn-Rušd gab seiner Expertise den sinnfälligen Titel: „Faṣl al-maqāl fī mā baina aš-Šarīʿa wa al-ḥikma min ittiṣāl“: „Die Trennung des Diskurses bei Gemeinsamkeiten zwischen Religion und Philosophie“.

Die Lösung ist in ihrer Einfachheit genial.
Eine ganz andere Frage wird in der Forschung immer noch diskutiert: Vertritt Ibn-Rušd eine oder doppelte – eine religiöse und eine philosophische – Wahrheit.
Ich persönlich gehe sicher davon aus, daß Ibn-Rušd nur eine (einzige) Wahrheit vertritt: Zwei Wege aber eine Wahrheit. Das Ergebnis ist in beiden Fällen identisch.

XIII. Das Gottesbild

Der Glaubensausdruck „Gott“ gewann durch die Tradition eine große Überlieferungsmacht. In der Philosophie werden an der Stelle des Gottesbegriffs rationale Ausdrücke verwendet, z.B. „Urprinzip“ (Plotin) und „*Causa prima*“. Sie beziehen sich auf die Ursache oder den Ursprung des universllen Phänomens „Bewegung“. Die arabische Philosophie schuf den sowohl religiös als auch philosophisch akzeptablen Ausdruck „Der (oder das) notwendig Seiende“.

Das Gottesbild Ibn-Sīnās: Grundvoraussetzung des sīnāischen Gottesbildes ist die Vollkommenheit, Konstanz und Stetigkeit Gottes, daher seine Unveränderlichkeit.
Gott ist unveränderlich und unveränderbar.
Wenn sich Gott mit Einzeldingen befasse, verändere Er sich.
Darum kenne Gott die Einzeldinge nicht.
Wenn Gott in die Welt eingreife, dann verändere er sich.
Gott kennt die Universalien (kulliyyāt), die Er auf vollkommene Weise erschaffen hat. Die Einzeldinge, die sich ändern, kenne er nicht.
Gott habe die Welt und ihre Bewegungsprinzipien so gestaltet, daß sie sich selbst verwaltet. Er müsse nicht mehr in die Welt eingreifen.

Das Gottesbild Ġazālīs: Die Theologie Ġazālīs ist ausgesprochen theozentrisch. Er hat keine Probleme mit dem philosophischen Ausdruck *Causa prima* (Plotin u.a.). Betrachtet Ġazālī Gott als *Causa prima*, so muß alles andere aus ihm abgeleitet werden. Mit Hilfe dieser Qualität, einen für Theologie und Philosophie gemeinsamen Begriff zu finden, konnte Ġazālī eine Brücke zwischen den beiden Disziplinen schlagen und einen gemeinsamen Diskurs finden. Von da aus hat er die Streitfragen aufgegriffen und ihnen eine Interpretation gegeben, die theologisch kompatibel ist und – seiner Meinung nach – den Philosophen akzeptabel sein sollte:

a) Demnach ist die Materie das Produkt eines göttlichen Aktes, der auch als „Schöpfung" bezeichnet wird.
b) Die synkretistische Methode Ġazālīs hat sich nicht als unbedingt haltbar erwiesen. Ġazālī selbst scheint dieser Gefahr nicht gewahr gewesen zu sein. Es sind unter anderem, die Konsequenzen:
c) Ist die Materie zeitgebunden, da sie irgendwann erschaffen worden wäre, damit aber hat man Gott insgesamt in die Dimension der Zeit eingebunden. Weitere Probleme sind:
d) Das „Nichts" in „Erschaffung aus dem Nichts". Ungelöste Probleme sind Bedeutung und Existenzform des Nichts. Heraus entsteht eine Contradictio in adjecto (Widerspruch in sich selbst). Das „Nichts" wäre also ein „Etwas", dann aber nicht mehr „Nichts".
e) Wo würde das „Nichts" im Verhältnis zum „Sein" existieren?
f) Ungelöst sind weiterhin die Probleme „Anfang / Ende", „Bewegung", „Raum und Zeit"

Das Gottesbild Ġazālīs ist extrem personalisiert. Besonders auffällig tritt die Personalisierung bei Ġazālī in den Kapiteln über die Attribute Gottes in Erscheinung. Es zeigt sich, daß Ġazālī sich Gott als den Idealtypus von Menschen vorstellt.

XIV. Tawḥīd (Einheit Gottes)

„Tawḥīd" ist ein zentraler Begriff der islamischen Theologie. Die Übersetzung mit „Monotheismus" ist unbefriedigend, eigentlich falsch. Daß Gott einmalig, einzelartig und ohne irgend einen anderen Gott existiert, ist nur der eine Aspekt. „Tawḥīd" drückt vielmehr die Einheit als absolutes Prinzip aus.

Prinzip Einheit
Die Einheit ist ein absolutes Prinzip des Seins.
Das Einheitsprinzip ist dialektisch zu sehen. Jedes Phänomen stellt einen inneren Gegensatz dar. Die Einheit ist stets polar. Die beiden Pole, die das Phänomen bilden, ziehen einander an. Gleichwohl stoßen sie einander ab. Durch die Anziehung halten sich die Phänomene zusammen. Durch die Spannung entwickeln sie sich. Aus einem Phänomen entwickeln sich neue. Das Prinzip „Einheit" ist dialektisch zu sehen. Die Einheit stellt in sich die Spannung zweier Pole.

Beispiel Mensch: Der Mensch ist eine Einheit. Diese jedoch entsteht durch den Zusammenhalt zweier Pole, die sich gleichzeitig anziehen und abstoßen.
Das Schmerzempfinden und die Leidenserfahrung eines jeden Menschen ist symptomatisch für die Gegensätzlichkeit seiner polaren Beschaffenheit.

„Tawḥīd" begründete die „dialektische Theologie". Im Umkehrschluß wird Tawḥīd dialektisch begründet.
Bezogen auf Gott wird die Dialektik z.B. durch die beiden Attribute „gerecht" und „barmherzig" ausgedrückt.
Im Ṣūfismus drückt Tawḥīd die Einheit von Gott und Mensch aus.

XV. Göttliches Wissen

Universalien (kulliyyāt) und Partikularien (Einzeldinge, ǧuzʾiyyāt) als Gegenstand göttlichen Wissens.

Dieser Aspekt des Philosophenstreits nimmt seit Ibn-Sīnā einen breiten Raum ein.
Seine These: Gottes Wissen erfaßt die Universalien, nicht die Partikularien.
Begründung Ibn-Sīnās: Gott ist unveränderlich. Wenn Er sich mit Partikularien befasse, greife er in die Welt ein. Also verändere er sich. Da er aber unveränderlich ist, greife er in die Welt nicht ein. Diesen Widerspruch löst Ibn-Sīnā in der Weise, dass er zum Ergebnis kommt, Gott kennt die Partikularien nicht.

Ġazālī kontert. Gotteswissen ist umfassend. ER weiß sowohl um die kulliyyāt als auch um die ǧuzʾiyyāt.

Im Langzeitverlauf des Streits entwickelte sich eine Synthese aus Ibn-Sīnās und Ġazālīs Meinung folgendermaßen:
Die Schöpfung ist vollkommen einschließlich der wirksamen Kausalgesetze. Gott schuf die Welt in der Weise, daß er nicht mehr in ihren Verlauf einzugreifen brauche. Die Menschen übernehmen die volle Verantwortung über sich selbst, ihre Welt und Umwelt. Gott habe die kulliyyāt eingerichtet. Daraus entfalten sich guzʾiyyāt. Die Folgen werde Gott dadurch wissen, daß er die Wirkungsweise der Naturgesetze und der sozialen Handlungen kennt. Somit kennt Gott auch die Einzeldinge durch seine Kenntnis der Universalien und ihre Wirkungen.
Ibn-Sīnā war mit seiner Teilung des göttlichen Informationsstands in Wissen und Unwissen ganz gewiß nicht gut beraten.
Andererseits hat sich Ġazālī ins Unrecht gesetzt, Ibn-Sīnā wegen dieser These zu verurteilen und ihm Kufr zu unterstellen. Ibn-Sīnā folgt einer vermeintlichen Konsequenz, ohne dabei den Theismus aufzugeben.

XVI. Gottes Wissen und Gottes Handeln in der Welt

In mehrfacher Hinsicht greift Gott in die Welt ein, ohne sich dabei zu verändern und ohne deshalb die Verantwortung des Menschen aufzuheben.
Bei Ibn-Sīnā fehlt an dieser Stelle die Dialektik.
Plotin hat dieses Problem besser lösen können durch die Formel der *Causa prima* und kommentierte sie als „Unbewegter Beweger".[120]

Nach dem Vorbild: Unbewegter Beweger!
leiten wir die Analogie
Unveränderlicher Veränderer.
In Revision des Diskurses Ibn-Sīnās soll die Dialektik wie folgt lauten:
Der unveränderliche Gott verändert, ohne sich zu verändern.
Mit Hilfe dieser Formel bleiben die Einigkeit, Vollkommenheit, Stetigkeit, Unveränderlichkeit und Integrität Gottes unangetastet bestehen, Darum wird Gott „Pandokrator[121]" genannt. Er handelt, greift ein und verändert ohne sich zu verändern und ohne verändert zu werden.

---

[120] Plotin war kein Christ. Gleichwohl begründete er das trinitarische Gottesbild, welches auf dem Zweiten Ökumenischen Konzil in Konstantinopel 381 zum christlichen Dogma erhoben wurde.

[121] (griech. παντοκράτωρ) All- oder Weltenherrscher.

Ibn-Sīnā macht Gott arbeitslos – Wie langweilig
Die Philosophie Ibn-Sīnās ist anthropozentrisch. Dagegen ist nichts einzuwenden. Der radikale Humanismus kann nicht Gegenstand unserer Kritik an Ibn-Sīnā sein, im Gegenteil. Problematisch ist, wenn das Menschenbild auf Gott übertragen wird.

Das Bittgebet, Fürbittgebet und die Danksagung haben ihren Sinn. Gott erhört das Gebet, ohne dabei seine Unveränderlichkeit zu verletzen. Er erfüllt das Gebet.
Das Gebet hat seinen legitimen Platz in der persönlichen Frömmigkeit und im Gemeindeleben. Es realisiert zweierlei.
Zunächst ist es eine Bitte um Gottes Beistand und Hilfe, z.B. zur Errettung von Menschen und Schöpfung. Er greift in die Welt und in das Leben von Individuen und Gemeinschaften ein.
Zum zweiten ist das Gebet der erste Schritt des betenden Menschen zum eigenen Handeln und Verändern.
Der Spruch Ibn-Sīnās: „Der Mensch soll nicht gut beten, er soll gut handeln“. Hätte nicht als gegenüberstellung, sondern als Addition formiliert werden sollen.

XVII. Theologie und Philosophie sind getarnte Anthropologie
Sehr wohl enthalten Theologie und Philosophie ihre jeweiligen eigenen Stoffgebiete. Dennoch, wer auch immer philosophiert oder theologisch denkt, projiziert seine eigene Menschlichkeit und menschlichen Erfahrungen in den theologischen oder philosophischen Gegenstand seiner Beobachtung. Beide Disziplinen reflektieren das Menschenbild ihrer Autoren.
Trotzdem ersetzen Theologie und Philosophie das spezialfachgebiet Anthropologie, wo das Thema „Mensch“ systematisch behandelt wird, nicht.
Wer auch immer einen Gegenstand betrachtet, wird ihn nicht anders sehen als aus menschlicher Perspektive. Das gilt auch für den Verfasser dieser Zeilen, wie für jeden anderen Menschen. Jede Erkenntnis ist für den Menschen und von ihm aus gesehen eine menschliche Erkenntnis. Man muss bereit sein zu gestehen, daß der Forschung durch das Erkenntnisvermögen des Menschen Grenzen gesetzt sind, wie es z.B. deutlich wird bei der Befassung mit Physik oder Pathologie. Fachspezifische Untersuchungen und Ergebnisse, so exakt sie durchgeführt werden, sind eingebettet in einer Erfahrungswelt, die viel weiter greift als die Laboratorien. Die hier ermittelten Ergebnisse machen nur den geingsten Anteil des wachsenden Erkenntnisprozesses aus.

Wir aber gehen noch weiter: Der Mensch kann einen Gegenstand nicht anders betrachten als aus menschlicher Sicht, sogar nur aus der spezifischen Sicht des jeweiligen Betrachters. Menschliche Erkenntnis ist bestimmt durch persönliche Bedürfnisse, Interessen, Motivation, Emotionen und vieles anderes mehr.
Die menschliche Betrachtung wird noch durch weitere Determinanten geprägt, welche den Erkenntnisprozeß leiten. Dazu zählen das herrschende System und die Widersprüche der Weltlage. Nicht zuletzt müssen die aktuellen Faktoren genannt werden.

Vorausgegangene Erfahrungswerte bestimmen die Kognition. Wissen ist gebunden an den historischen Kontext, in dem es geleistet wird. In allen Fällen widerspiegelt das Wissen den übergreifenden Kontext, in dem es geschieht. Seine Inhalte und Konsequenzen werden durch Multiplikatoren, Mediatoren und Lehrer weitervermittelt. Die Erfahrungen des Menschen sind die Grundlage seiner Erkenntnisse.
Beim Studieren von Texten aller Art müssen wir stets diesen Gedanken im Kopf behalten. Im Zusammenhang unserer Darstellung des „Philosophenstreits" wird zum Beispiel oft über Gott gesprochen. Real ist es der Mensch, der Gott braucht und so redet er über ihn, wie er ihn haben möchte.
Exemplarisch dafür eignet sich das Thema „Attribute":

XVIII. Attribute

Der Ausdruck Attribute bezieht sich im Zusammenhang unseres Themas auf die neunundneunzig Eigenschaften Gottes „al-Asmā' al-ḥusna".[122] Im Sprachgebrauch werden die Attribute bzw. Adjektive substantiviert und als Synonyme zu dem Namen Gottes „Allāh" verwendet.
Betrachten wir genauer die aufgelisteten Attribute – neunundneunzig sind anerkannt; andere kommen noch hinzu – stellen wir fest, daß sie ausnahmslos genuin menschliche Bedürfnisse und hoffnungsvolle Erwartungen verbalisieren und auf Gott projizieren: Liebe, Hilfe, Heilung, Beistand, Errettung, Barmherzigkeit, Gnade, Vergebung etc. Die Bezugsadresse „Gott" wird ausgedrückt im Partizip aktiv der entsprechenden Verben, das heißt als das Subjekt, der diese Erwartungen erfüllt und die Leistungen gewährt. Er ist sozusagen ein Universeller Dienstleistungsbetrieb für alle menschlichen Bedürfnisse und für jeden, der in eine Notlage geraten ist.

---

122 أسماء الله الحسنى

ER ist abrufbar bei Härte und in Situationen, wo mensch auf Beistand und Hilfe angewiesen ist. ER ist ständig online. Gratis erreichbar – durch Gebet und Notruf.

Theologie und Philosophie können abstrakt über die Attribute Gottes sagen, was für sie wichtig zu sein scheint, die Menschen werden weiterhin an ihre eigenen Bedürfnisse halten.

Eine Streitfrage, „Mas'ala", wird von Ġazālī unter der Überschrift „Attribute" problematisiert: Habe Gott Eigenschaften, die zusätzlich zu seinem Wesen hinzukommen, oder gehören sie zu seinem Wesen. Ġazālī entscheidet: Gott verfüge über Eigenschaften, wie andere Seiende auch. Da kann man an dieser Stelle mit recht von Sophisterei sprechen.

Rückblickend ist die Frage der „Attribute" in der Praxis schon lange entschieden worden. Gott gewisse Eigenschaften, die menschlichen Bedürfnissen entsprechen, zuzuschreiben, ist legitim. Der Mensch kann sich Gott nicht anderes vorstellen, als das idealisierte eigene Menschenbild. Die Attribute Gottes sind eine solche Projektion. Sie entsprechen Erfahrungen und Hoffnungen. Nennt jemand sein Kind „ʿAbd aš-Šāfī" so bringt er damit eine Erfahrung vom heilenden Gott, oder auch, die Bitte an Gott zu heilen, zum Ausdruck.

Im Angesicht der menschlichen Erfahrungen, die eigentlich die Beziehung des Menschen zum göttlichen Wesen bestimmen, ist die abstrakte Diskussion von Theologen und Philosophen von geringem Belang.

Philosophen können sagen, was sie wollen, die Eigenschaften Gottes sind aus dem Volksglauben nicht wegzudenken. Jedes der 99 Attribute hat seinen eigenen meditativen Inhalt. Er ist die Verbalisierung eines Bedürfnisses und einer Hoffnung des Menschen.
Beispiel: Allāh wird genannt „Muʿīn" (Helfer). Hier ist die erwartungsvolle Hoffnung ausgedrückt, ER hülfe aus einer gewissen Notlage heraus.
Allāh wird genannt: ʿĀlim und ʿAlīm „Wissend", „Allwissend". Er schenkt auch Wissen. Er lenkt und steuert zum Glauben, dem sicheren Wissen, hin.

Anthropologisch betrachtet kann der Mensch insgesamt alles Seiende nur menschlich, sogar nur aus der jeweiligen persönlichen Sicht begreifen und behandeln. Entscheidende Kriterien sind die Erfahrungen und Einstellun-

gen eines jeden. Über die Einstellung des Menschen zum göttlichen Wesen kann keine Definitionsmacht bestimmen.
Ein Kind kommt zur Welt. Es erkrankt. Seine Eltern geben ihm den Namen ʿĀlim und ʿAlīm. Das bedarf wirklich keines theologischen Legitimation.

XIX. Über die Naturwissenschaften

Zwischen das 16. und das 18. Kapitel schob Ġazālī das Thema „Naturwissenschaften" ein mit dem Hinweis, es sei ein multidisziplinäres Stoffgebiet mit vielen Einzelfächer, ohne jedoch analog in den anderen Kapiteln ausführlich darauf einzugehen und eventuelle Streitfragen zu formulieren.
Mit dem Hinweis „Über die Naturwissenschaften" hält Ġazālī die klassische Einteilung der Kompendien der Philosophie ein. Mit dieser formalen Einhaltung der traditionellen Anordnung gibt er zu erkennen, daß er eine vollständige Behandlung der philosophischen Disziplinen anbietet. Bewußt geht er jedoch nicht auf die Naturwissenschaften näher ein, da sie zum Gegenstand seines „Tahāfut al-falāsifa" im engeren Sinne nicht gehört. Entsprechend folgen ihm die späteren Autoren von Beiträgen zum Philosophenstreit. Auch sie schweigen zum Stoffgebiet der Naturwissenschaften.
Das ist sehr schade. Damit wurde eine empfindliche Lücke der Theoriebildung eingerissen. Die Verbindung von Naturwissenschaften und theoretischen Disziplinen wäre für das Wissenschaftsverständnis aller Fachgebiete von großem Wert. Bis heute besteht diese gewaltsame Spaltung zwischen Natur- und Gesellschaftswissenschaften, z.B. zwischen Physik und Ethik.
Die Folgen:

1. Trennung der Wahrnehmung der objektiven von der subjektiven Realität.
2. Verzerrung des Selbstverständnisses des Menschen.
3. Die äußeren Gesetzmäßigkeiten der Natur geht in innere Gesetzmäßigkeiten beim Menschen über. Bei ihm bilden sich analog die intellektuellen Fähigkeiten. Außere Systematik schlägt in innere Systematik um.
4. Die Physik wie die übrigen Naturwissenschaften – theoretisch richtig begriffen – trägt zum besseren und tieferen Verständnis theoretischer Fragen und umgekehrt bei:

a) Die Einheit der Natur verleiht dem Tawḥīd-Begriff eine übergreifende und tiefere Bedeutung.

b) Das symbiotische Zusammensetzung der Natur vermittelt die Einsicht in die Notwendigkeit des friedlichen, harmonischen Zusammenlebens aller Menschen, Gemeinschaften, Gesellschaften, Völker und Kulturen.
c) Einklang des Mikrokosmos mit dem Makrokosmos.
d) Integration, dh. Aufhebung der Spaltung zwischen den Wissenschaften.

Vernunft

Unter Mas'ala XVIII. geht Ibn-Rušd auf die Frage ein, wo der anatomische Ort der Vernunft im Menschen ist. Er beantwortet sie damit, daß sie nicht im Schädel (Gehirn), sondern in der Psyche des Menschen zu lokalisieren ist.
Wir halten es für wert, auf diese Frage genauer einzugehen.

Zur Anthropologie
XX. Über den Menschen und seine Vernunft

Die Thesen von Ibn-Sīnā (*de Anima*) und Ibn-Rušd bedürfen der Korrektur.
Auf die Frage nach dem anatomischen Sitz der Vernunft im Menschen antworte ich (K.K.) wie folgt:
Vorab halten wir fest, daß jede menschliche Leistung nerval getragen sein muß. Ob mechanische, sensible, emotionale oder rationale Tätigkeiten sind sie stets auf die Nerven angewiesen, um überhaupt stattzufinden.
Mit Ausnahme autonomer Nervenversorgung (z.B. im Herzbereich) ist das „Zentralnervensystem (ZNS)“ stets beteiligt. Entsprechend ist das ZNS aufgebaut. Vegetative, mechanische und spontane Funktionen, welche der Mensch teilweise mit niederen Organismen teilt, liegen in den unteren Segmenten des ZNS. Fortgeschrittene Funktionen, z.B. das Denken, befinden sich in höher gelegenen Segmenten. Die hierarchische Struktur des ZNS ist evolutionsgeschichtlich bedingt. Die unteren Segmente sind phylogenetisch älter, die oben gelagerten sind die jüngsten.

Um die Frage nach dem Sitz der Vernunft zu beantworten ist eine anthropologische Betrachtung notwendig:
Die Komponenten des Menschen, ihre Relationen zueinander und ihre jeweiligen Aufgaben
Leib / Körper, Seele / Psyche, Geist / Pneuma (Spiritus), ZNS / Vernunft

Zur Anthropologie: Vier Paare konstituieren den Menschen

a) Leib / Körper

Der Leib ist die Eiweißmasse, welche den Menschen zeitlebens trägt. Die Eiweißstrukturen spezialisieren sich als einzelne Organe, Makromoleküle und Substrukturen.
Der biologische Aufbau des Leibes ist in hohem Maße vorprogrammiert. Einflußnahme ist möglich, ist jedoch an vorgegebenen Grenzen gebunden.

Der „Körper“ ist kein synonym zum Leib. Der Körper gibt dem Menschen seine öffentliche Erscheinungsform.
Der Leib ist eine biologische Struktur, und darum viel stärker ein Naturprodukt als der Körper. Letzterer ist ein kulturell geprägtes Phänomen (Thema „Körperlichkeit“ in der Sexualpädagogik).

b) Seele / Psyche

Die Seele ist angeboren. Sie ist ein Naturprodukt. Die Psyche ist ein Kulturprodukt.
Die Psyche entfaltet sich in Abhängigkeit von sozialen, politischen, gesellschaftlichen, wirtschaftlichen und anderen Bedingungen und Einflüssen der nahen und fernen Umwelt.
Die psychische Struktur ist erworben.
Im Verlauf der Sozialisation, Erziehung und der gesellschaftlichen Praxis erwirbt der Mensch die Eigenschaften, die ihm seinen spezifischen persönlichen Charakter verleihen. Er eignet sich Werte und Ideale aber auch Qualifikation und Kompetenz an, welche ihm seinen spezifischen Charakter, individuellen Lebensstil und seine gesellschaftliche Einstellung und Rolle verleihen.
Die Entfaltung der Psyche ist von Geburt aus nicht vorprogrammiert. Der Wille, die Bereitschaft und die Qualitäten zu kommunizieren, Liebe zu empfangen und zu schenken, zu helfen, Empathie zu empfinden und zu praktizieren und vieles anderes mehr sind Eigenschaften der Psyche, welche von der Willensfreiheit und der freien Entscheidung eines jeden abhängig sind. Der Mensch schafft sich selbst. Die Persönlichkeit entfaltet sich im Verlauf der Lebensgeschichte. Die Charaktereigenschaften können sich negativ oder positiv entwickeln.

Die Psyche ist der Sitz von Emotionen, Liebe, Hoffnung, Glauben und anderes mehr. Sensibilität, Zuneigung, Mitgefühl, Spontaneität sind Funktonen der Psyche.

Einheit von Körper und Psyche: Es ist einzusehen, daß die psychische Struktur viel komplexer ist als die der Seele. Wichtig jedoch ist die Einheit von Körper und Psyche zu betonen.
Es besteht keine Dualität von Körper und Psyche, sondern Einheit.

c) Geist / Pneuma

Von seiner Geburt her verfügt der Mensch über den Geist. Er umschreibt die intellektuellen Anlagen, die im Verlauf der Individualgeschichte durch Sozialisation und Bildung weiter entwickelt werden. Es bilden sich funktionale Hirnsysteme, die zu spezifischen Leistungen befähigt sind, z.B. Lesen, Schreiben, Rechnen. Die Hauptleistung des Geistes ist das Denken. Denkvorgänge haben jeweils ihr materiell organisches Substrat. Sitz der organischen Strukturen für erworbene, spezialisierte Denkleistungen die Großhirnrinde Kortex. Lernt das Kind eine neue Denkleistung, so bildet sich eine ihr entsprechende organische Struktur mit Sitz im Kortex.
Lernt das Kind in der Schule die Formel: vier plus fünf macht 9, so bildet sich eine organische Struktur als ein „funktionales Hirnsystem" für diese Art Grundrechnungen. Dieses System betätigt das Kind, wenn es rechnet. Es handelt sich um eine umschriebene Funktion mit Sitz in der Großhirnrinde. Hat sich diese Formel soweit stabilisiert, daß das Kind sie nicht mehr ausrechnen muß, sondern nur noch zu reproduzieren braucht, so entlastet es die Vernunft. Das Kind kann das Ergebnis richtig reproduzieren, ohne es momentan auszurechnen. Es ist keine Denkaufgabe mehr, sondern nur noch eine Gedächtnisleistung, die aber kontrollierbar bleibt. Im ersten Vorgang, wenn der schüler aktiv rechnet, ist die Vernunft tätig, nicht aber bei der Routinearbeit des Gedächtnisses.
Die Summe dieser organischen Neubildungen ist meßbar. Sie läßt sich weiterentwickeln, kann aber auch abgebaut werden. Die Funktionsfähigkeit des Gehirns ist die Grundlage der intellektuellen Entwicklung.
Die Pneuma (rūḥ, *Spiritus*) ist der Ort des höchsten menschlichen Bestrebens, nämlich der Sehnsucht nach Spiritualität.

d) Zentralnervensystem (ZNS) / Vernunft

Jede menschliche bewußte Leistung ist das koordinierte Produkt aller Komponenten des Menschen.
Jede intellektuelle Funktion wird von einem ihr entsprechenden organischen Substrat getragen. Sein Sitz ist in dem ihm gemäßen Segment der Großhirnrinde lokalisiert.

Der Kortex ist das am weitesten entwickelten Organ des Zentralnervensystems (ZNS). Die Großhirnrinde ist die höchstorganisierte Materie. Sie bildet auch das materielle Substrat der Vernunft. Sie ist auch der Ort des Bewußtseins, der höchsten geistigen Leistung.
Insgesamt haben umschriebene Fähigkeiten für spezielle Leistungen ihr jeweils eigenes materielles, organisches Substrat, das in der Großhirnrinde lokalisiert ist. Im Detail gibt es so viele Strukturen aus grauen Zellen, wie der Mensch intellektuell leistet.

Die intellektuellen Fähigkeiten des Menschen

Wir verwenden den Ausdruck „Intelligenz" nicht, da er ein angeborenes Potential an Denkleistungen, die sich von Mensch zu Mensch unterscheiden, suggeriert. „Intelligenz" ist eine statische Größe.
Hingegen ist der Ausdruck „intellektuelle Fähigkeiten" ein dynamischer Begriff. Menschliche Denkleistungen können gefördert oder auch gehemmt werden. Denkleistungen sind Funktionen des Geistes. Sie sind erworbene Fähigkeiten und damit Gegenstand äußerer Einflüsse.

Vernunft

Die Vernunft ist eine erworbene Fähigkeit. Sie entfaltet sich in Abhängigkeit von Erfahrungen, Sozialisation und Bildung.
Aus der Summe aller Denkleistungen geht die Vernunft hervor. Sie faßt zusammen, verallgemeinert, abstrahiert, trägt die Theoriebildung und die Entscheidungen für die Praxis. Die Vernunft kontrolliert, revidiert und korrigiert.
Die höchste Leistung der Vernunft ist die Konstituierung der Lebensweisheit, die sich aus den praktischen Erfahrungen, ihrer Reflexion und Verwertung entwickelt.
Die Vernunft vereint alle Fähigkeiten und intellektuellen Leistungen zu einer koordinierten, zielgerichteten bewußten Grundhaltung, die ihrerseits die Basis für Entscheidungen und Handlungen bildet.
Die Vernunft ist Ausdruck der Einheit des ganzheitlichen Menschen mit all seinen vierpaarigen Strukturen.

Indes bietet jede Einzelfunktion, über die der Mensch verfügt, ihre jeweilige Fähigkeit und entlastet damit die Vernunft für größere Aufgaben. Sie verfügt über die oberste Hoheit, erteilt Befehle zum Verhalten und übt die Kontrolle über alle Vorgänge des Menschen.

Darum ist die Leistung der Vernunft von der Einheitlichkeit der Person nicht abzukoppeln. Sie ist nicht fixiert an einem einzigen Organ des ZNS.

Organische Träger der Vernunft sind die am höchsten gelegenen Strukturen des ZNS. Der Kortex, die am höchsten organisierte Materie, ist der organische Sitz der Vernunft, wobei er ständig die Verbindung zu den übrigen Komponenten des Menschen, darunter zum ZNS, unterhält. Somit bildet die Großhirnrinde auch das organische Substrat des Bewußtseins, die höchste Leistung der Vernunft. Die Großhirnrinde ist angeboren, ihre abstrakten Inhalte sind erworben. Das Bewußtsein ist nicht angeboren, sondern erworben.

Da die Vernunft die höchste denkende und entscheidende Instanz der Person, tendiert sie zur Selbstentlastung, umso freier und konzentrierter kann sie sich den wichtigsten Aufgaben, die sich den Menschen stellen, widmen.

Ibn-Rušd sagt: Ort der Vernunft ist die Seele. Diese Aussage greift viel zu kurz. Sie sagt nichts über die systematische Verbindung zwischen dem ZNS mit seinen organischen Strukturen und der Seele, die ja kein anatomisch tastbares Organ ist, sondern an den gesamten Organismus gebunden ist.
Indes müssen wir festhalten, daß die Leistungen der Vernunft von der gesamten psychischen Verfaßung abhängig ist.

XXI. Zu Formgeschichte und literarischem Charakter des „Tahāfut al-falāsifa"

Es ist nicht sicher zu bestimmen, ob Ġazālī sein „Tahāfut al-falāsifa" ganz aus freien Stücken oder als Auftragsarbeit verfaßt hat. Letztere Möglichkeit scheint wahrscheinlicher zu sein.
Auf jeden Fall hätte das Werk eine größere konstruktive Bedeutung gewonnen, wäre es zum „Dialog" und als Einladung zur Klärung schwierigerer Streitfragen zwischen Theologie und Philosophie vorgelegt worden.
Diese konstruktiven Angebote sind durch ein Werk, das mit der Verurteilung von Vertretern gewisser Positionen schließt, versäumt worden.
Gleichwohl regte Ġazālī mit seinem umstrittenen Werk Generationen von Autoren zur Befassung und Auseinandersetzung mit seinen Thesen an.

XXII. Methodologische Fragen

1. Zur Methodik

Muqaddimāt

Alle drei Hauptteilnehmer des Philosophenstreits – Ibn-Sīnā, Ġazālī und Ibn-Rušd – legten wert darauf, die grundsätzlichen Prinzipien ihrer Ableitung und Beweisführung klarzustellen. Diese Darlegung findet unter der Rubrik „Muqaddimāt" (Prolegomena) statt. Darin werden auch die Systematik und ihre Grundlagen erläutert.

Muqaddimāt sind u.a. Prämissen, Axiome und andere Voraussetzungen, welche bei der Ableitung und Beweisführung eine Rolle spielen. Zu den Muqaddimāt zählen auch Gesetze der Logik, welche der Autor für notwendig hält. Die Autoren unterscheiden weiter „ḍarūriyyāt" und „furūḍ". „Ḍarūriyyāt" sind notwendige Voraussetzungen, welche Anspruch auf Gültigkeit und Akzeptanz erheben. „Furūḍ" sind hingegen Hilfsmittel des Denkens, wie Hypothesen und Annahmen.

2. Anwendung und Vorgehen

Thesen und Aussagen Ibn-Sīnās werden von Ġazālī kritisiert. Die von Ġazālī kritisierten Behauptungen sind Resultate. Ibn-Sīnā hat ein Denksystem aufgestellt, von dem aus er seine Argumentation aufbaut und dem er konsequent folgt. Gemäß streng eingehaltenen Ableitungen ermittelt er Ergebnisse, die er, Ibn-Sīnā, als Thesen präsentiert, besonderes. in: al-Išārāt wa at-tanbīhāt, ein Werk, das Ġazālī in den Mittelpunkt seiner Kritik stellt.

Die Kritik an Ibn-Sīnā hätte sich – methodologisch betrachtet – am Denksystem und an der Logik der Ableitungen orientieren müssen. Ibn-Sīnās Resultate sind im Sinne seiner Ableitungen konsistent.

Diese Feststellung muß nicht notwendig für die Richtigkeit des theoretischen Systems Ibn-Sīnās sprechen. Es verhält sich wie allgemein bei Rekursionsformeln. Wenn sie richtig aufgelöst werden, müssen die vorausgesetzten Annahmen nicht notwendig richtig sein.

Ġazālī hätte das System Ibn-Sīnās kritisieren müssen. Er kann das System akzeptieren oder ablehnen, kann aber nicht fordern, daß ein Denker zu Ergebnissen gelangt, die sich aus den Voraussetzungen seines Systems nicht ergeben.

Da Ġazālī den Anspruch erhebt, dem Philosophen Ibn-Sīnā „Ungenügen (Tahāfut)" nachzuweisen, hätte sich Ġazālī davor hüten müssen, selbst sein eigenes „Tahāfut" vorzulegen. Er hätte grundsätzlich vorgehen müssen. Er hätte die Ableitungen nach logischen und anderen Kriterien prüfen müs-

sen. Er hätte die Fehlleistungen bei Ibn-Sīnā genauer diagnostizieren und nachweisen müssen. Das ist leider nicht durchgehend geschehen.
Seinerseits hätte Ġazālī die richtigeren Alternativen aufstellen und an sie halten müssen. Auch das ist nicht geschehen.

Bei den von Ġazālī aufgestellten zwanzig Streitfragen, hat er Ibn-Sīnā vielfach kritisiert. Es waren aber Resultate, die Ibn-Sīnā gemäß seinem System ermittelt hat.

a) Der Kritiker, in diesem Fall Ġazālī, hätte sich mit den Voraussetzungen Ibn-Sīnās auseinandersetzen müssen. Seine Kritik hätte an das theoretische System ansetzen müssen.
b) Falsch ist, eine These, welche im Rahmen ihrer Denkordnung richtig ist, für fehlerhaft zu erklären, aber nach Kriterien eines anderen Systems.

Falsch ist die Einstellung Ġazālīs: Die Ergebnisse einer philosophischen Arbeit müssen mit den Aussagen der Offenbarung übereinstimmen, sonst seien sie falsch.
Richtig wäre, Ġazālī würde z.B. erklären: Ibn-Sīnā habe in seinem Sinne recht, aber diese oder jene Behauptung verstoße gegen die Offenbarung.

c) Richtig wäre es: Die Kausalitätsfrage aufzugreifen und auf Irrtum und Richtigkeit zu prüfen. Das Ursache-Wirkungs-Gesetz ist universell. Darum eignet es sich, direkt als Kriterium zu dienen. Im anderen Fall kann es als Mediator dienen, um sekundär Kriterien zu liefern.
d) die Richtigkeit einer Kausalität darf nicht daran beurteilt werden, ob das Ergebnis mit der Verlautbarung der Offenbarung übereinstimmt. Der Kritiker Ġazālī hätte immanent die kausale Abteilung auf Irrtümer zu prüfen.

Ġazālī hat diese Prinzipien der Kritik verletzt.
Somit stellt sich Ġazālī, der als Korrektor auftritt, ins Unrecht.

e) Die Wahrheit ist nicht vorgegeben. Vielmehr ist sie ein evolutionärer Prozess.
   Ġazālī hingegen unterwirft die Vernunft unter die vermeintlich absolute Wahrheit der Offenbarungstexte.

Entscheidender Fehler Ġazālīs ist, daß er meinte, daß ein Denker, z.B. Ibn-Sīnā, zu denselben Ergebnissen gelangen muß, die nach der Logik Ġazālīs richtig waren. Er übersieht die Tatsache, dass es den allgemein gültigen Determinismus gar nicht gibt. Es gibt eben kein Monopol der Wahrheit. Ibn-Sīnā oder andere Philosophen, welche auf dem Prüfstand der Kritik stehen, haben Anspruch darauf, ein System zu vertreten, das die Richter nicht teilen müssen. Diese haben nicht das Recht, daß die Angeklagten in allem so denken müssen, wie sie selbst. Das Gericht setzt sich ins Unrecht, wenn es den Angeklagten verurteilt, weil er private Ansichten der Richter oder gar offizielle Verlautbarungen nicht teilt, solange er niemandem schadet.

Methodologisch hat Ġazālī mit seinem „Tahāfut al-falāsifa“ ein Negativbeispiel von Krtik geliefert.

Ibn-Rušd hingegen hat mit seinem „Tahāfut at-tahāfut“ ein positives Beispiel vorgelegt. Methodisch und theoretisch hat er richtig gearbeitet, indem er seine Kritik genau an dem von uns vorgeschlagenen System orientiert. Er greift einen Punkt auf und prüft ihn nach Voraussetzungen und Inhalt. Er revidiert Ġazālīs Kritik in der Weise, daß er, Ibn-Rušd, mit den Muqaddimāt, den Axiomen und Prämissen, beginnt. Ibn-Rušd holt nach, was Ġazālī versäumt hat.

Epikrisis

Wir haben die von Ġazālī aufgestellten und von Ibn-Rušd debattierten zwanzig Thesen aufgegriffen und neu zusammengesetzt, um sie in eine sinnvollere Systematik zu ordnen. Außerdem haben wir sie aktualisiert, um gegenwärtig wichtig gewordene Fragestellungen einzubeziehen. Beispiel: Es wird im Namen der Stammzellenforschung zunehmend die Willensfreiheit geleugnet. Diese und ähnliche Fragestellungen haben wir an geeigneten Stellen hinzugefügt.
Nun bleibt die Frage offen, wie wir vor dem Hintergrund der Analyse der behandelten Werke die Urteile Ġazālīs werten. Darum unsere Epikrisis.

Ġazālī contra Ibn-Sīnā

Auf der letzten Seite des „Tahāfut al-falāsifa“ spricht Ġazālī die Verurteilung Ibn-Sīnās – ohne ihn namentlich zu nennen – aus. Es werden Thesen von ihm mit dem Zusatz zitiert: Wer dies behauptet, macht sich des Unglaubens (kufr) schuldig.

Erstens: Ewigkeit der Materie: Grundprinzip des Materialismus.
Ġazālī irrt sich in seiner Polemik gegen die sīnāische Ewigkeit der Materie.

Zum einen: Die Alternative Ġazālīs sei also: Die Materie kommt aus dem Nichts und endet in das Nichts. Damit wird das Nichts verabsolutiert und institutionalisiert. Das Nicht-Sein beherrscht das Sein.
Ġazālī tritt für den Nachweis von etwas, was nicht vorhanden ist, während er das Vorhandene negiert.
Die Logik Ġazālī aufgeschlüsselt bedeutet, das „Nichts ist nicht Nichts“

Zum anderen: Wenn Ġazālī einen Schöpfungsakt postuliert, der irgendwann in der Vergangenheit stattgefunden habe, so schafft er sich mehr Probleme, als er vermeintlich löst. Mit dem Schöpfungsglauben verlegt Ġazālī Gott in die Zeit. Die Schöpfung wäre nicht – wie er meint – der absolute Nullpunkt der Zeitrechnung, sondern nur ein relativer. Die Schöpfung wäre nur ein Schnittpunkt in der Zeit vor der Zeit. Man kann z.B. datieren „X-Jahre vor der Schöpfung“. Egal wie lang X berechnet wird, auch egal, wie viele Äonen hinzugefügt werden, wird es niemals der Fall sein – rein mathematisch betrachtet – daß die Unendlichkeit erreicht wird.
Ibn-Sīnā hat recht, wenn er die Ewigkeit der Materie – Welt, Energie – vertritt.

Zweitens: Leugnung der Auferstehung der Körper und ihrer Versammlung zum jüngsten Gericht, Leugnung der Vorstellung vom Höllenfeuer und körperlichen Wonnen des Paradieses.
Auch in bezug auf die leibliche Auferstehung des Menschen setzt sich Ġazālī ins Unrecht. Ibn-Sīnā leugnet nicht die Ewigkeit als Prinzip. Ibn-Sīnā verneint nur natürliche physikalische Formen, die ihrem Wesen nach, zeitgebunden sind. Die Unsterblichkeit der Seele wird nicht in Frage gestellt.
Unter allen Dreien – Ibn-Sīnā, Ġazālī und Ibn-Rušd – besteht Konsens: Die drei Philosophen bekennen sich zur Unsterblichkeit der Seele, die nicht individuell, sondern als kollektive oder universelle Seele (nafs kulliyya) in die Ewigkeit übergeht. Differenz besteht in bezug auf das Schicksal des Leibes. Ġazālī will ihn aus der Verwesung in die ewige Verdammnis oder in die Wonnen des Paradieses holen.

Drittens: Kulliyyāt versus guz'iyyāt
Gott nach Ibn-Sīnā ist ein Gott der Universalien, nicht der Partikularien.
Die Ableitung Ibn-Sīnās:
a) Gott ist unveränderbar, greift also in den Verlauf der Geschichte nicht ein, sonst werde ER sich dadurch verändern.

b) Gott kennt die Universalien, die Er erschaffen hat, nicht aber die Partikularien, die sich daraus entfalten.
c) Folglich interveniert ER in die Welt nicht.

Bei dieser Ableitung irrt sich Ibn-Sīnā, indem er göttliches Wissen auf die Universalien, nicht aber auf die Partikularien bezieht und indem er Gott untersagt, in die Welt zu intervenieren.
Die Fehlleistung Ibn-Sīnās ist nicht von der Hand zu weisen. Hierzu werden von Ġazālī keine Sanktionen ausgesprochen. Mich wundert die ungleichmäßig verteilte Härte und Toleranz Ġazālīs.

Zur Rehabilitierung Ibn-Sīnās

Die Polemik Ġazālīs gegen Ibn-Sīnā begründet den Philosophenstreit der seitdem mit unverminderter Härte weitergeführt wird.
Das Werk Ġazālīs mit der Kritik an Philosophen, darunter Ibn-Sīnā, hat nicht dazu geführt, daß Ibn-Sīnā unter Bann geraten ist. Im Gegenteil, seit seinem Tod steht er schon immer in Ehren als einer der großen Philosophen der Geistesgeschichte. Inhaltlich rehabilitiert wurde er schon durch das Werk Ibn-Rušds „Tahāfut at-tahāfut".
Vor dem Hintergrund unserer eigenen Revision ist es legitim, Ibn-Sīnā einmal mehr zu rehabilitieren, bzw. eine real bestehende Rehabilitierung zu erneuern.
Ibn-Sīnā war kein Atheist. Als Erster bemühte er sich, theologische Fragen philosophisch zu behandeln. Mit dieser Leistung hat er einen Meilenstein der Geistesgeschichte aufgestellt. Daß dabei Entgleisungen erfolgen, ist mehr als tolerabel.
In seinem Denksystem läßt Ibn-Sīnā jedoch eine Lücke offen. Er stellt keine These zur Erklärung der Beziehung des Menschlichen zum Göttlichen auf.
Unsere Revision bezieht sich unter anderem auf das mensch-göttliche Verhältnis:
Theologie ist Anthropologie. Der Mensch ist göttlich. Die Erkenntnispyramide Ibn-Sīnās ist an dieser Stelle lückenhaft.

Kapitel neunzehn
Zur Evaluation des Philosophenstreits

Übersicht

Der tausendjährige Streit
Die Polemik der Theologen/Philosophen
Mythos „Anfang“ und „Ende“
Dialektik (ʿIlm al-Kalām)
Der Philosophenstreit heute
Gibt es im Philosophenstreit Gewinner und Verlierer?
Zur Rehabilitierung Ġazālīs
Das Erbe des Philosophenstreits
Wahrheit und Wahrhaftigkeit

Der tausendjährige Streit

Seit tausend Jahren besteht der Philosophenstreit. Dieses geistesgeschichtlich einzigartige Phänomen ist alles andere als selbstverständlich. Wie läßt sich die ungewöhnliche Erscheinung dieses Streits, an dem die leitenden Geister der Epoche, die ihn mit großem Engagement geführt haben, erklären:
Handelt es sich nur um Freude an der akademischen Disputation?
Ist es Streitsucht?
Sind es vielleicht Rivalitäten unter Schulen?

Nichts von alldem trifft zu. Wer sich intensiver mit den Streitpartien und ihren Argumenten befaßt, wird Einsicht in die Notwendigkeit dieser Auseinandersetzung gewinnen.

Die Polemik der Theologen/Philosophen

Die von Ġazālī formulierten zwanzig Thesen, von denen drei als Klagegegenstand genannt wurden, aber nur zwei eine Verurteilung begründeten, sind nur als die Formalisierung eines Gegenstandes zu sehen, der justiziabel ist. Real geht der Streit um tiefer liegende Widersprüche, die sich als solche nicht kanonisch formalisieren lassen.
Die wesentlichsten Gegensätze sind:

Materialismus contra Spiritualismus,
Vernunft versus Offenbarung,
Anthropozentrismus versus Theozentrismus,
Ewigkeit gegen Anfang und Ende.

Diese sind nur einige hintergründige Gegensätze. Ihre Diskussion hat das Denken für Fragen, die zunächst nicht als wesentlich gesehen waren, verschärft. Die theologisch-philosophische Debatte hat nicht nur zur Vertiefung der beteiligten Disziplinen geführt, sondern alle Interessierten für Grundsätzliches und für Details sensibilisiert. Wir alle, die uns mit dem Philosophenstreit befaßen, profitieren von einem Jahrtausend anhaltenden Disput. Der Gewinn ist doppelt: Bei der Position hilft er bei der eigenen Meinungsbildung.
Bei der Negation warnt er vor dem Irrtum.

Exemplarisch greifen wir zum Schluß einige Beispiele auf:
Die Polemik der Theologen gegen die Ewigkeit der Materie geht nach hinten los.

Der Horror der Theologen vor der „Unanfänglichkeit der Welt“ ist durch die Annahme begründet, die These beraube Gott seiner *Raison d'être*. Der Schöpfungsakt dient ihnen als Gottesbeweis.
Ihnen ist die Antithese entgegenzuhalten, daß die „Schöpfung“ kein haltbarer Beweis für die Existenz Gottes ist, denn sie führt zwingend zur Frage: „Wer hat den Schöpfer erschaffen“.
Für Gott besteht kein Bedarf, Handlungen zu begehen, um nur seine Existenz zu demonstrieren, sollen. Hingegen war er auf das Vorhandensein der Materie angewiesen, um als Schöpfer tätig zu werden.
Die „Unanfänglichkeit der Welt“ muß nicht atheistisch interpretiert werden.

Mythos „Anfang“ und „Ende“

„Alles hat einen Anfang und ein Ende“, so werden die Menschen programmiert. Real gibt es weder Anfang noch Ende. Nichts ensteht aus dem Nichts ausser Nichts. Ein bestehendes Phänomen erlischt nie absolut. Aus dem Alten entsteht Neues. Ein Prozeß beginnt nie von absolut Null und endet nie in das Nichts.

„Anfang“ und „Ende“ sind Hilfskonstrukte, die technisch oder organisatorisch dienlich sein können. Eine Unterrichtstunde beginnt um 8.15 Uhr und endet um 9.00 Uhr. Das ist eine rein organisatorische Planung. Die Gefahr tritt ein, wenn technische oder organisatorische Reglungen verabsolutiert werden, denn so lenken sie von der Kontinuität ab. Bei genauerer Betrachtung erkennt man die Dauerhaftigkeit an allen Phänomenen, mit denen wir uns befaßen. Schulkinder lernen relativ früh die Geometrie. Eine Gerade wird gemessen. Die Länge erstreckt sich vom Punkt a bis Punkt b. Das Ergebnis wird an- gegeben. Somit täuscht „a“ als Anfang, „b“ als Ende vor. Konstrukte die- ser Art können die Kinder falsch programmieren. Wenn sie aber denken, daß man die Gerade über die Punkte „a“ und „b“ beliebig verlängern und dabei nie zu einem Ende kommt, gewinnen sie einen Sinn von der Be- grenztheit technischer Vereinbarungen. Hilfreich ist, wenn sie an anderen geometrischen Figuren, z.B. dem Kreis oder dem Ball sehen, daß es weder Anfang noch Ende gibt. Richtig ist die Ausdrucksweise etwa am Beispiel: Punkt „a“ steht in Ab- stand von 6 cm vom „Bezugspunkt“ „d“.

Dialektik (ʿIlm al-Kalām)

Ein bedeutsames Hilfsmittel der Analyse und ein Schutz vor Fehlern ist die Dialektik oder ʿIlm al-Kalām: Alles Seiende ist polar. Es bestehen Bewegung und Zusammenhang. Dialektik schärft den Sinn für Relativität und Kontinuität. Es besteht Einheit.

Bei Diskursen und Disputen erweist sich die Dialektik stets als unerlässliches Analysemittel.

Der Philosophenstreit heute

Vor 900 Jahren urteilte Ġazālī: Ibn-Sīnā vertrete in drei Fragen verbotenen Unglauben.

1. Leugnung der körperlichen Aufersteheung,
2. Ewigkeit der Welt, und
3. Gott verfüge über das Wissen der Universalien (kulliyyāt), nicht aber der Details (guzʾiyyāt).

Die harte Verurteilung eines Denkers wegen der Äußerung seiner Meinung bewirkt bei Philosophiefreunden einen Einschüchterungseffekt: Es könne gefährlich sein, sich mit Philosophie zu beschäftigen.

Ġazālī hat zeitlebens zu seinem Urteil gegen Irrlehren und ihre Vertreter (in: „Tahāfut al-falāsifa“) gestanden.
Es hat eine gewisse Zeit in Anspruch genommen, bis dem Nachwuchs die Angst vor dem philosophieren genommen wird und daß die Philosophie erneut einen Aufschwung erfährt.
Auch mit dem zeitlichen Abstand werden heute Meinungen zum Streit mit nicht geringerem Engagement vorgetragen. Parteiliche Positionen werden vertreten. Indes überwiegt das fachliche Interesse.

Gibt es im Philosophenstreit Gewinner und Verlierer?

Ġazālī war gefordert, eine autoritative Stellungnahme zu Thesen von Ibn-Sīnā zu erarbeiten. Sie endete mit der Verurteilung Ibn-Sīnās.
Wenn immer das Thema „Ġazālī“ ansteht, spricht man von „Tahāfut al-falāsifa“. Es wird oft nur von diesem Werk gesprochen, wobei die große wertvolle Bibliothek, die Ġazālī der Menschheit geschenkt hat, aus den Augen verloren geht.
Nach meinen Beobachtungen in Kollegenkreisen und bei Fachkongressen wird tendenziell Ibn-Rušd als der Sieger des Philosophenstreits proklamiert. Durch ihn wird Ibn-Sīnā rehabilitiert, Ġazālī der Kritik unterzogen.
Ġazālī hat aber heute seine engagierten Leser, sowohl in Fachkreisen als auch in den Reihen der Gemeinde.
Wiederum andere versteigen sich in Kritik an Ġazālī (z.B. Jābrī). Hat Ġazālī dem Ibn-Sīnā Unrecht getan, so darf das eine Unrecht das andere nicht rechtfertigen. Ġazālī mußte die Lehren Ibn-Sīnās an seinen maßgeblichen Ressourcen (Qur᾽ān, Ḥadīṯ und Tawātur) messen. Genau das hat Ġazālī durchgeführt.

Über seine inhaltliche Bedeutung hinaus liefert der Philosophenstreit wertvolle Lektionen über die Debattiermoral: Den Gegner ernst zu nehmen, sein Bedürfnis nach Wahrheitsfindung zu respektieren und zu unterstützen, nicht nur das Allgemeine, sondern auch das Detail beachten. Nicht zuletzt ist der Disput ein Vorbild von Streitkultur um Widersprüche unter den beteiligten Philosophen.

Zur Rehabilitierung Ġazālīs

Die Polemik gegen Ġazālī schießt oft weit über das Ziel hinaus. Handlungen müssen nach den in ihrer Zeit gültigen, allgemein anerkannten Kriterien gesehen und beurteilt werden. Gerade in bezug auf den gegenwärtigen Anti-Ġazālīsmus ist Revision notwendig.

Sicher sind die Thesen Ġazālī diskutabel und auf Irrtum und Richtigkeit zu prüfen, dennoch kann von einem Generalangriff auf die Philosophie keine Rede sein.
Bei „Tahāfut al-falāsifa" handelt es sich in keiner Weise um einen Generalangriff auf die Philosophie (wie europäische Autoren in Wort und Schrift behaupten). Vielmehr geht es dem Autor ausschließlich darum, den Standpunkt des Glaubens in bezug auf 20 Streitfragen zu vertreten. Drei davon sind für den Autor wesentlich und als Klagegegenstand gestellt worden. Nur in zwei Fällen verurteilt er ihre Vertreter, darunter Ibn-Sīnā.
Um es zu wiederholen: Ġazālī verurteilt nicht die Philosophie Ibn-Sīnās, sondern seinen Standpunkt in nur zwei Streitfragen:
In einem Punkt kann ich Ġazālī meine Kritik nicht ersparen. Nach dem zu seiner Zeit geltenden Recht hätte sein Gutachten das Todesurteil wegen Kufr (Ungläubigkeit) nach sich gezogen.
Diese harte Konsequenz hat bei dem Nachwuchs einen Einschüchterungseffekt mit der Konsequenz ausgelöst, daß nicht wenige von der Beschäftigung mit Philosophie Abstand genommen haben: Es könne gefährlich sein, philosophisch tätig zu sein. Real ist eine Stagnation der Philosophie im arabischen Osten eingetreten, die eine gewisse Zeit lang angehalten hat.

Dabei sagt Ġazālī nicht: Die Philosophie ist illegitim.
Vielmehr sagt er: Ihre Lehren sind auf Fragen des Glaubens nicht übertragbar.

Wahrheit und Wahrhaftigkeit

Alle Beteiligten am Philosophenstreit haben ihre leidenschaftliche Sorge um die Auffindung und Vereidigung der Wahrheit unter Beweis gestellt.
Was ist die Wahrheit? In allem gilt es, wahrhaftig zu sein: In Grundsatzfragen, in abgeleiteten Fragen, Einzelheiten, im Allgemeinem und im Besonderen, in Prinzipiellen und im Untergeordneten. Kurz, in allem gilt die Wahrheit als oberstes Kriterium. Wahrheit ist das Erkenntnisziel. Sie ist die Orientierung in Theorie und Praxis.

Kapitel zwanzig
Zur Aktualität des Philosophenstreits

Übersicht
1. Das Erbe
2. Wie gehen wir heute mit dem Philosophenstreit um?
3. Warum befassen wir uns heute mit dem Philosophenstreit?

Das Erbe

Der Philosophenstreit, der um 1000 n.Chr. mit Beiträgen von Ibn-Sīnā begonnen hat, geht jetzt im zweiten Jahrtausend seiner Geschichte weiter. Kein Wunder, denn er behandelt wesentliche ontologische, anthropologische, theologische und andere philosophische Fragen von grundlegender Bedeutung für jeden denkenden Menschen.

Mit seinen kontroversen Thesen hat Ibn-Sīnā den Philosophenstreit begründet. Eröffnet wurde er, als Ġazālī seine Kritik daran unter dem Titel „Tahāfut al-falāsifa“ veröffentlichte. Ibn-Rušd sah sich berufen, im philosophisch-theologischen Streit „Ġazālī gegen Ibn-Sīnā“ zu entscheiden. Mit seinem „Tahāfut at-tahāfut“ hat er den Meinungsstreit nicht beendet, sondern verschärft. Auch er bekam einen „Tahāfut Tahāfut at-tahāfut“ („*Destructio destructes destructes*“). Letzteres veranlaßte wiederum andere, sich zu melden. So blieb der Philosophenstreit ebenso lebendig wie lehrreich und weiterführend. Damit einher ging die Entfaltung der Philosophie und der Vervollkommnung der Darstellung von Ideen. Theologische Fragen wurden philosophisch reflektiert. Die Theologie profitierte von der Philosophie wie umgekehrt. Man lernte, Gedanken fundierter, genauer abzuleiten und sie gegen potentielle Irrtümer abzusichern. Jede Philosophengeneration bereicherte die Debatte um eigene Beiträge. Der Philosophenstreit war immer auf der Tagesordnung.

Wie gehen wir heute mit dem Philosophenstreit um?

Das jetzige Interesse für den Philosophenstreit rührt von seiner Bedeutung für die Gegenwart her. Wäre der Philosophischenstreit von ausschließlich geschichtlichem Wert, hätte er nur noch eine archäologische Bedeutung. Es sind vielmehr seine inhaltlichen und geistigen Aspekte, die für seine

Aktualität sorgen. Die Reflexion des Seins, des Gottesbildes, des Menschenbildes anderer ontologischer und anthropologischer Fragen geht jeden Menschen an.
Darum werden noch mehr fachliche Arbeiten über den Philosophenstreit geschrieben und debattiert. Die tieferen Ebenen der Widersprüche unter den Klassikern und die subtilen Aspekte der Auseinandersetzung werden noch genauer geforscht und sorgfältiger formuliert.
Es sei noch auf die Besonderheit aufmerksam gemacht, daß die Beiträge eines Philosophen nicht allein daran zu bemessen ist, wie er sie positiv darstellt, sondern auch durch seine Kritik an anderen Denkern. Thesen und Antithesen verdeutlichen die Definition und die exakte Ausformulierung von abstrakten Inhalten.

Gegenwärtig geht der Philosophenstreit in das elfte Jahrhundert seines Bestehens. Die durch ihn gestellten und debattierten Fragen haben sich als höchst konstruktiv erwiesen. Kaum ein anderes Thema hat die Geistesgeschichte so angeregt, wie der Philosophenstreit. Ein Jahrtausend lang werden subtile Fragen und feine Differenzierungen untersucht, vertieft und am Strang diskutiert. Dabei wurde das abstrakte Denken so trainiert und gefördert, wie auf kaum einem anderen abstrakten Stoffgebiet. Der Gegenstand, der unter dem Arbeitstitel „Tahāfut“ verhandelt wird, hat nicht nur den Sinn für Abstraktion und Details verschärft, sondern auch die Streitkultur und die Theologie des Dialogs gepflegt und gefördert.

Warum befassen wir uns heute mit dem Philosophenstreit?
Wir nehmen am Philosophenstreit teil. Die wahre Freude am Philosophieren ist die eine Motivation. Die andere ist der historische Auftrag, offene Streitfragen zu klären. Auf die Wahrnehmung unseres eigenen Erkenntnisinteresses kommt es an. Die Geschichte wird ihr Urteil über uns sprechen.

Gegenwärtig besteht eine tiefgreifende geistige Krise. Sie ist ihrerseits Ausdruck einer jetzt vorherrschenden gesellschaftlichen, politischen, sozialen und kulturellen Krise. Diese tiefgreifende Krise ist nach Qualität und Intensität menschheitsgeschichtlich neuartig. Jede Krise ist zu allererst eine anthropologische Krise.
Wir leben in einer Welt vor der unmittelbaren Schwelle des Niedergangs. Wir meinen, unsere Welt muß gerettet werden.

Das ist das eigentliche Ziel unseres Lebens und Wirkens. Wir suchen Rat. Wir schlagen bei den Klassikern nach. Und siehe, wir bekommen Antwort auf unsere stummen Fragen.
Die Krisenhaftigkeit der Entwicklung wird kaum in ihrer vollen Dimension wahrgenommen und angemessen behandelt. Wichtigster Grund dafür ist die Verblassung oder gar Verlust der ethischen Dimension. Am auffälligsten demonstriert sich die Morallosigkeit als Aggressivität, Destruktivität und überhaupt in den imperialistischen Beziehungen zu übrigen Welt.
In solchen Krisenzeiten ist es höchst sinnvoll, das philosophische und theologische Erbe neu zu entdecken. Dazu zählen die Werke Ibn-Sīnās, Ġazālīs und Ibn-Rušds, die im Mittelpunkt dieser Abhandlung stehen.

Der Philosophenstreit hat auch für uns einen unmittelbaren praktischen Gewinn: Bei allen Gegensätzen weisen die Streitparteien einen gemeinsamen Nenner auf: Die absolute, ungeteilte Hoheit von Ethik, Moral und humanen Werten. Bei allen Beteiligten werden die „Werte“ stets in den Mittelpunkt des Interesses gestellt. Nicht nur auf die Theorie, sondern ebenso auf die Praxis kommt es an.

Gegenwärtig befaßen auch wir uns mit dem Philosophenstreit. Zum einen dient er als eine unentbehrliche Schule der Philosophie, die jeder gemäß seinem Anspruch besuchen sollte. Zum zweiten sind die Inhalte an sich aktuell und nicht zuletzt lehrt er die Technik der Auseinandersetzung, wie konstruktiver Fortschritt erzielt wird und wie Debatten geführt werden. Zu dem inhaltlichen Gewinn kommt die Ethik hinzu. Die Streitparteien debattieren heftig miteinander, dabei bleiben sie ethischen Idealen und Kommunikationsprinzipien treu.

Auch wir hielten es für notwendig, in den Streit einzugreifen und ihn zu aktualisieren. Ich habe mich bemüht, den Erkenntnisstand zu ermitteln und verständnisorientiert zu präsentieren.
Ich habe mir vorgenommen, eine grundsätzliche Revision der aufgeworfenen Thesen durchzuführen, bei der ich keinen der beteiligten Autoren seit Ibn-Sīnā schonen wollte. Selbstverständlich mußten dabei ihre großen Verdienste gewürdigt werden. Einen Autor zu ehren, heißt ihn kritisch zu rezipieren und ihn zu aktualisieren. Diese Leistung schulde ich allen hier behandelten Philosophen. Es war Ġazālī, der zwanzig Thesen zu Grundfragen des Denkens ausformuliert hat. Ibn-Rušd griff mit einer weiterführenden Auseinandersetzung ein. Seinerseits hat er eine Kettenraktion ausgelöst. Über Jahrtausend entstand eine hochqualifizierte philosophische

Bibliothek von höchstem Wert. Diese lässt sich auch heute als Leitfaden werten, an dem man sich orientieren kann. Konstruktiv kann die Befassung mit den aufgestellten Thesen sein, wenn sie kritisch analysiert werden. Vorhandene Irrtümer mußten korrigiert werden. Als Ergebnis habe ich zum gesamten komplex der tausendjährigen Debatte eigene Thesen aufgestellt, bei denen ich die Inhalte des Philosophenstreits aktualisiert und auf unsere heutige Situation bezogen habe.
Möge diese Monographie dazu beitragen, daß ein neues Stadium sowohl im Zusammenhang der hier behandelten elementaren Fragen als auch in bezug auf das aktive Engagement einer und eines jeden für Humanismus, Universalismus und Einheit beginnen möge. Ich hoffe sehr, daß Leserinnen und Leser mein Buch als eine konstruktive Kommunikation und als hilfreiche Orientierung empfinden.

Bibliographie
unter Betonung von Primärliteratur, Editionen und Klassikerausgaben

Im zwanzigsten Jahrhundert haben sich zahlreiche arabische Forscher bemüht, die Bibliothek von Klassikern der arabischen und islamischen Philosophie zu edieren und publizieren. Diese Schlüsselprojekte eröffneten den Weg für eine Renaissance der arabischen Klassik. Auf die Forschung bezogen kann man mit recht von einer neuen Ära der Philosophiegeschichtsdarstellung sprechen. Man muß nicht mehr nach Handschriften in antiken Bibliotheken suchen oder sich an deren Faksimiles bemühen, um zunächst den Text zu entziffern und abzulesen. Heute kann man in den Hauptstädten der arabischen Klassik, Kairo, Beirut, Damaskus, Baġdād, Khartum, Tunis, Alger, Casablanca, Fes, Qarawiyyīn und anderswo fachliche Editionen und Luxusausgaben mühelos für wenig Geld erwerben oder sich von einer öffentlichen Bibliothek im Leihverkehr geben lassen.

Bibliographisch verweise ich auf die Literaturangaben „Khella, Arabische und islamische Philosophie" Hamburg 2006.

Nachstehend folgt eine Auswahl unter besonderer Berücksichtigung des Philosophenstreits und der ihn tragenden Autoren. Die Priorisierung wird erweitert um ergänzende und zusammenhängende Werke. Die Hauptteilnehmer des Philosophiestreits, insbesondere Ibn-Sīnā, Ġazālī und Ibn-Rušd sollen nicht eingeengt auf ihre Schriften zum Philosophiestreit reduziert werden. Ihre Position zu den Streitfragen kann nur im Rahmen ihrer gesamten Philosophie integriert verstanden werden. Im Umkehrschluß trägt ihre Position im Streit zum besseren Verständnis ihrer gesamten Philosophie bei.
Es sei weiterhin auf die bibliographischen Angaben oben im Text hingewiesen und die im nachstehenden bibliographischen Anhang nicht wieder aufgenommen werden.

Die Langzeitgeschichte der Literatur vor und bis zum Beginn des Philosophenstreits ist bei Ibn an-Nadīm in seinem „al-fahrist" gut und übersichtlich verzeichnet, sowohl in Eigendarstellungen der Autoren als auch in den Auseinanderstzungen und Debatten der jeweiligen Epochen. „al-fahrist" wurde erstmals 938 veröffentlicht und in den folgenden Generationen vervollständigt und aktualisiert. Ediert wurde das Werk im Oktober 1971 in Teheran unter dem Titel „Kitāb al-fihrist li-Ibn an-Nadīm".

Ausgewählte Quellen und Literatur

Farābī, abū-Naṣr Farābī (873-950)
Farābī, Ihsa' al-'ulūm, ed. 'Uṯmān Amīn, Kairo 1968.

Ibn-Sīnā (980-1037)
Ibn-Sīnā hat eine umfangreiche Bibliothek verfaßt, die nach Šaharastānī rund hundert Bücher zählt. Er schrieb ausschließlich auf Arabisch. Seine Werke gehörten zu den ersten, die ins Lateinische übersetzt wurden und unter der latinisierten Namensform „Avicenna" breit zirkulierten:

„Ibn-Sīnā, al-Qānūniyya fī aṭ-Ṭibb" wurde sehr früh und mehrfach ins Lateinische übersetzt als „*Canon medicinae*", „*Canon medicina*" und „*Canon medicini*".

„*de Anima*" von Ibn-Sīnā existiert nur auf Lateinisch. Das arabische Original ist noch nicht aufgefunden worden.

Avicenna latinus ist nicht nur der Begründer einer wissenschaftlichen Lehre der Medizin in Europa, sondern auch der Philosophie. Seit einem Jahrtausend wird seine lateinische Übersetzung hochangesehen und in Ehren gehalten. Als die Universität Paris im Jahr 1200 gegründet wurde, wurde die medizinische Fakultät nach Ibn-Sīnā benannt.
Ibn-Sīnās „Kanon der Medizin" ist das erste Buch, das in Europa nach der Bibel gedruckt wurde.

Auf philosophischem Gebiet muß auf jeden Fall das sicherlich wichtigste theoretische Werk Ibn-Sīnās genannt werden:

Ibn-Sīnā, al-Išārāt wa at-tanbīhāt („Zeichen und Weisungen"), zusammen mit dem Kommentar des Ṭūsī, ed. Sulaiman Dunya, Kairo 1960; Von uns oft nur als „al-Išārāt" zitiert.

Ferner
Ibn-Sīnā, (Kitāb) an-Nagāt, Beirut 1985.

Ġazālī (1058-1111)
Quellen und Literatur
Werke von Ġazālī in Auswahl

Die Autobiographie Ġazālīs ist ein Schlüsselwerk zum Verstehen der Theologie und Philosophie Ġazālīs, verfaßt unter dem Titel „al-Munqiḏ min aḍ-ḍalāl". Sie erläutert auch sein Verständnis vom Sūfīsmus. Darin berichtet er auch warum und wie er zum Sūfī geworden ist. „al-Munqiḏ min aḍ-ḍalāl" ist ein Spätwerk Ġazālīs, das er nur fünf Jahre vor seinem Tod verfaßt hat. Es vermittelt die Anschauungen Ġazālīs, wie sie sich stabilisiert haben.

Von Ġazālī, „al-Munqiḏ min aḍ-ḍalāl", existieren mehrere Ausgaben. Stellvertretend nenne ich die von mir genutzte Ausgabe:
Ġazālī, al-Munqiḏ min aḍ-ḍalāl, ed. Gamil Ṣalība und Kamil ʿAyyād, Beirut 1981.

Zur deutschen Übersetzung der Autobiographie des Ġazālī, „al-Munqiḏ min aḍ-ḍalāl", empfehlenswert:
Al-Ġazālī, Der Erretter aus dem Irrtum, ins Deutsche übersetzt und eingeleitet von: A. A. Elschazli, Hamburg 1988.

Die Autobiographie: Ġazālī, „al-Munqiḏ min aḍ-ḍalāl", ist als Einführung in das Werk Ġazālīs sehr gut geeignet und für diesen Zweck wärmestens zu empfehlen. Sie trägt maßgeblich zum Verstehen des Autors nach seinem eigenen Selbstverständnis bei.

Das theologische Hauptwerk von Ġazālī ist:
Ġazālī, Iḥyāʾ ʿulūm ad-dīn, besteht aus 40 umfangreichen Kapiteln.

Ġazālī, al-Musṭaṣfa, besteht insgesamt aus vier Kapiteln.
Das Stoffgebiet „Igtihād" und das Thema „Taqlīd" werden behandelt im vierten Kapitel, (= letzten Kapitel des Ġazālī, al-Musṭaṣfa). Hier wird „Igtihād" von allen Seiten und unter den unterschiedlichen Aspekten erschöpfend erörtert. Die Igtihād-Lehre wird eigentlich erst mit diesem Werk von Ġazālī begründet. Seine Darstellung ist in der islamischen Welt bis heute verbindlich geworden.

Ġazālī, Maqāsid al-falāsifa, ed. Sulaimān Dunyā, Kairo 1961.

Ġazālī, Tahāfut al-falāsifa, Beirut (4. Aufl.) 1990 (arabisch) (von mir benutzte Ausgabe, darauf beziehen sich die Seitenangaben).

Ġazālī, Miẓan al-ʿamal, ed. Sulaimān Dunyā, Kairo 1964.

Übersetzung
Ġazālī, Tahāfut al-falāsifa, hrsg. u. übersetzt von Michael Marmura, Provo (Utah) 2000.
Ġazālī, al-Iqtiṣād fī al-Iʿtiqād, hrsg. von M.A. asch-Scharafawi, Beirut 2008.

Quellenforschung zu Schriften und Abhandlungen von Ġazālī
Ġazālī – Mystical Philosopher, 2011.
Licht und Kosmologie (Ġazālī 13. Diskussion)
Das Licht hängt mit der Kosmologie zusammen.

Bibliographische Gesamterfassung der Schriften Ġazālīs
Im zwanzigsten Jahrhundert sind mehrere Forschungsprojekte zur Erfassung sämtlicher Abhandlungen des Ġazālī durchgeführt worden. Unter anderem ging es darum, die Schriften Ġazālīs chronologisch nach ihrem Entstehungsdatum zu ordnen. Diese Zielsetzung macht es möglich, die Entwicklung des Denkens Ġazālīs genauer zu erschließen.
Besonders wichtig ist die Aufgabe, die Originalschriften Ġazālīs – frei von späteren Interventionen von seiten der Abschreiber oder der Tradenten – wiederherzustellen.

Soweit es möglich ist, sollten die Erstfassungen Ġazālīs gegen spätere Interferenzen des Autors selbst ermittelt werden. In allen Punkten konnten eindrucksvolle Ergebnisse ermittelt werden.
Ein weiteres Ziel besteht darin, Änderungen, welche der Urheber zu Lebzeiten vorgenommen hat, kenntlich zu machen und die Erstfassung wiederherzustellen.
Trotz all dieser Anstrengungen bleiben noch einige Aspekte offen:
Die Fragestellung: Hat Ġazālī sein Urteil in „Tahāfut al-falāsifa" über Ibn-Sīnā und andere Philosophen relativiert? Mit an Sicherheit grenzender Wahrscheinlichkeit: Nicht! In dem Spätwerk „al-Iqtiṣād fī al-Iʿtiqād" bekräftigt Ġazālī einmal mehr sein Urteil über die Auffassungen von Philosophen, das er bereits in „Tahāfut al-falāsifa" erlassen hat.

In al-Munqiḏ ist keine Erwähnung von einer Revision. Die Autobiographie ist allerdings fünf Jahre vor dem Tod Ġazālīs geschrieben worden. Hätte er doch hinterher eine Revision des Urteils vorgenommen, hätten wir es von ihm oder von einem der späteren Autoren erfahren. Šaharastānī hätte einen Hinweis dazu nicht ausgelassen. Auch andere, den Ereignissen nahestehende Autoren, die sich auf die Auseinandersetzungen beziehen, haben davon nichts verlauten lassen.
Die chronologisch geordneten Literaturlisten sind eine entscheidende Hilfe, die gestellten Fragen vollumfänglich und verläßlich durch den Autor selbst beantworten zu lassen:
Ġazālī, al-Iqtiṣād fī al-Iʿtiqād, hrsg. von M. A. asch-Scharafawi, Beirut 2008.
In diesem späteren Werk bezieht sich Ġazālī auf sein eigenes Buch „Tahāfut al-falāsifa", das inzwischen breit und kontrovers diskutiert wird. Ġazālī eklärt, daß er nach wie vor zu seinem Urteil in „Tahāfut al-falāsifa" steht. Alle späteren Autoren, die sich mit Ġazālīs „Tahāfut" beschäftigt haben – die wichtigsten sind in unserer Arbeit zusammen mit ihren Werken berichtet – wußten nichts davon, daß Ġazālī sein Urteil über die Philosophen revidiert hat.

Ġazālī war von großer Schaffenskraft. Seine Abhandlungen sind so umfangreich, daß trotz aller Versuche der Gesamterfassung möglich ist, daß weitere Titel von ihm auftauchen könnten. Soweit Ġazālī selbst oder andere Autoren Titel von Ġazālī nennen, konnte die bibliographische Forschung gezielt nach diesen Titeln – oft mit Erfolg – fahnden. Gleichwohl meine ich, daß spektakuläre Funde nicht zu erwarten sind. Die inzwischen erstellten Ġazālī-Literaturlisten sind so umfassend, daß neue Funde kaum Informationen bringen würden, die unser Wissen über die Theologie und Spiritualität Ġazālī grundlegend revidieren würden. Sicher ist auf alle Fälle, daß die meisten Schriften Ġazālīs bibliographisch bereits erfasst wurden. Aus der Gattung „Briefwechsel" könnte noch Korrespondenz entdeckt werden. Ich schließe es nicht aus, daß aus der Gattung „Risālas" Texte von Ġazālī selbst oder nach einer Niederschrift von Schülern und Hörern auftauchen.

Ich hielt es jedenfalls für nützlich, einen Überblick über die wichtigsten Arbeiten, die zur Herstellung einer chronologisch geordneten vollständigen Bibliographie zu verzeichnen. Ich gehe davon aus, daß die erstellten chronologisch aufgestellten Listen für jede-n, die/der über Ġazālī forscht, notwendig sind. Empfehlenswert ist die chronologische Bibliographie von

George Hourani, da er seine eigene erst publizierte Liste wiederholt revidiert und ergänzt hat. Auf die letzte Ġazālī-Schriften-Liste ist zu achten.

Chronologisch geordnete Bibliographie der Werke Ġazālīs

Die Geschichte der Ġazālīforschung verzeichnete große Fortschritte in bezug auf die Erstellung einer relativ vollständigen chronologisch geordneten Bibliographie der Werke Ġazālīs. Daran ist die Entwicklung im Denken Ġazālīs mit relativer Exaktheit zu rekonstruieren.
Da Ġazālī in seiner Autobiographie „al-Munqiḏ" Entwicklungen beschrieben hat, bietet er selbst einen hilfreichen Beitrag zur Evolution seiner Ideen. Diese wiederum finden ihren Niederschlag in seinen Schriften. Weitere Hilfen liefert Ġazālī durch die Querverweise auf seine eigenen Schriften. Spätere Arbeiten beziehen sich auf ältere.

Die wichtigsten Abhandlungen zur Vervollständigung der chronologischen Bibliographie der Ġazālī-Werke seien nachstehend aufgeführt.

Goldziher, Ignác, Die Streitschrift des Ġazālī gegen die Bāṭinijja-Sekte, Leiden 1916.

Massignon, L., Recuei de textes inédits concernant l'histoire de la mysique au Pays d'Islam, Pais 1929.

Asin Palacios, La Espiritualidad de Algazel, Madrid 1935.

Der erste entscheidende Schritt zur chronologischen Gesamterfassung der Schriften Ġazālīs:
Chronology Bibliography Ġazālī, 1949.

W. M. Watt, The authenticitiy of the works attributed to al Ghazali.

M. Bouyges, Essai de chronologie des ouvres de al-Ghazali (Algazel), ed. M. Allard, Beirut 1959.

H. Lazarus, Studies in Al-Ghazzali, Jerusalem 1975.

G. R. Hourani, The Chronology of Ghazalis writings, in Journal of American Oriental Society, 79 / 1959.

George R. Hourani verfolgte sein Projekt in bezug auf die Vervollständigung der Chronologie der Werke Gazlis, dazu: Hourani, in: Journal of American Oriental Society, Vol 104, No. 2, April-Jun. 1984, pp. 289-302.

G. R. Hourani, The Chronology of Ghazalis writings, in Journal of American Oriental Society.

Weiterhin empfehlenswert:
Badawi, Abdur Rahman, Mu'allafat al-Ghazali, 2 Bde., Kairo 1961.

Badawi, Bibliography of Manuscripts and printed Works of Ghazali

Zu den Arbeiten über Wirken und Denken Ġazālī verweise ich auf meine eigene Bibliographie zu Ġazālī in: Khella, Arabische und islamische Philosophie, Hamburg 2006, SS. 271-274.

Al-Ġazālī, Gesammelte Schriften, Beirut (4. Aufl.), 2006.

Ibn-Rušd
Inzwischen existieren Editionen aller Originalwerke Ibn-Rušds. Verdienstvoll hierzu ist „Centre for Arab Unity Studies", eine von der *Liga der arabischen Staaten* geförderten Einrichtung mit Sitz in Beirut. Es sind Studienausgaben, welche die Ibn-Rušd-Forschung erheblich erleichtern und fördern. Noch vor der Jahrtausendwende lagen fast alle Werke des Philosophen zur Verfügung der interessierten Öffentlichkeit gedruckt vor. Die Werke des Klassikers, die von der Reconquista auf den Scheiterhaufen gebracht wurden in der Annahme, sein Gedenken werde im lodernden Feuer für immer verschwinden, sind nun jedem zugänglich. Würdevolle, dem Philosophen angemessene Ausgaben sind so erschwinglich, daß die Interessierten sie auch erwerben können. Von einem Titel gibt es nicht selten mehrere Editionen, welche der Forscher nebeneinander stellen kann, so daß man die Möglichkeit hat, auf die Originalfassung zu schließen. Wie wertvoll eine gute Edition ist, weiss man erst zu schätzen, wenn man an einer Handschrift arbeiten muss. Hier fehlen Punkte, Interpunktion, diakritische Zeichen, Einleitung in Satz und Absatz u.a.m.

Die Herausgabe einer wissenschaftlich geleiteten Edition der Ibn-Rušd-Werke wird von einem kompetenten Forscherteam unter Leitung al-Jābrīs wahrgenommen. In jahrzehnte langer Arbeit an Originalmanuskripten und ältesten Abschriften konnte die authentische Fassung des Klassikers ermittelt und ediert werden. Ein sorgfältig erstellter Textapparat gibt die Überlieferungsvarianten an. Damit einher ging die Forschung über das Werk und den Einfluß Ibn-Rušds in die Breite und Tiefe.

Im Zusammenhang der hier behandelten Problematik des Philosophiestreits sei besonders auf folgende Werke Ibn-Rušds aufmerksam gemacht:
Ibn-Rušd, Tahāfut at-tahāfut,
Ibn-Rušd, Faṣl al-maqāl fī mā baina aš-Šarīʿa wa al-ḥikma min ittiṣāl,
Ibn-Rušd, al-kašf ʿan manāhig al-adilla fī ʿaqāʾid al-milla, Beirut 1998.

Weitere klassische Autoren der behandelten Epoche findet man im Text. Wegen seiner besonderen Bedeutung nennen wir hier noch:

Šaharastānī, al-Millal wa an-niḥal, 2 Bde, Beirut 1996.

Zusätzliche bibliographische Angaben zu unserer Thematik finden Sie in:
Khella, Arabische und islamische Philosophie, Hamburg 2006.
Es sei dort besonders verwiesen auf die Kapitel über „Ibn-Sīnā“, „Ġazālī“ und „Ibn-Rušd“. Dort befinden sich spezifizierte Bibliographien.

Personen-, Orts- und Sachregister